Genusswandern mit der Münchner Ⓢ-Bahn

30 Touren

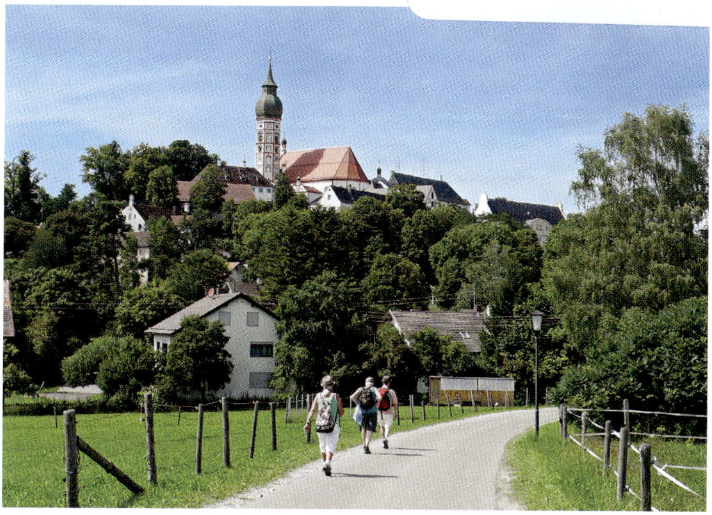

Eduard Soeffker

ROTHER
BERGVERLAG

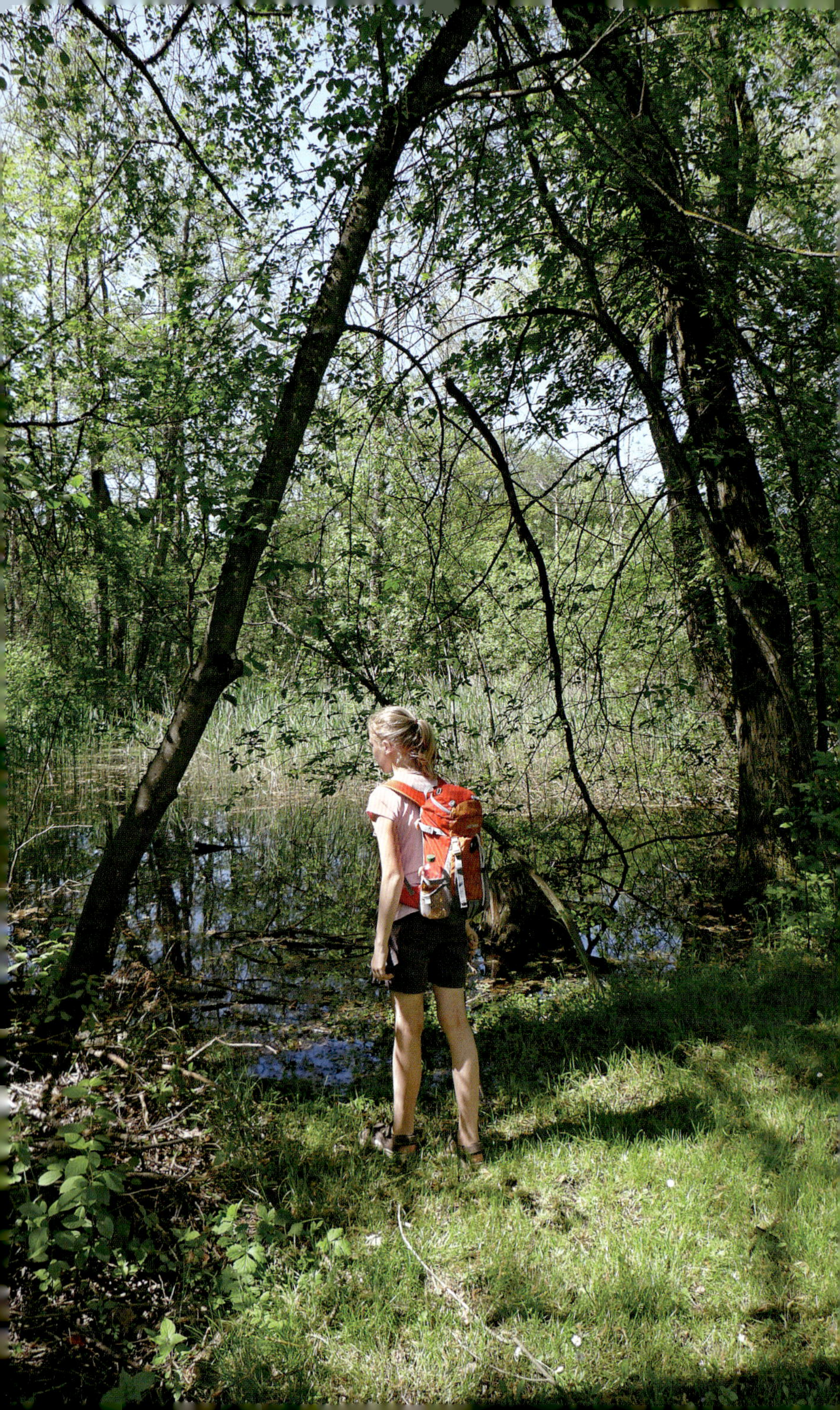

Vorwort

Die Münchner S-Bahn ist eine Erfolgsgeschichte. Hunderttausende fahren täglich mit ihr zur Arbeit, zum Einkaufen und zu den vielen Veranstaltungen in München und seinem Umland. Immer mehr Menschen nutzen die S-Bahn aber auch zur Freizeitgestaltung in der Natur, sei es mit dem Fahrrad oder mit einem gepackten Wanderrucksack. Bei der Recherche zu dem vorliegenden Buch war ich als »alter« S-Bahn-Fahrer selbst überrascht, welch großartige und facettenreiche Touren mit der Münchner S-Bahn möglich sind. Spontan kam mir der Begriff des »Genusswanderns« in den Sinn. Das fängt schon mit einer entspannten und staufreien Anfahrt ohne Parkplatzsuche an, man wird bequem, klimatisiert und schnell zu allen Ausgangspunkten gebracht. Besonders wichtig war es mir, Wanderungen auszuwählen, bei denen der Naturgenuss im Vordergrund steht. Als besonders faszinierend sind hier die Touren durch den Auwald der Isar und der Amper zu nennen, aber auch die Wanderung entlang der Mangfall oder von Herrsching nach Stegen entlang des Ammersees lassen das Herz der Naturfreunde höherschlagen. Genusswandern bedeutet für mich darüber hinaus auch die Verbindung von leichter sportlicher Betätigung mit einer guten Einkehrmöglichkeit unterwegs oder am Ziel in einer urigen Gaststätte oder einem gemütlichen Biergarten – ohne stets die Promillegrenze, die einem Autofahrer richtigerweise schon eine Maß Bier verwehrt, im Auge haben zu müssen. Neben Rundwanderungen werden in diesem Führer auch Streckenwanderungen von S-Bahn-Station zu S-Bahn-Station oder sogar von einer S-Bahn-Linie zur anderen geboten, die man mit dem Auto so gar nicht machen kann, z. B. die herrlichen Touren vom Starnberger See zum Ammersee oder von Deisenhofen durchs Gleißental über den Deininger Weiher ins Isartal und hinauf nach Icking. Die Anfahrt mit der S-Bahn schont übrigens nicht nur den Geldbeutel, sondern auch unsere Umwelt, eines unserer wichtigsten Güter, die es für uns und die kommenden Generationen zu erhalten gilt.
Beim Ausprobieren der spannenden Touren wünsche ich Ihnen nun viel Spaß und allseits gute Verbindung mit der Münchner S-Bahn.

Ihr Autor
Eduard Soeffker

Unterwegs trifft man bei einigen Wanderungen (wie hier bei Tour 3 auf dem Weg nach Stegen) auch heute noch auf herrliche, fast unberührte Natur.

Inhalt

Allgemeine Hinweise

Anforderungen

Die vorgestellten Touren verlaufen überwiegend auf breiten Wegen. Bei einigen Touren und/oder Varianten sind Teilstücke auf kleinen Pfaden zurückzulegen. Die Wanderungen sind jeweils nicht vollständig ausgeschildert. Um die Auswahl zu erleichtern, sind die Tourennummern nach Schwierigkeitsgrad unterschiedlich farbig hinterlegt. Die farbliche Dreiteilung der Tourenvorschläge ist aber nur als erster Anhaltspunkt zu verstehen. Genaue Infos zu den Anforderungen und weiteren Gegebenheiten wie Länge der Tour, Gehzeit und empfohlene Ausrüstung (z. B. Schuhwerk, Badesachen) finden sich in der Kurzinfo der jeweiligen Tour. Die Farben der Tournummern bedeuten im Einzelnen:

▸ **Leicht**

Wanderungen auf gut angelegten Wegen in einfachem Gelände ohne größere Höhenunterschiede.

▸ **Mittel**

Touren, die ein längeres Stück auf kleinen Pfaden verlaufen und/oder bei denen ein größerer Höhenunterschied am Stück zu überwinden ist.

▸ **Schwierig**

Touren, die auch auf kleinen Pfaden verlaufen und für die etwas Orientierungssinn erforderlich ist und/oder bei denen ein Höhenunterschied von mindestens 200 Hm zu überwinden ist.

Gehzeiten

Die Zeitangaben geben die Gehzeit ohne Pausen an und sind reichlich bemessen. Je nach persönlicher Konstitution und Ausdauer kann die tatsächlich benötigte Zeit von dem angegebenen Richtwert abweichen.

Ausgangs- und Endpunkt

In der Kurzinfo ist unter Ausgangs- und Endpunkt (letzterer abweichend bei Streckenwanderungen) die jeweilige S-Bahn-Haltestelle mit Angabe der zu benutzenden S-Bahn-Linie, die Anzahl der Zonen (gemäß dem Tarifplan des Münchner Verkehrsverbundes MVV) und die Fahrzeit ab/zur S-Bahn-Haltestelle Hauptbahnhof angegeben. Ist der S-Bahn-Halt gleichzeitig Bahnhof für Züge der Deutschen Bahn (bahn.de), der Bayerischen Regiobahn (brb.de) oder der alex-Länderbahn (laenderbahn.com/alex), ist dies ebenfalls angegeben (Fahrpläne unter den angegebenen Internetadressen). Diese Züge dürfen im Bereich der S-Bahn-Linien ebenfalls mit den Tickets des MVV ohne Zuschlag benutzt werden. Da diese Züge nur wenige Zwischenhalte einlegen, ist die Anfahrt mit diesen schneller als mit der S-Bahn.

Günstigste Fahrkarte

Die S-Bahn München gehört zur Deutschen Bahn (DB), ist aber in den MVV (Münchner Verkehrsverbund) voll eingebunden. Es können innerhalb des S-Bahn-Netzes neben Fahrkarten des MVV auch das Deutschlandticket, Fahrkarten der Deutschen Bahn (z. B. das »Bayernticket« oder das »Werdenfelsticket« – Infos hierzu auf db.de) benutzt werden. Neben Wochen-, Monats- und Jahreskarten bietet der MVV Einzelfahrkarten (auch für Kinder), Streifenkarten und Tageskarten (auch für Kinder) für Einzelpersonen sowie Gruppen-Tageskarten für bis zu fünf Erwachsene (Kinder von 6 bis 14 Jahren zählen als halbe Person) an. Relativ am teuersten ist die Einzelfahrkarte, diese gilt nur für eine Fahrt in

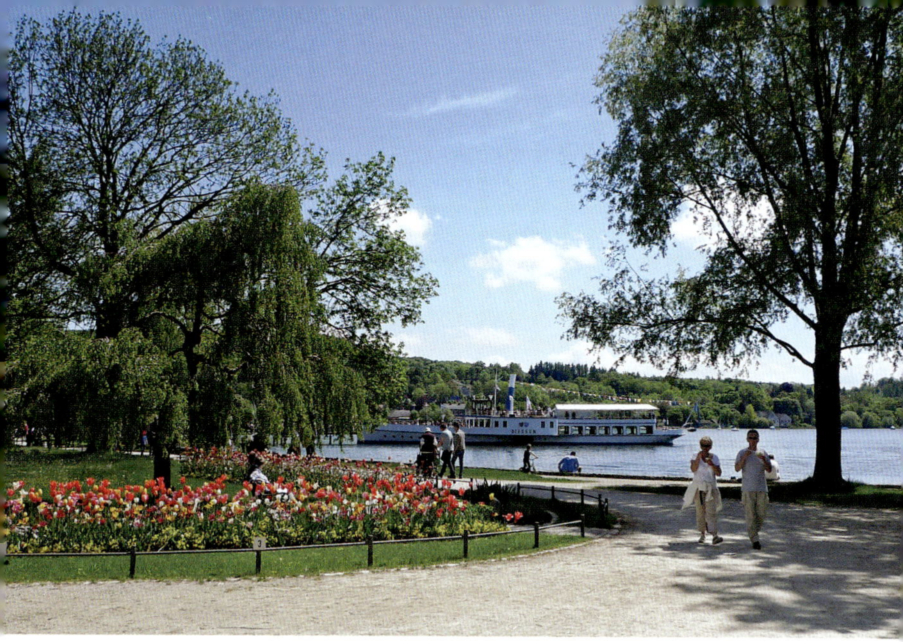

Die Seepromenade in Herrsching ist besonders im Frühling einen Ausflug wert.

eine Richtung (für Hin- und Rückfahrt sind also zwei Einzelfahrkarten zu lösen). Günstiger pro Fahrt ist eine Streifenkarte. Kinder von 6 bis 14 Jahren stempeln auf der (Erwachsenen-)Streifenkarte unabhängig von der Zonenanzahl immer nur einen Streifen pro Fahrt. Jugendliche von 15 bis 20 Jahren stempeln auf einer separaten U21-Streifenkarte die gleiche Streifenanzahl wie die Erwachsenen auf ihrer Streifenkarte, wobei aber die Ein-Streifen-Regelung für die Kurzstrecke auf der U21-Streifenkarte nicht gilt. Kinder unter 6 Jahren sind generell frei, sie müssen aber grundsätzlich von einer Person über 6 Jahren begleitet werden.

Zu beachten ist, dass die Tageskarte für Erwachsene bei Fahrten, für die man vier Streifen und mehr pro Einzelfahrt stempeln müsste, auch bereits bei nur einer Hin- und einer Rückfahrt günstiger ist als die Fahrt mit der Streifenkarte (dies gilt allerdings nicht für Kinder und Jugendliche – diese fahren als Alleinreisende mit der Streifenkarte meist günstiger). Bereits ab zwei Personen ist die Gruppen-Tageskarte bei nur einer Hin- und Rückfahrt die günstigste Wahl, wenn man pro Einzelfahrt mindestens drei Streifen stempeln müsste.

Das Gleiche gilt für Familien: Diese erwerben ab drei zu stempelnden Streifen je Erwachsenem eine Gruppen-Tageskarte, mit der (außer bei einer Großfamilie) die ganze Familie fahren kann (Kinder und Jugendliche müssen dann nicht separat stempeln). In der Innenstadtzone M lohnt sich eine Gruppentageskarte für Familien bei nur einer Hin- und Rückfahrt, jedoch erst für zwei Erwachsene und zwei Kinder/Jugendliche.

Sie finden einen Tarifrechner (dort den Reiter Hin-und Rückfahrt anklicken) zur Ermittlung des günstigsten Fahrpreises (auch Angabemöglichkeit der mitreisenden Personen)

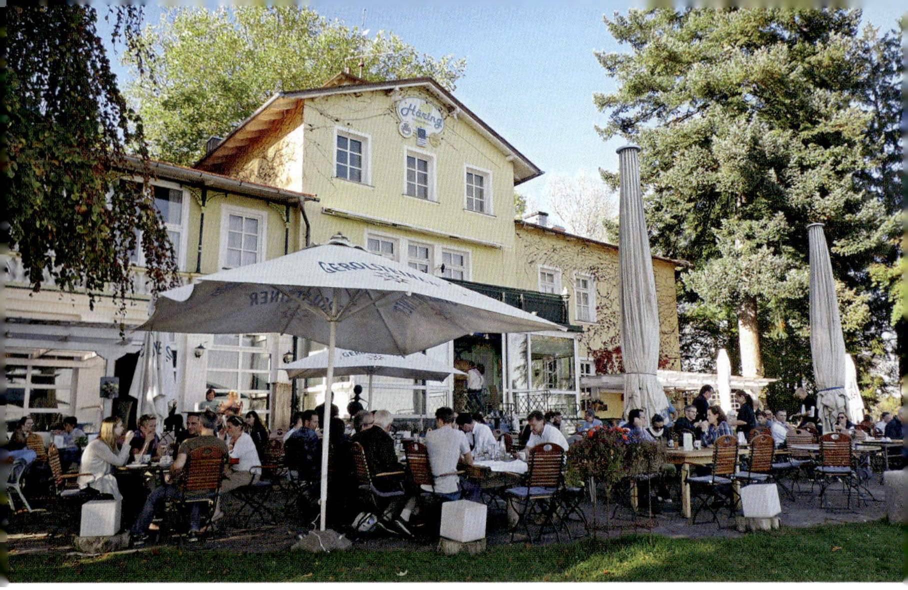

Gemütliche Einkehr im Wirtshaus »Zum Häring« (Tour 10).

unter ticketfinder.mvv-muenchen.de/#/split/reach. Übersichtlich angezeigt werden die Fahrkartenoptionen auch unter mvv-muenchen.de/fahrplanauskunft/index.html (für die genauen Tarifmöglichkeiten auf den angezeigten Fahrpreis klicken). Bitte beachten Sie, dass die Zonenanzahl für Hin- und Rückfahrt dann unterschiedlich sein kann, wenn der Ausgangspunkt nicht gleich dem Endpunkt einer Wanderung ist. Dies kann bei dem Ticket-Navigator derzeit nicht berücksichtigt werden.

In der Kurzinfo jeder Tour ist die günstigste Fahrkartenart (ohne Nennung eines Preises) mit der S-Bahn vom Münchner Innenraum (Zone M) zum Ausgangspunkt und vom Endpunkt der Wanderung zurück in den Münchner Innenraum für Familien, einzeln und in der Gruppe (zwei bis fünf Personen) reisende Erwachsene, einzeln reisende Jugendliche (15 bis 20 Jahre) und einzeln reisende Kinder (6 bis14 Jahre) angegeben. Diese Angaben erfolgen ohne Gewähr. Weitere Informationen zum MVV-Tarifsystem finden Sie unter mvv-muenchen.de/tickets/tarifstruktur/index.html.

Einkehr

In der Kurzinfo und in den Wanderkärtchen sind die an der Wanderroute gelegenen Gasthäuser und Biergärten verzeichnet. Befindet sich nur eine Einkehrmöglichkeit unterwegs oder am Ziel, sind zusätzlich etwaige Ruhetage der Gaststätten mit angegeben. Besonders wenn man vom Spätherbst bis zum zeitigen Frühjahr unterwegs ist, empfiehlt es sich, vor Beginn der Wanderung beim Wirt anzufragen, ob er auch tatsächlich geöffnet hat. Viele Betriebe haben in diesen Zeiten ihre Betriebsferien.

Ausrüstungsgegenstände

Am besten sollte ein Erste-Hilfe-Set mit Pflaster, Pinzette, Hautdesinfektionsmittel und speziellem Blasenpflaster mit von der Partie sein. Pullover und Regenbekleidung gehören stets mit in den Rucksack. Im Frühling und im Herbst ist es morgens oft noch kalt, abends kühlt es dann in diesen Jahreszeiten schnell ab. Im Sommer ist auch bei schönem Wetter mit Gewittern zu rechnen. Wegen der Blitzschlaggefahr sollte man dann keinen Schirm mit Metallverstrebungen benutzen. Bitte auch an ausreichend Sonnenschutz (Hut, Sonnencreme) denken.

Kinder

Diejenigen Wanderungen, die sich besonders gut für Familien mit Kindern eignen, sind mit einem Symbol (Erwachsener mit Kind) in der Kurzinfo gekennzeichnet. Dabei gilt, je länger die Wegstrecke, desto älter sollten die Kinder sein. Mit kleineren Kindern empfiehlt es sich, bei den dann geeigneten kurzen Touren die angegebenen Zeitangaben mit dem Faktor 1,5 zu multiplizieren. Ist auf der Tour ein Spielplatz oder Badeplatz vorhanden, ist dies in der Kurzinfo und in den Karten ebenfalls mit einem Symbol vermerkt.

Barfußwandern

Die einzigen Sohlen, die sich nicht abnutzen, sondern bei Beanspruchung sogar stärker und strapazierfähiger werden, befinden sich an den Unterseiten unserer Füße. Sie werden staunen, wie schnell sich an den Füßen eine gut ausgebildete Lederhaut bildet, wenn man sich nur ein paarmal auf das kleine Abenteuer des Barfußwanderns einlässt. Immer mehr Menschen entdecken das Barfußlaufen als herrliches Sinneserlebnis für sich. Das Wandern auf blanken Sohlen in der Natur ist Le-

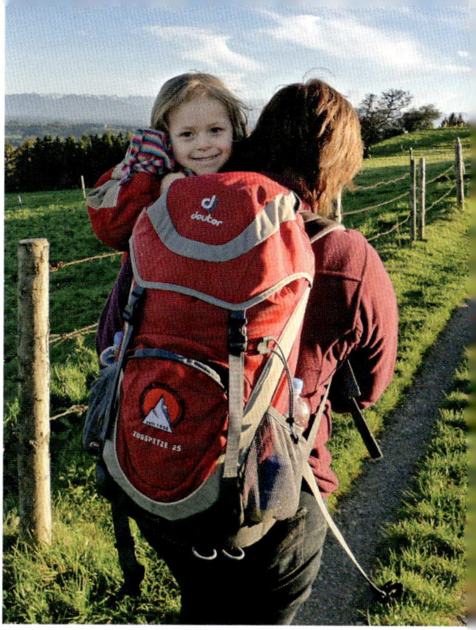

Kleinere Kinder dürfen auch mal ein Stück getragen werden.

GPS-Daten und Koordinaten der Ausgangspunkte

Auf **gps.rother.de** stehen zu diesem Wanderbuch GPS-Tracks und die Koordinaten der Ausgangspunkte zum kostenlosen Download bereit. Dieser QR-Code führt direkt zum Download.
4. Auflage, Passwort: 313304mcb
Die GPS-Tracks können in die **Rother App** importiert werden. In der App kann man unterwegs stets sehen, wo man gerade ist und wo es langgeht. **Anleitungen dazu: rother.de/gps**. Trotz sorgfältiger Prüfung können wir Fehler und zwischenzeitliche Veränderungen nicht ausschließen. Verlassen Sie sich für die Orientierung niemals einzig und allein auf die GPS-Daten, sondern beurteilen Sie die Verhältnisse vor Ort.

bensfreude pur und ganz nebenbei auch noch sehr gesund. Regelmäßiges Barfußlaufen macht aber nicht nur Spaß, sondern beugt auch Haltungsschäden und Fußfehlstellungen vor, verbessert die Koordination und die sensomotorischen Fähigkeiten und beugt Erkältungskrankheiten vor. Besonders schön ist es, wenn alle aus der Gruppe gemeinsam die Schuhe und die Strümpfe abstreifen und zusammen »fußnackert« auf Erkundungstour gehen. Das gemeinsame hautnahe Spüren der unterschiedlichen Naturböden und das Gefühl, durch diese »Erdung« ganz eng mit der Natur verbunden zu sein, stärkt das Zusammengehörigkeitsgefühl in der Gruppe/Familie. Zum gesteigerten Wohlbefinden trägt auch bei, dass man durch die erhöhte Konzentration auf den Boden beim Barfußwandern schnell die Alltagsprobleme hinter sich lässt, der Kopf wird frei, der Geist offen für neue Erfahrungen und Erlebnisse.

Einige der in diesem Buch vorgestellten Touren eignen sich auf Teilstücken (z. B. Wiesenweg oder Waldpfad) besonders gut zum Barfußwandern. Diese Wanderungen sind in der Kurzinfo mit einem Barfußsymbol gekennzeichnet. Zudem wird in der Tourenbeschreibung auf die barfußfreundlichen Abschnitte hingewiesen.

Somit liegt es nun an Ihnen, sich zu trauen etwas Neues auszuprobieren und ihren Füßen ein wenig frische Luft zu gönnen. Wie bei vielem gilt auch hier: »Frisch gewagt ist halb gewonnen.« Aber Vorsicht, es besteht akute Suchtgefahr!

Gefahren in der Natur

Zecken und Schlangen: Zecken sitzen vornehmlich auf Sträuchern, hohen Gräsern, Farnen oder im Unterholz bis zu einer Höhe von 1,50 m, also bis zur Größe ihres potenziellen Wirtes und werden beim Vorbeigehen abgestreift. Zwar gibt es mittlerweile Impfstoffe, diese bie-

Großartiger Blick von der Seepromenade in Tutzing auf die Berge.

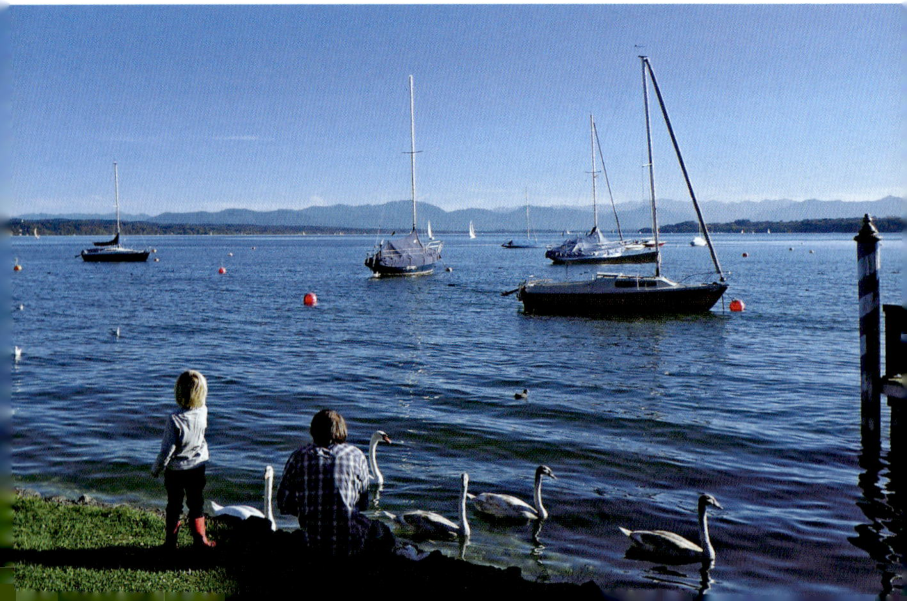

ten aber lediglich Schutz vor FSME, der Frühsommermeningitis (=Hirnhautentzündung). Gegen die wesentlich weiter verbreitete Borreliose hingegen gibt es nach wie vor keine Vorbeugung. Deshalb sollte unbedingt nach jedem Aufenthalt im Grünen der gesamte Körper, insbesondere Körperfalten, Achselhöhlen und Bauchnabel auf Zecken abgesucht werden. Sicherheitshalber sollte man nach einem Zeckenbiss auf jeden Fall einen Arzt aufsuchen, vor allem, wenn sich um die Einstichstelle herum ein roter Ring bildet.

Die giftige Kreuzotter ist auch in unseren Gefilden heimisch, sie besiedelt Waldschneisen, Waldränder, Moore, Wiesen und feuchte Niederungen. Die Schlangen sind von weißgrau über braun bis kupferrot (Kupferotter) oder schwarz (Höllenotter, bzw. Bergviper) gefärbt und weisen allesamt ein mehr oder weniger deutlich ausgeprägtes Zickzackband aus. Normalerweise flieht die Schlange vor dem Menschen und beißt nur, wenn sie sich angegriffen fühlt. Für Kinder oder ältere Menschen kann ein Biss der Kreuzotter lebensgefährlich werden. Sollte man gebissen werden, Ruhe bewahren, um das Gift nicht durch hektische Bewegungen im Körper zu verteilen.

Oft enthält ein Biss der Kreuzotter zwar nur wenig oder gar kein Gift, da sie dieses für die Jagd auf Beutetiere benötigt und mit dem Gift haushalten muss, man sollte sich aber auf jeden Fall nach einer Kreuzotterattacke ins Krankenhaus bringen lassen. Um erst gar nicht mit einer Kreuzotter in Berührung zu kommen, empfiehlt es sich, unübersichtliche Bereiche, wie Gestrüpp, zu meiden und vor dem Hinsetzen den Rastplatz in freier Natur gründlich zu inspizieren.

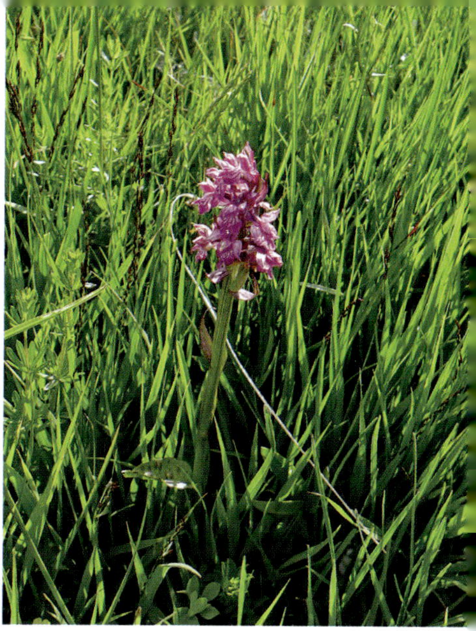

Wie alle Orchideenarten ist das Knabenkraut (entdeckt auf Tour 5 am Rückweg von Gut Kerschlach) streng geschützt.

Giftige und geschützte Pflanzen:
Es empfiehlt sich, Pflanzenteile, Beeren und Pilze nur zu pflücken oder gar zu verzehren, wenn man sich aufgrund umfangreicher Sachkunde hundertprozentig sicher ist, dass es sich um ungiftige und nicht unter Naturschutz stehende Pflanzen/Pflanzenteile handelt. Oft genug tun sich viele Menschen schwer, die ungiftigen von den giftigen Pflanzen zu unterscheiden, was z. B. bei der Verwechslung des genießbaren Bärlauchs mit den fast identisch aussehenden Blättern der Herbstzeitlosen immer wieder zu schweren Vergiftungen führt. Sämtliche bei uns geschützten Tiere und Pflanzen kann man aus der Anlage 1 der Bundesartenschutzverordnung (gut aufbereitet unter de.wikipedia.org/wiki/Anlage_1_zur_Bundesartenschutzverordnung) ersehen.

Wandern mit der Münchner S-Bahn

Eine Erfolgsgeschichte

Die Münchner S-Bahn ist eine Erfolgsgeschichte. Das S-Bahn-Netz wurde zu den Olympischen Sommerspielen 1972 aus mehreren bereits im Münchner Umland existierenden Bahnstrecken geschaffen. Diese wurden aufwendig elektrifiziert und durch einen durch die Innenstadt Münchens vom Hauptbahnhof zum Ostbahnhof führenden Tunnel miteinander verbunden. Die Stammstrecke, die zu Beginn noch V-Bahn (Verbindungsbahn) hieß, war geboren. Anfangs für 250.000 Fahrgäste am Tag konzipiert, wird die Münchner S-Bahn heute an Werktagen für über 800.000 Fahrten genutzt.

Derzeit bietet die Münchner S-Bahn durchgängig auch am Wochenende einen Grundtakt von 20 Minuten auf den Linien 1–4 und 6–8 (Linie 5 existiert derzeit nicht), lediglich auf einigen Außenästen fährt jeder dritte Zug außerhalb der Stoßzeiten nicht bis zu den Endhaltestellen, sodass auf diesen Teilstücken ein 20-/40-Minutentakt besteht. In der Hauptverkehrszeit wird auf Teilstrecken sogar ein 10-Minuten-Takt angeboten, zusätzlich verkehrt die S 20 von Montag bis Freitag im Stundentakt von Pasing nach Höllriegelskreuth. Die lange Zeit als S 27 bezeichnete Strecke von München Hauptbahnhof nach Deisenhofen wird heute von der Bayerischen Regiobahn (brb.de) bedient, die S-Bahn-Tickets des MVV sind hier aber weiter gültig.

Um das Nadelöhr Stammstrecke zu entlasten, erfolgte im Jahr 2017 der Spatenstich für eine zweite Stammstrecke, die zwar ebenfalls zwischen Laim und Ostbahnhof verlaufen wird, aber nur drei unterirdische Bahnhöfe (Hauptbahnhof, Marienhof, Ostbahnhof) aufweisen wird. Weitere größere Zukunftsprojekte sind die Verlängerung der S 7 bis Geretsried, die Schaffung einer Direktverbindung zum Flughafen auch über Erding und der Ausbau der S 20 mit Errichtung eines S-Bahnhofes in Menterschwaige und Weiterführung der Linie bis Deisenhofen. Nach und nach werden bereits seit mehreren Jahren alle S-Bahn-Stationen barrierefrei mit ebenerdigen Ausstiegen auf die Bahnhöfe umgebaut und mit Aufzügen ausgestattet.

Auf Tour mit der S-Bahn

Aufgrund ihrer sternförmigen Linienführung bietet die Münchner S-Bahn ein großes Spektrum an Ausflugszielen und Wandermöglichkeiten im wunderschönen Münchner Umland. Das Gebiet ist durchzogen von einer Vielzahl von Bächen und Flüssen, die Wanderungen führen uns entlang von Amper, Mangfall, Loisach, Würm und Sempt. An der Isar warten in der Pupplinger Au und auf dem Weg von Icking zum Kloster Schäftlarn (Touren 15 und 16) spannende kleine barfußfreundliche Pfade durch die Auwaldland-

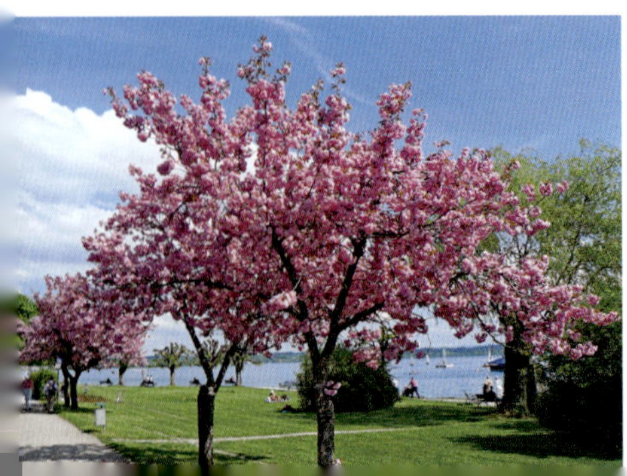

Japanische Zierkirsche im Tutzinger Brahmspark (Tour 10).

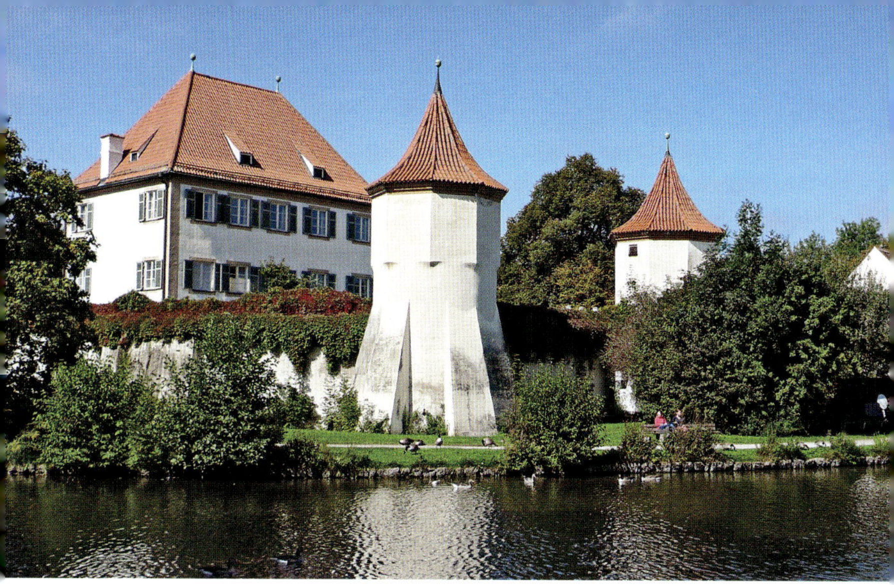

Schloss Blutenburg in München-Obermenzing (Tour 13).

schaft, es besteht aber bei beiden Touren auch eine Route auf einem gut ausgebauten breiten Weg.
Besonders attraktiv ist das von den S-Bahn-Linien 6, 7 und 8 erschlossene Alpenvorland mit seiner eiszeitlichen Seenlandschaft. Wir haben diesem Gebiet an der Isar und im Fünfseenland an Starnberger See, Ammer-, Wörth-, und Weßlinger See daher einen besonders großen Raum (Wanderungen 1–12 und 14–18) eingeräumt. Abgerundet wird das Tourenspektrum durch den Besuch einiger sehenswerter, historisch gewachsener Umlandstädte mit ihren sehenswerten Altstädten, wie Freising, Erding oder Dachau. Eine sehr attraktive Wanderung (Tour 23) startet direkt am Münchner Marienplatz und führt uns auf einem Rundweg durch den riesigen Englischen Garten mit seinen vielen Attraktionen. Unterwegs erwarten uns bei allen Touren nicht nur eine wunderbare Natur, sondern auch meist mehrere Einkehrmöglichkeiten von riesigen Biergärten bis hin zu urigen kleinen Gasthöfen mit ihren gemütlichen Wirtsgärten. Besonders interessant finden wir dabei die Streckenwanderungen von einer S-Bahn-Station zu einer anderen Station derselben Linie (Touren 1, 10, (11), 15, 16, 22, 25 und 29) oder sogar von einer S-Bahn-Linie zu einer anderen Linie (Touren 8, (11), 13, 19, 20 und 28). Diese Touren sind (allein) mit dem Auto gar nicht möglich oder sinnvoll. Daneben haben wir die schönsten Rundtouren im Münchner S-Bahn-Gebiet zusammengestellt, als besondere Highlights seien hier die Wanderung von der Kreuzstraße durch das Mangfalltal (Tour 21) und die Wanderung von Großhesselohe entlang der Isar zur Marienklause und zurück über den Hinterbrühler See genannt (Tour 18). Bei mehreren Wanderungen (insbesondere bei den Touren 3, 7 und 12) besteht eine Rückfahrmöglichkeit mit dem Schiff über Ammer- bzw. Starnberger See.

1 Von Weßling zum Wörthsee

Über den Weßlinger See

★★★

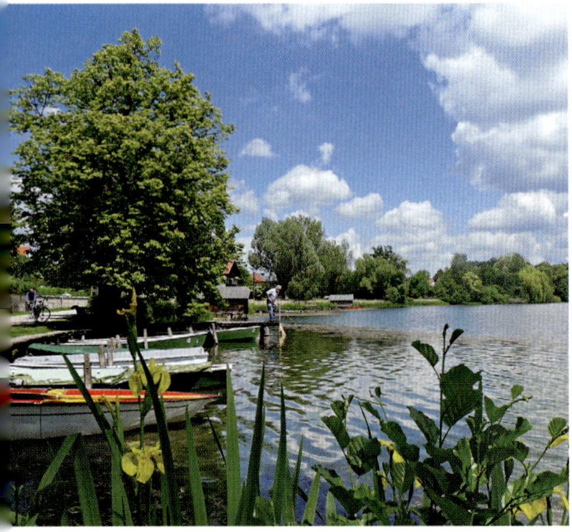

Den idyllischen Weßlinger See kann man in 40 Minuten umrunden.

Gemütliche Wanderung von See zu See

Zu den Seen des »Fünfseenlandes« zählt neben Starnberger See, Ammer-, Wörth- und Pilsensee auch der kleine Weßlinger See, der ganzjährig zu einer Umrundung einlädt. Während man in kalten Wintern Schlittschuhlaufen kann, warten im Sommer schöne Badeplätze mit einer Liegewiese, Badesteg und großem Kiosk. Der Rundweg verläuft auf einem Fußweg (ein Teilstück sogar auf einem Pfad) größtenteils direkt am Wasser entlang und führt uns zum sehr schön gelegenen Café am See, wo man direkt am Wasser auf einer Holzterrasse sitzen kann. Wer gern eine größere Wanderung unternehmen möchte, der kann – wie hier beschrieben – schön über Ettenhofen und Meiling bis zum Wörthsee mit weiteren Badeplätzen weiterwandern und abschließend vom Bahnhof Steinebach aus mit der S-Bahn nach Weßling zurückfahren.

KURZINFO

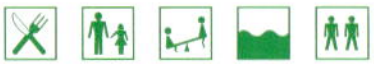

Ausgangspunkt: S-Bahnhof Weßling (S 8 Richtung Herrsching); 2 Zonen; Fahrzeit 35 Min.
Endpunkt: S 8-Bahnhof Steinebach; Fahrzeit 42 Min.
Günstigste Fahrkarte: Familien (mit 2 Erwachsenen): Gruppen-Tageskarte M-2. Erwachsener/e: (Gruppen-)Tageskarte M-2. Jugendliche (15–20 Jahre): Hin- und Rückfahrt je 4 Streifen auf der U21-Streifenkarte (eigene Fahrkarte nicht nötig, wenn z. B. Eltern eine Gruppen-Tageskarte haben). Ab 3 Jugendlichen ist die (Erwachsenen-)Gruppen-Tageskarte M-2 günstiger. Kinder (6–14 Jahre): Hin- und Rückfahrt je 1 Streifen (eigene Fahrkarte nicht nötig, wenn z. B. Eltern eine Gruppen-Tageskarte haben). Kinder unter 6 Jahren: frei.
Gehzeit: 3.00 Std.
Höhenunterschied: 90 m im Auf- und Abstieg.
Distanz: 12,1 km.
Anforderungen: Der unmarkierte Weg verläuft überwiegend auf bequem begehbaren Kieswegen und (außer in Bahnhofsnähe) kleinen Anliegerstraßen ohne größere Steigungen. Nicht kinderwagengeeignet (einige Treppenstufen!).
Ausrüstung: Gut profilierte Trekkingsandalen, Badesachen.
Einkehr: Café am (Weßlinger-)See, Gasthof Sepperlwirt, Augustiner am Wörthsee, Bistro il kiosko, Alter Bahnhof Steinebach.

Weßlinger See

Der Weßlinger See ist ein klassischer Toteissee der Würmeiszeit. Er entstand, als ein Teil der Gletscherzunge des Isar-Loisach-Gletschers abbrach und durch das Gewicht der nachfolgenden Eismassen tief unter die Gletschersohle in das Sedimentgestein gedrückt und von mitgeführtem Material überdeckt wurde. Als sich der Gletscher zurückzog, blieb dieser Eisbrocken im Boden liegen und schmolz nur relativ langsam, da das auf ihm liegende Gestein als Schutz vor der Sonne wirkte. So konnte sich das Seebecken über Jahrzehnte verfestigen. Der See wird von Grundwasser gespeist, er hat keine Zu- und Abflüsse. Bis zum Jahr 1968 war der See in Privatbesitz, damals erwarb die Gemeinde das Gewässer vom Grafen Toerring zu Seefeld für 200.000 DM.

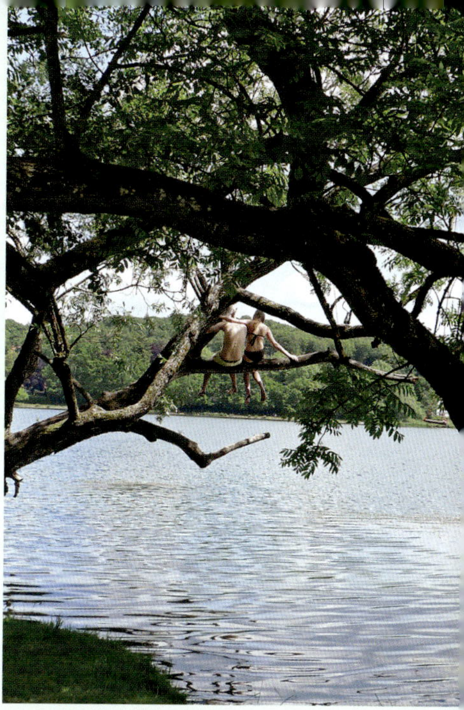

Kurz vor dem Absprung.

Schöner Badeplatz am Weßlinger See.

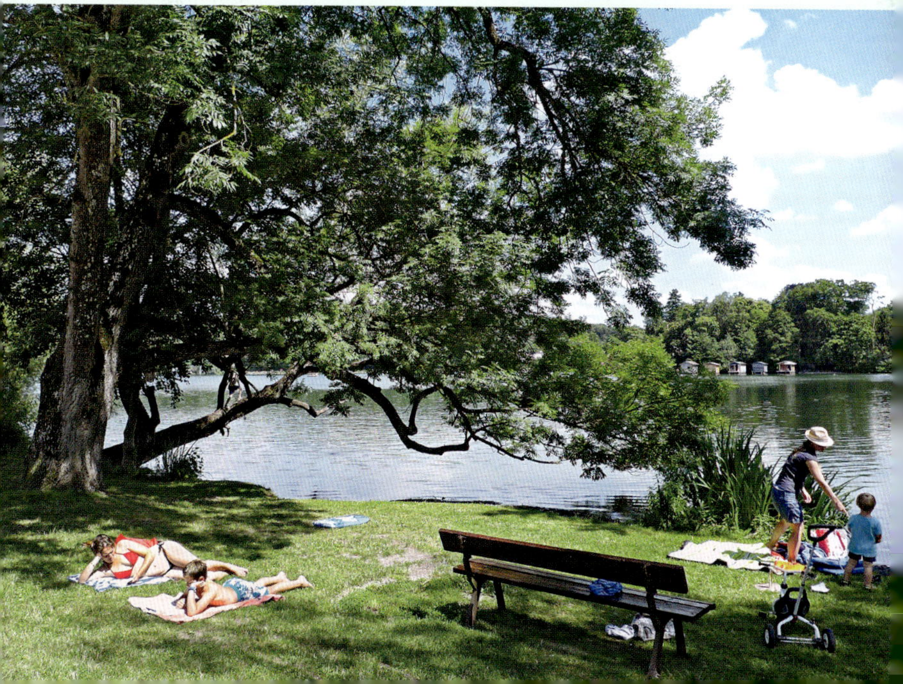

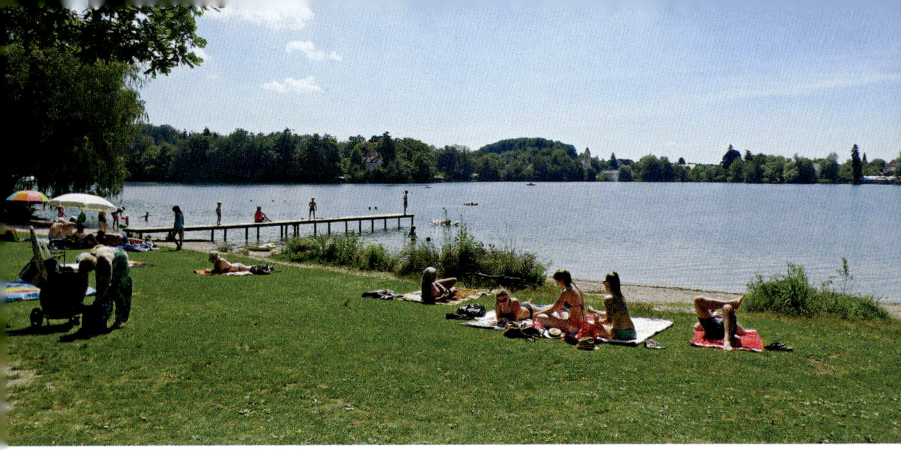

An der Ostseite des Weßlinger Sees wartet eine Liegewiese mit Badesteg.

Am **Bahnsteig in Weßling (1)** gehen wir den Treppenabgang hinunter, wenden uns links Richtung Ortsmitte, gehen links die Treppe nach oben, überqueren die Bahnhofstraße und gehen auf der anderen Seite den Treppenabgang wieder hinunter (Schild Hotel Seehof). Wir folgen nun der Straße in südlicher Richtung, stoßen auf die Hauptstraße, wenden uns rechts und überqueren an einer Ampel die Hauptstraße. Wir wenden uns links und biegen an der nächsten Straße rechts (Schild des Hotels Seehof) in den Seeweg und an der nächsten links in den Fischerweg ein. Dieser führt uns bald direkt am See entlang, wir setzen nun zur (teilweisen) Seeumrundung im Uhrzeigersinn an. Bald kommen wir an einen schönen **Badeplatz (2)** mit einer Liegewiese und einem Kiosk, bei dem man auch auf einem Steg direkt über dem Wasser an den Tischen Platz nehmen kann. Vom Ufer hat man einen schönen Blick auf die andere Seeseite mit dem »Café am See« auf der rechten Seite. Wir wandern am Kiosk und weiteren Badeplätzen vorbei, dann nimmt uns neben einer Asphaltstraße ein kleiner Weg auf, der uns bald als Pfad idyllisch durch Wald am Ufer entlangführt. Nach fünf Minuten kommen wir auf eine kleine Anliegerstraße und setzen unsere Seeumrundung nun abseits des Ufers fort. Kurz darauf biegt rechts das kleine Alzheimergassl ab, hier biegen wir ein und wandern bald auf einem kleinen Pfad zwischen zwei Hecken auf den See zu. Wir steigen ein paar Stufen hinunter und wandern nun neben einer Mauer am Seeufer bei einem schönen Blick über den See entlang. Nach fünf Minuten stoßen wir auf die Straße Uferweg, hier biegen wir nicht in diese, sondern scharf rechts in einen gekiesten Fußweg ein, da wir noch einen Abstecher durch den

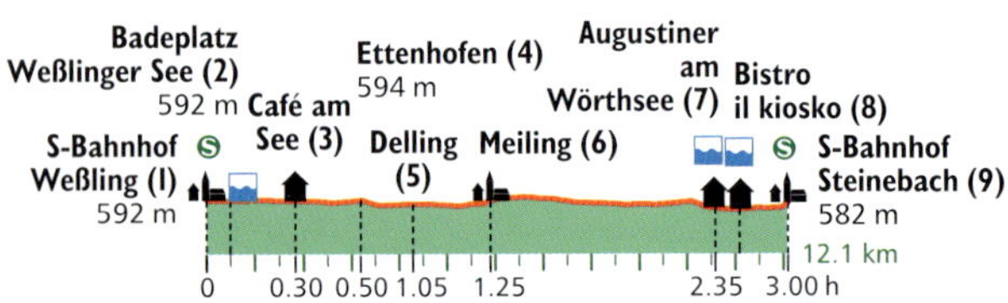

schön angelegten Uferbereich zum **Café am See (3)** (hier auch Kugeleis) mit seiner großen Terrasse direkt am Wasser machen wollen. Wer nur die Seeumrundung des Weßlinger Sees machen möchte, spaziert nun einfach geradeaus weiter und kommt vorbei am Hotel Seehof auf dem Seeweg wieder zur Hauptstraße und auf dem Hinweg zurück zur S-Bahn.
Wir anderen spazieren vom Café wieder zurück zum Uferweg, biegen links ein und wandern auf der kleinen Straße hinauf zur Kirche Maria Himmelfahrt. 150 m später gehen wir rechts auf dem Dellinger Weg weiter und biegen an der bald folgenden Verzweigung links in den Weg Breite Eiche ein. Das Asphaltsträßchen geht in einen Kies- und kurz darauf in einen Wiesenweg über. Wir gelangen in den Wald und wandern aufwärts auf einem Kiesweg zu einem weiteren Kiesweg. In diesen biegen wir rechts ein, kommen am Gehöft von **Ettenhofen (4)** mit seinen schottischen Hochlandrindern vorbei, freuen uns über den Bergblick und spazieren, an der nächsten Verzweigung rechts haltend, abwärts nach **Delling (5)**. Dort gehen wir die Straße nach rechts hinauf, überqueren die Staatsstraße 2068, wandern links den Fußweg hinunter, biegen an der nächsten Verzweigung rechts und an der darauffolgenden links ein. Wir spazieren nun auf einem Feldweg mit Wiesenmittelstreifen Richtung **Meiling (6)**, kommen an der dortigen Freiwilligen Feuerwehr vorbei und erreichen kurz darauf, uns an der Dorfstraße rechts haltend, den **Gasthof Sepperlwirt** mit Biergarten, Spielplatz und Tiergehegen (Ziegen, Kaninchen, Ponys und Meerschweinchen).
Wir gehen wieder ein Stück auf dem Hinweg zurück und biegen kurz vor der Freiwilligen Feuerwehr links in einen asphaltierten Weg ein, der uns nun aufwärtsführt und bald in einen Kiesweg übergeht. Wir bleiben an Abzweigungen immer auf dem Hauptweg, überqueren nach 15 Minuten den Weg der Weßling mit Steinebach verbindet und unterqueren bald darauf die Bahnlinie. Nun wenden wir uns links, gehen am nächsten Abzweig geradeaus weiter und bleiben immer auf dem Hauptweg, bis unser Weg auf einen anderen trifft. Hier wenden wir uns

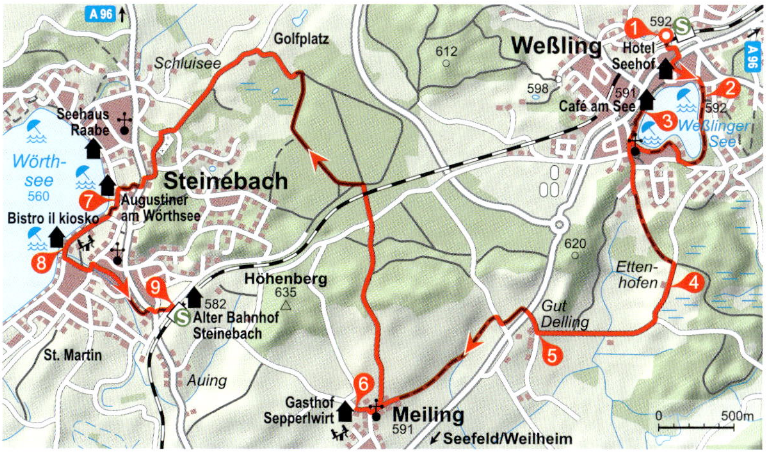

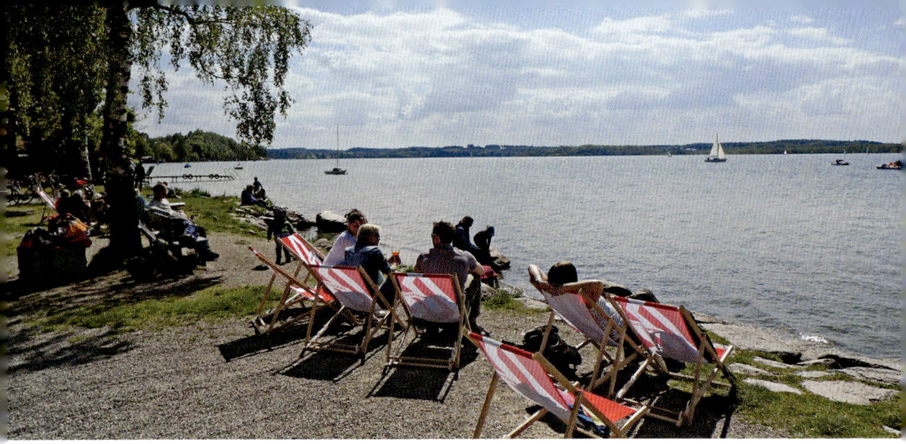

Relaxen am Wörthsee beim Bistro il kiosko.

nach links, wandern bald entlang eines Golfplatzes, stoßen auf einen breiten Kiesweg und biegen nach links in diesen ein. Nun geht es über saftige Wiesen, wir ignorieren Abzweigungen nach rechts und links und stoßen auf eine asphaltierte Straße. Wir wenden uns rechts und biegen nach wenigen Minuten links in die Straße Buchteil ein, die uns bald an einem Friedhof entlang nach rechts und dann an Einfamilienhäusern vorbei abwärtsführt. Am Ende der Straße stoßen wir auf die Etterschlager Straße, überqueren sie, halten uns links und biegen dann unmittelbar vor der Raiffeisenbank rechts in einen leicht zu übersehenden Fußweg ein. Über Treppenstufen geht es dort hinunter, wir überqueren ein kleines Sträßchen, kommen zum Rathaus und befinden uns nun bereits am **Wörthsee**. Wir biegen links in die asphaltierte Seepromenade ein und können nun im **Augustiner am Wörthsee (7)** einkehren und dort eine Badepause (schöne, große Liegewiese mit Seezugang) einlegen. Weiter geht es danach auf der Seepromenade, die aber leider nicht wie der Name vermuten lässt, zum See hin offen ist, sondern an vielen kleinen Privatparzellen vorbeiführt, die den Blick auf den See größtenteils verwehren. Wir passieren eine öffentliche Badestelle mit kleiner Liegewiese und erreichen zehn Minuten später eine große Badestelle am **Bistro il kiosko (8)** mit einer großen Liegewiese und einem dahinterliegenden Spielplatz. Nach dem Bistro überqueren wir einen kleinen Bach, und biegen sodann links in den Birkenweg ein, der uns zur Seestraße führt. Wir wenden uns links und überqueren kurz darauf die Seestraße (ein S-Bahn-Schild weist uns den Weg) und biegen nun in die Straße Moosbichlweg ein. Wenn diese Straße nach rechts dreht, wandern wir geradeaus auf einem asphaltierten Fußweg weiter, wenden uns an dessen Ende links und an der nächsten Straße rechts, um dann halb links auf einem Fußweg weiterzumarschieren. Über einige Treppen kommen wir zu einer Straße, gehen auf der anderen Seite weiter gestuft bergan und kommen so direkt zum **S-Bahnhof Steinebach (9)**, an dem mit dem **Alten Bahnhof Steinebach** auch noch einmal eine Einkehrmöglichkeit vor der Heimfahrt wartet.

Rund um den Wörthsee

Vom Bahnhof Steinebach

★★

Abwechslungsreiche Bade- und Einkehrtour

Was jahrelang den Anliegergemeinden nicht gelungen war, hat nun der private Rotary Club am Wörthsee geschafft: die Anbringung einer einheitlichen Beschilderung um den See, durch die die Wanderer möglichst wenig mit dem Autoverkehr in Verbindung kommen. Dazu wurde sogar eigens ein 100 Meter langer Bretterweg durch das Bacherner Moos vom Rotary Club gebaut. Obwohl der Weg nun bestens ausgeschildert ist, haben wir den Wegverlauf dennoch bei der Beschreibung der Tour ausführlich dargestellt – Schilder können schon mal über Nacht einfach verschwinden, was hier tatsächlich noch vor der offiziellen Eröffnung des Weges im Jahr 2014 geschehen ist. Unterwegs warten viele Bade- und Einkehrmöglichkeiten, schöne Blicke über den See und ein landschaftlich sehr interessantes Stück durch das Bacherner Moos auf die Wanderer.

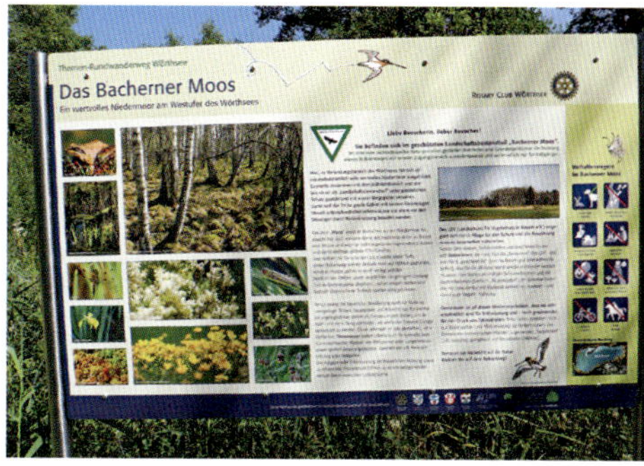

Schautafel am Wegesrand.

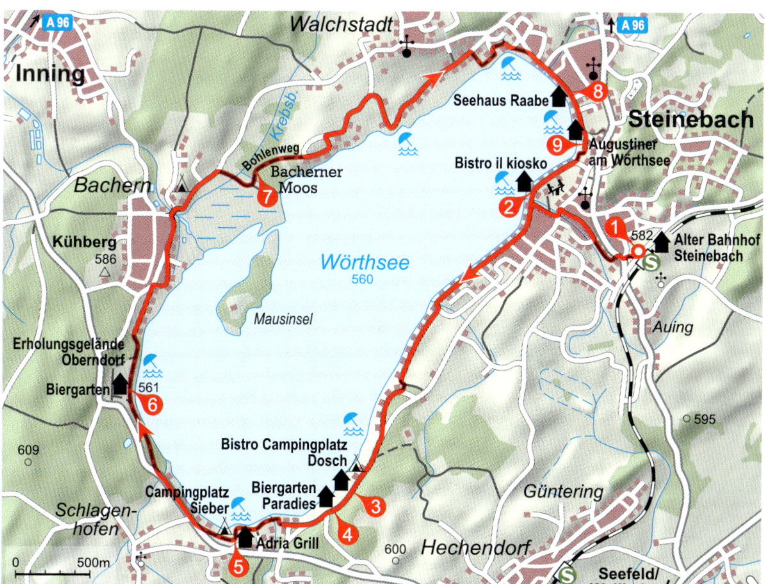

KURZINFO

Ausgangs- und Endpunkt: S-Bahnhof Steinebach (S 8 Richtung Herrsching); Fahrzeit 40 Min.
Günstigste Fahrkarte: Familien (mit 2 Erwachsenen): Gruppen-Tageskarte M-2. Erwachsener/e: (Gruppen-)Tageskarte M-2. Jugendliche (15–20 Jahre): Hin- und Rückfahrt je 4 Streifen auf der U21-Streifenkarte (eigene Fahrkarte nicht nötig, wenn z. B. Eltern eine Gruppen-Tageskarte haben). Ab 3 Jugendlichen ist die (Erwachsenen-)Gruppen-Tageskarte M-2 günstiger. Kinder (6–14 Jahre): Hin- und Rückfahrt je 1 Erwachsenen-Streifen (eigene Fahrkarte nicht nötig, wenn z. B. Eltern eine Gruppen-Tageskarte haben). Kinder unter 6 Jahren: frei.
Gehzeit: 3.15 Std.
Höhenunterschied: 90 m im Auf- und Abstieg.
Distanz: 12,9 km.
Anforderungen: Die ab dem See neu markierte Route verläuft auf bequem begehbaren Kieswegen und kleinen Anliegerstraßen ohne größere Steigungen. Bedingt kinderwagengeeignet (Treppenstufen unterhalb des Bahnhofs Steinebach müssen über die abwärtsführende Straße und dann links umgangen werden; recht schmaler Bretterweg durchs Bacherner Moos).
Ausrüstung: Gut profilierte Trekkingsandalen, Badesachen.
Einkehr: Alter Bahnhof Steinebach, Bistro il kiosko, Bistro Campingplatz Dosch, Gasthof Wörl mit Biergarten Paradieswinkel, Adria Grill, Biergarten Erholungsgelände Oberndorf, Seehaus Raabe, Augustiner am Wörthsee.
Hinweis: Im Erholungsgelände auf der Südseite des Weßlinger Sees besteht in der Zeit vom 15.5. bis 15.9. ein Hundeverbot.

Wir verlassen den eingleisigen **S-Bahnhof Steinebach (1)** in dessen Mitte, wenden uns links, gehen ebenerdig an dem Bahnhofsgebäude vorbei, um dann rechter Hand die Treppenstufen abwärts zur Straße zu nehmen. Nach deren Überquerung setzt sich der Treppenweg auf der anderen Straßenseite fort und verläuft dann als Fußweg weiter. An seinem Ende wenden wir uns halb rechts in die Hauptstraße, gehen an dem Haus mit der im oberen Bereich fachwerkhausähnlichen Holzverkleidung vorbei, wenden uns links in den »Fußweg zum See«

Der Biergarten Paradieswinkel liegt direkt am Wörthsee.

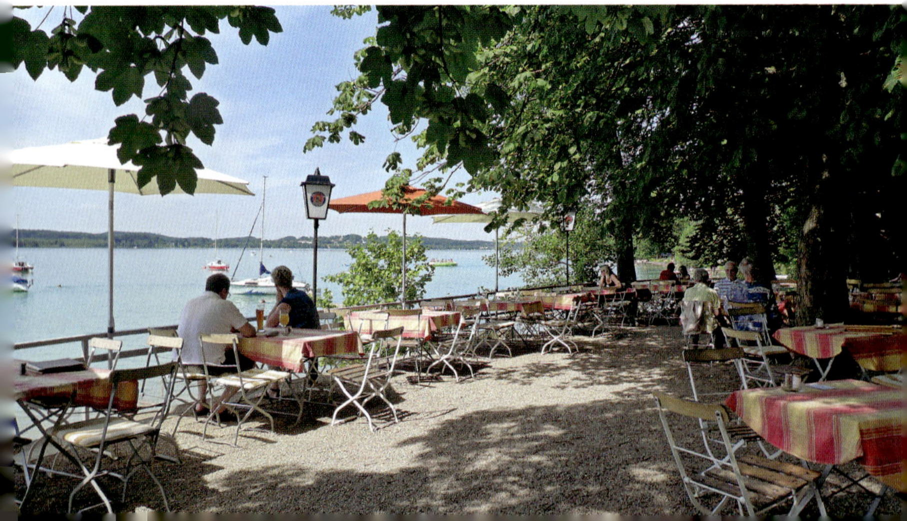

Wörthsee

Der Wörthsee liegt mitten im Fünfseenland, einem Überbleibsel des Isar-Loisach-Gletschers aus der letzten Eiszeit. Der See gilt nicht nur als einer der saubersten, sondern auch als einer der wärmsten Badegewässer in Bayern. Seinen Namen verdankt der See seiner 11,6 Hektar großen Insel, denn »Insel« heißt im Mittelhochdeutschen »Werth«. Aufgrund einer Sage, bei der Mäuse die Insel besetzten, wird sie im Volksmund Mausinsel genannt.
Archäologen schließen durch Hügelgräber-Funde darauf, dass die Gegend rund um den Wörthsee bereits

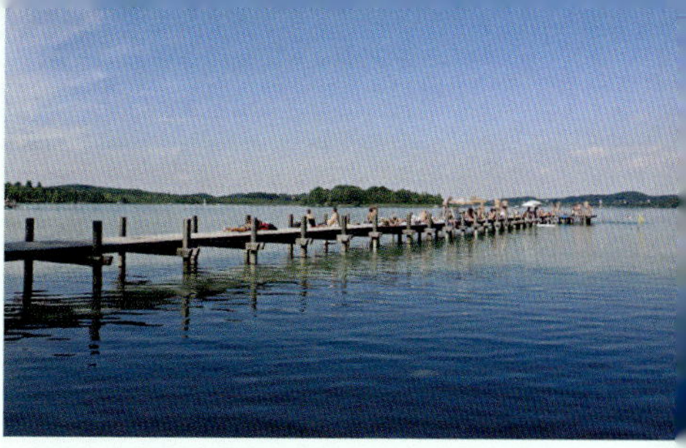

Badesteg vor der Mausinsel.

1500 v. Chr. besiedelt war. Andere Forschungsergebnisse, die auf modernen Analyseverfahren, wie etwa der Untersuchung von Pollen beruhen, datieren die ersten Siedler sogar auf die Zeit zwischen 2000 und 3000 v. Chr.

und gleich wieder rechts, wo dieser seine Fortsetzung findet. Der Weg mündet auf die Straße Moosbichlweg, wir gehen geradeaus weiter und stoßen auf eine Straße, die wir überqueren. Wir wenden uns links und gleich wieder rechts in den gekiesten Birkenweg, der uns an einem rechts liegenden Spielplatz vorbei direkt zum **Wörthsee** an einen Badeplatz mit dem großem **Bistro il kiosko (2)** führt. Wir wenden uns links und machen uns an die Seeumrundung im Uhrzeigersinn. Auf der Seepromenade, die allerdings leider wegen kleinen, mit Hecken versehenen privaten Badeparzellen nur gelegentlich einen Blick auf den See ermöglicht, wandern wir Richtung Süden auf einem Kiesweg. Immerhin hat man hier zwischen den Parzellen ab und an schmale Seezugänge für die Öffentlichkeit freigehalten. Nach 15 Minuten führt der Weg links aufwärts zu einer kleinen Asphaltstraße, der Seeleite, in die wir dem Schild des Rotary Clubs folgend nach rechts einbiegen. Bald wird der Weg zum Kiesweg und führt erst aufwärts, dann abwärts zu zwei Treppenstufen, nach denen es über einen kleinen Weg zu einer Anliegerstraße hinaufgeht, in die wir rechts einbiegen. Abwärtsgehend stoßen wir auf die Wörthseestraße, biegen rechts ein und wandern nun auf einem Gehweg an den vielen im Sommer am Straßenrand parkenden Autos entlang, deren Besitzer sich in einem der nicht öffentlichen (Firmen, Vereine) Strandbädern tummeln. Nach etwa 600 m kommen wir am **Campingplatz der Familie Dosch (3)** vorbei, hier kann jedermann in dem sehr gepflegten ange-

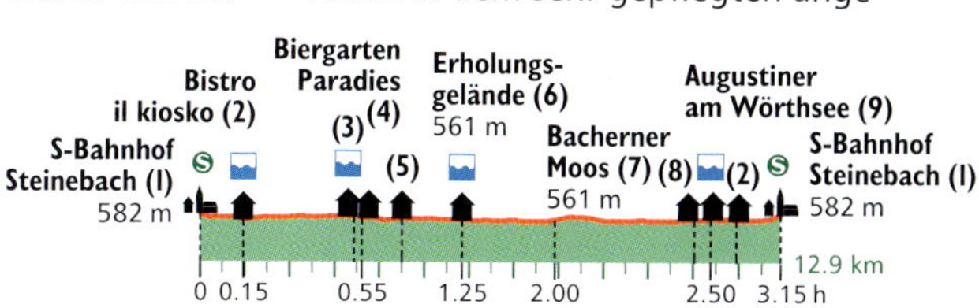

schlossenen Bad mit schöner Liegewiese, Spielplatz, Beachvolleyballfeld und großem, modernem Bistro für 2 € (Kinder unter 16 Jahren frei) eine Badepause einlegen. Gehen wir auf der Wörthseestraße weiter, erreichen wir 200 m später das **Gasthaus Wörl**, hier kann man in dessen **Biergarten Paradieswinkel (4)** wunderschön unter schattenspendenden Bäumen direkt am See sitzen.

Wiederum 200 m später zweigt rechts ein Sträßchen, ab, hier werden die Fußgänger von einem Schild hineingewiesen, während die Radfahrer auf der Straße bleiben müssen. Das Sträßchen läuft in eine Sackgasse, an deren Ende führt aber – erst zuletzt sichtbar – vor einem Anwesen ein Fußpfad im 90°-Winkel nach rechts. Bald verläuft der Weg direkt am See entlang und mündet schließlich am Seeufer in eine öffentliche Badestelle mit schöner Liegewiese und einem Holzsteg. Hier spazieren wir weglos über die Liegewiese links aufwärts, schwenken am **Adria Grill (5)** nach rechts (entgegen der Beschilderung, die geradeaus zur Straße weist), gehen unmittelbar am Eingang des Gasthauses vorbei und weiter auf dem kurzen Wegstück, das uns durch den Campingplatz führt. Dahinter nimmt uns ein Wiesenpfad auf, der uns – später als Feldweg – zur Wörthseestraße bringt (wo wir wieder mit den Radfahrern und den Wanderern zusammentreffen, die den jeweiligen Schildern gefolgt sind). Leider müssen wir nun ein Stück auf der Straße weiterwandern, auf dem Großteil dieser Strecke kann man aber zumindest am Straßenrand aufs Bankett ausweichen. Nach 300 m zweigt auf der rechten Straßenseite ein Pfad ab, der von der Straße wegführt und bald am Rand einer Wiese in das **Erholungsgelände Oberndorf (6)** am südlichen Seeufer mündet. Der Pfad wird zum Kiesweg, wir kommen an einem ersten großen Badesteg vorbei, in dessen Hintergrund die in privater Hand befindliche Mausinsel zu sehen ist. An einer Wegteilung halten wir uns rechts (links ginge es zu einer Einkehrmöglichkeit mit kleinem Biergarten) und wandern nun an einer großen, sehr schönen Liegewiese vorbei. Weitere große Badestege folgen, an der nächsten Verzweigung wählen wir wiederum den rechten Weg, der uns diesmal über Wurzeln durch den Wald führt. Nach ein paar Minuten schwenkt der Weg nach links, wird zum Kiesweg und trifft auf eine Straße, in die wir rechts einbiegen. Gleich darauf schwenken wir wieder nach rechts in die kleine Aalstraße. In einer Linkskurve bleiben wir auf

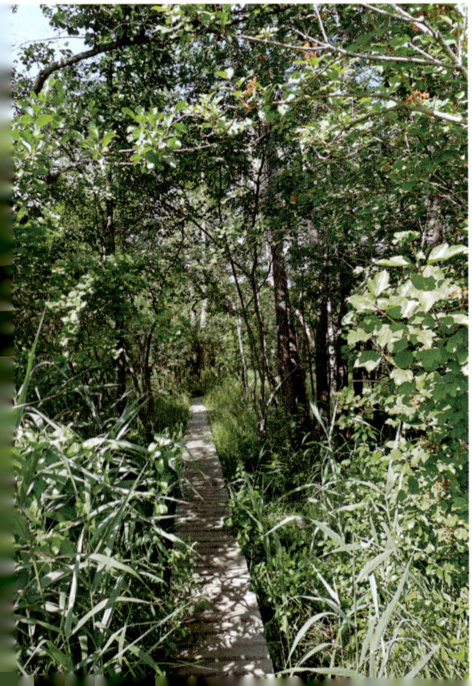

Auf Holzbohlen geht es durch das Bacherner Moos.

der Aalstraße, die uns wieder auf die Straße führt, die wir eben verlassen haben. Wir biegen rechts ein, kommen auf der Anliegerstraße nach **Bachern** hinein, wenden uns mit der abknickenden Vorfahrtsstraße rechts und spazieren auf der Straße aus dem Ort hinaus.

400 m nach der Ortsmitte von Bachern geht rechts ein Kiesweg (bald mit Wiesenmittelstreifen) von der Straße ab, hier biegen wir ein (Radfahrer müssen auf der Straße bleiben oder später ihr Rad schieben). In einer leichten Rechtskurve zweigt wenige Minuten später links ein Pfad ins **Bacherner Moos (7)** ab, an dieser Stelle hat man ein Rotary-Club-Schild glatt vergessen, obwohl dieser Pfad ja eigens vom Rotary Club angelegt wurde. Nach 50 m verläuft der Weg als Bretterweg direkt durchs Moor, im Anschluss führt uns ein Wiesenweg mit Hackschnitzelunterbrechungen (an den nassen Stellen) weiter. Bald wird der nun aufwärtsführende Weg zum Kiesweg, an Abzweigungen gehen wir geradeaus weiter. Der Weg stößt auf ein kleines Asphaltsträßchen, wir biegen rechts ein und wenden uns bald darauf rechts in die Vordere Seestraße, die uns wieder direkt an den See mit einer Bademöglichkeit mit flach abfallendem Ufer und einer kleinen Liegewiese sowie einem Kiosk mit Tischen und Stühlen führt. Wir folgen weiter der Vorderen Seestraße und müssen nach ca. 800 m aufpassen, dass wir ein schlecht zu sehendes Schild des Rotary Clubs an der linken Straßenseite nicht übersehen. Dieses weist die Fußgänger unmittelbar vor Hausnummer 5 nach rechts in einen schmalen Weg, dem wir bis zum See folgen, um dann links, wiederum links, rechts und nochmal rechts

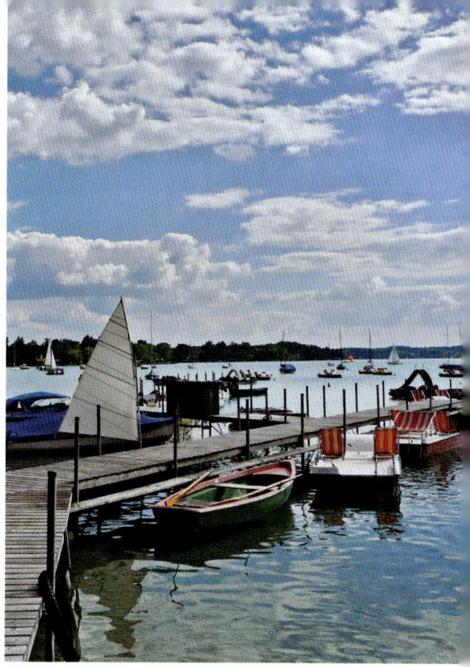

Boote beim Seehaus Raabe.

schließlich auf dem Seeuferweg weiterzumarschieren. Wir kommen an einem weiteren Badeplatz vorbei, biegen rechts in die Wörthseestraße ein, die sogleich zur Seestraße wird, und wandern nun auf dem Fußweg neben der Straße weiter. Am **Seehaus Raabe (8)** mit seiner schönen Seeterrasse und Bootsverleih können wir einkehren.

Fünf Minuten später kommen wir an zwei großen Wandertafeln vorbei und biegen dahinter rechts in die Seepromenade ein. Eine schöne kostenlose Bademöglichkeit besteht hier auf der Liegewiese des **Augustiner am Wörthsee (9)**. Wir folgen aber weiter der Seepromenade und erreichen nach zehn Minuten wieder das **Bistro il kiosko (2)** am Birkenweg. Auf diesem wandern wir nun auf dem bereits vom Hinweg bekannten Weg zum **S-Bahnhof Steinebach (1)** zurück.

3 Von Herrsching nach Stegen

Entlang der Ammersee-Ostseite ★★★

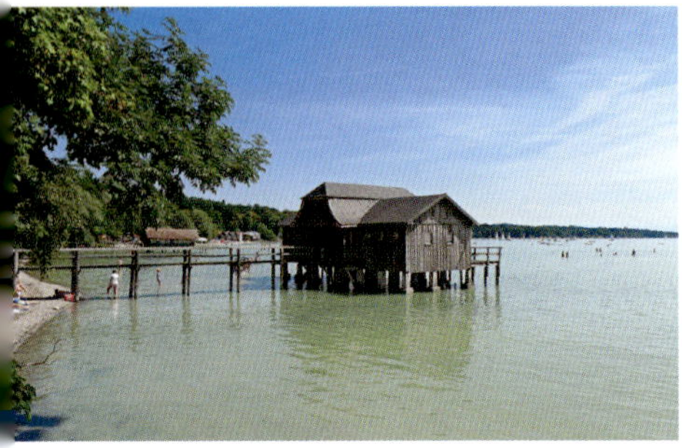

Stelzenhaus in Stegen.

Spannende Uferwanderung am Ammersee

Wie fast alle südlich von München gelegenen Seen ist auch der Ammersee ein Eiszeitsee, der besonders im Sommerhalbjahr von vielen Erholungssuchenden frequentiert wird. Nur wenigen ist aber bekannt, dass man an der Ostseite des Sees von Herrsching zum nördlichen Seeende nach Stegen eine wunderschöne Wanderung unternehmen kann, die überwiegend sogar auf kleinen Pfaden am oder nahe dem Wasser verläuft. Unterwegs erwarten uns immer wieder herrliche Blicke über den See, verschiedene Bademöglichkeiten und mit dem Sieben-Brücken-Weg ein schönes Schlussstück auf einem barfußtauglichen Waldweg. In Stegen können wir dann in dem großen, direkt am Wasser gelegenen Biergarten unseren Hunger und Durst stillen, bevor wir mit dem Schiff (Achtung, Schiff verkehrt nur wenige Male täglich, in der Nebensaison letztes Schiff bereits um ca. 14 Uhr – siehe Kurzinfo) nach Herrsching zurückfahren.

An der schönen Uferpromenade in Herrsching kann man auch baden.

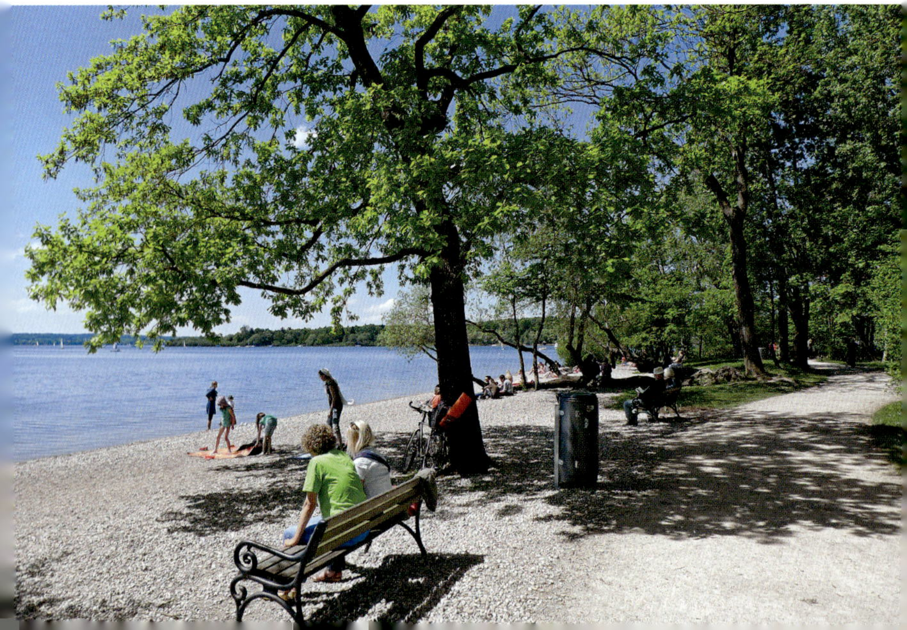

Kurparkschlösschen

Die von dem Kunstmaler Ludwig Scheuermann im Jahr 1888 als Sommerdomizil erbaute Villa am Herrschinger Seeufer mit ihren Balkonen, Erkern, Treppen, Dachgauben und Türmchen ist bis heute eines der beliebtesten Fotomotive im Fünfseenland. Scheuermann feierte dort große Feste mit seinen Künstlerfreunden und den Herrschinger Honoratioren, unterhielt aber auch regen Kontakt zur einfachen Dorfbevölkerung von Herrsching, was ihn sehr beliebt machte. Man erzählt sich, dass er es aufgrund seiner guten Verbindungen sogar schaffte, dass die Bahnlinie (die heutige S-Bahn) im Jahr 1903 nicht wie vorgesehen von Pasing nach Stegen, sondern nach Herrsching geführt wurde. Nach dem Tod des Künstlers kaufte im Jahr 1934 die Gemeinde Herrsching die Villa und baute das Seegrundstück schließlich zum Kurpark um. In dem sogenannten Kurparkschlösschen finden nach seiner Sanierung heute Trauungen und Kunstausstellungen statt.

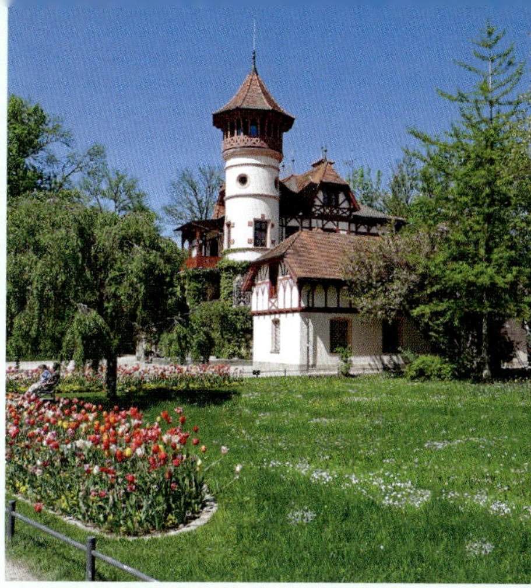

Frühlingsbepflanzung mit Tulpen.

KURZINFO

Ausgangs- und Endpunkt: S 8-Endhaltestelle Herrsching; Fahrzeit 49 Min.
Günstigste Fahrkarte: Familien (mit 2 Erwachsenen): Gruppen-Tageskarte M-3. Erwachsener/e: (Gruppen-)Tageskarte M-3. Jugendliche (15–20 Jahre): Hin- und Rückfahrt je 5 Streifen auf der U21-Streifenkarte (eigene Fahrkarte nicht nötig, wenn z. B. Eltern eine Gruppen-Tageskarte haben). Ab 3 Jugendlichen ist die (Erwachsenen-)Gruppen-Tageskarte M-3 günstiger. Kinder (6–14 Jahre): Hin- und Rückfahrt je 1 (Erwachsenen-)Streifen (eigene Fahrkarte nicht nötig, wenn z. B. Eltern eine Gruppen-Tageskarte haben). Kinder unter 6 Jahren: frei.
Gehzeit: 3.40 Std. (3.30 Std. + 10 Min. zurück zur S-Bahn).
Höhenunterschied: 50 m im Auf- und Abstieg.
Distanz: 14,8 km.
Anforderungen: Der nur teilweise ausgeschilderte Weg verläuft überwiegend am See entlang auf Kieswegen und kleinen barfußgeeigneten Pfaden. Nicht kinderwagengeeignet.
Ausrüstung: Gut profilierte Trekkingsandalen, Badesachen.
Schifffahrt: Ammerseeschifffahrt, Fahrplan/Infos unter seenschifffahrt.de/ammersee/fahrplan. Achtung, das Schiff ab Stegen verkehrt nur wenige Male täglich, in der Nebensaison letztes Schiff schon um 15.45 Uhr (Stand Mai 2023)! Bitte informieren Sie sich vor Antritt der Wanderung über die gerade gültigen Abfahrtszeiten. Schiffe halten teils nicht in Breitbrunn und/oder Buch. Eventuell bietet es sich an, die Tour in umgekehrter Richtung zu gehen und nach der Schifffahrt die Wanderung in Stegen zu beginnen.
Einkehr: Gasthof Hotel Seehof mit Biergarten, Strandbad Seewinkl, Kiosk Schiffsanlegestelle Breitbrunn, Seerestaurant Schreyegg, Restaurant Fischer.

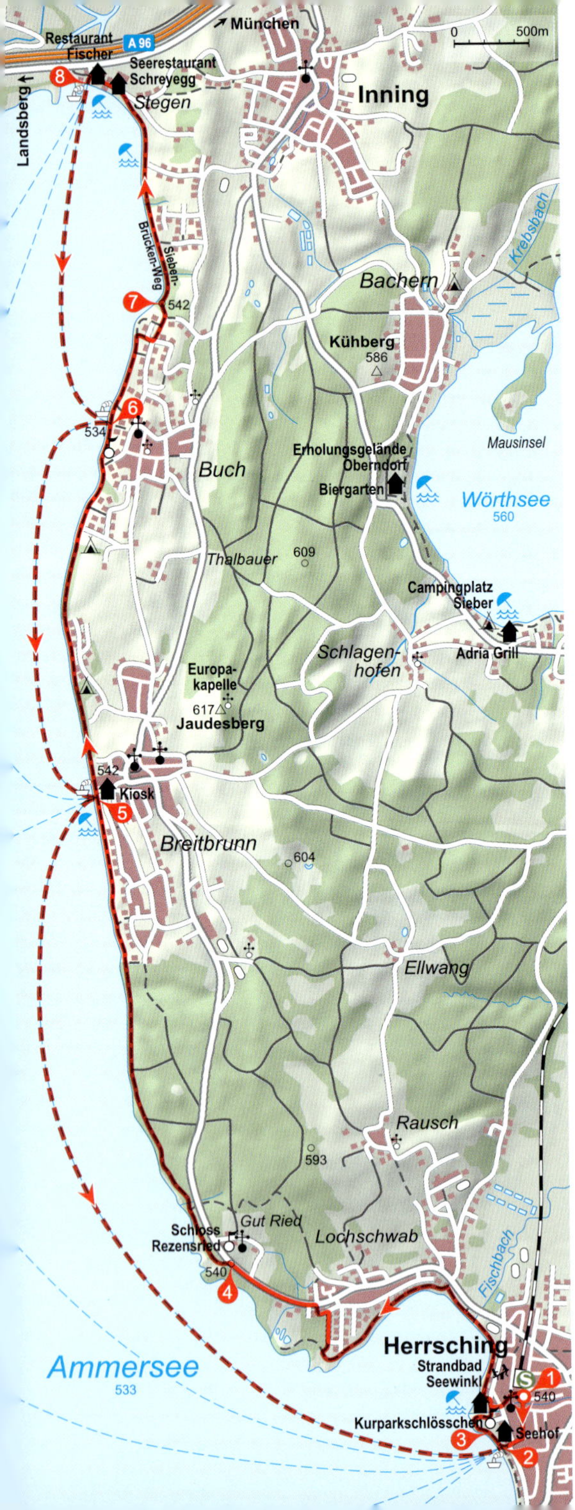

Am **S-Bahnhof Herrsching (1)** wenden wir uns rechts, marschieren auf der Straße »Zum Landungssteg« bis zur nächsten Kreuzung und wenden uns rechts zur **Schiffsanlegestelle (2)**. Dort wartet der große Biergarten des Gasthofs Hotel Seehof direkt am Wasser, eine schöne Einkehrmöglichkeit, die wir uns für später, wenn wir mit dem Schiff zurückkommen, aufheben können. Wir biegen rechts zum Biergarten in die sehr schön gestaltete Uferpromenade ein, kommen am eindrucksvollen **Kurparkschlösschen (3)** vorbei und halten uns an der dahinter kommenden Verzweigung links zum See, wo wir direkt am Ufer an dem zum Baden einladenden Kiesstrand entlangwandern. Wir ignorieren eine Abzweigung und schwenken erst ein Stück weiter mit dem Weg nach rechts, um dann die nächste Abzweigung links zu nehmen. Bald überqueren wir den Kienbach, spazieren am kostenlosen Seebad der Gemeinde Herrsching mit seinem Bistro vorbei, gehen bald darauf durch ein Tor und wenden uns dann links in einen asphaltierten Fußweg, der uns wieder zur Seepromenade führt. Bald kommen wir an einem schön gestalteten Spielplatz vorbei, gehen an einer Verzweigung geradeaus weiter und be-

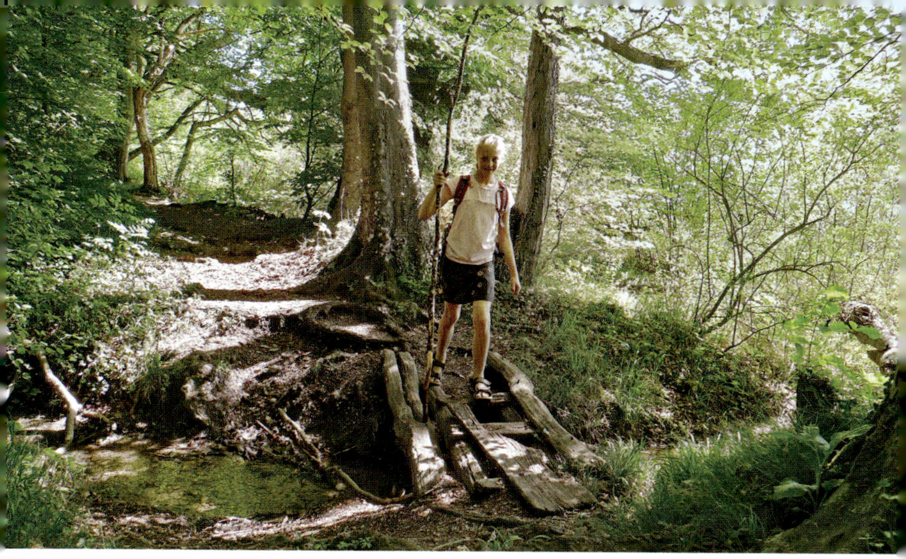

Ein Hauch von Abenteuer erwartet uns auf dem Uferweg.

rühren einige Minuten später fast die Rieder Straße. Wir bleiben allerdings auf dem nach links ziehenden Fußweg (»Seeuferweg«), der uns schnell wieder ans Wasser führt und uns einen wunderschönen Blick über den See ermöglicht. Nach etwa 800 m weist uns ein Schild (»Wegeverbindung nach Breitbrunn«) nach rechts, hier biegen wir ein, kommen über einen Wiesenweg zum Conrad-Schulz-Weg und wenden uns an dessen Ende links in die Erich-Holthaus-Straße. Diese bietet am Ende einen Durchgang zur Rieder Straße, in die wir links einbiegen. Leider müssen wir nun die nächsten fünf Minuten auf einem Gehweg neben der Straße weiterwandern. Wir werden dafür später von einer weitgehend unberührten Natur auf einem in Seenähe verlaufenden Pfad entschädigt. Nach etwa 300 m kommen wir an dem Schild »Leo-Seidl-Weg« vorbei, gehen geradeaus auf dem Gehweg neben der Straße weiter und wenden uns etwa 100 m später (kurz nachdem der Gehweg geendet hat) unmittelbar nach einem großen, gemalten »Achtung-auf-Kinder«-Schild links in den Wald in einen **unbeschilderten Weg (4)**. Wir stoßen auf einen Weg, der links als Sackgasse endet, wenden uns

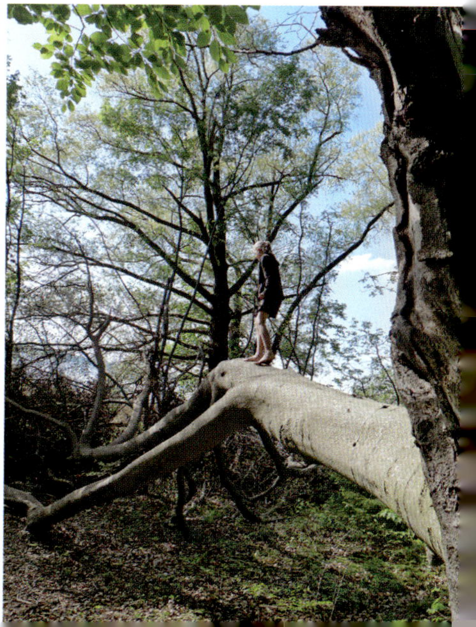

Balanceakt am Wegesrand.

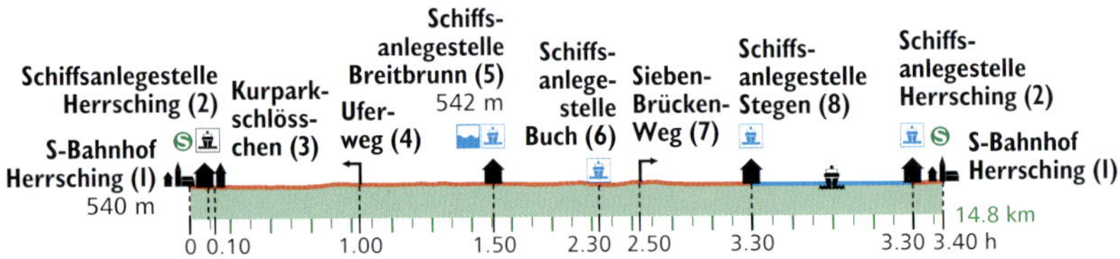

rechts und wandern nun auf überwiegend barfußtauglichem Boden durch herrlichen Uferwald. Einige Schilder weisen auf ein Betretungsverbot der Uferbereiche aufgrund des hier ausgewiesenen, bedeutenden Vogelschutzgebietes hin. Nach etwa 30 Minuten führt der Weg wieder direkt ans Ufer in die Sonne und bringt uns an Bootshütten vorbei zu einer Liegewiese kurz vor der **Schiffsanlegestelle Breitbrunn (5)**. Hier gibt es auch einen Kiosk, in dem im Sommer auch Hamburger gegrillt werden. Unsere kurzweilige Wanderung könnten wir hier bereits beenden und mit dem Schiff zurück nach Herrsching fahren.

Wir wollen aber weiter nach Stegen und folgen daher dem direkt am Beginn des Schiffsanlegesteges weiterführenden Uferweg. Der Pfad ist jetzt nicht mehr so natürlich (nun Kiesweg) wie vorhin, führt aber ebenfalls über einige Bäche durch schönen Wald. Kurz vor der **Schiffsanlegestelle Buch (6)** – von hier besteht ebenfalls eine Rückfahrmöglichkeit – kommen wir an einem großen Stelzenhaus vorbei, das schon häufig für Filmaufnahmen verwendet wurde. Der Uferweg führt auch hier direkt an der Schiffsanlegestelle geradeaus weiter, nach 500 m weisen uns dann Schilder (»Stegen«) nach rechts aufwärts. Bald mündet der schmale Weg in einen breiten Kiesweg (Ammerseestraße), wir gehen geradeaus weiter und biegen bei nächster Gelegen-

Besonderer Rastplatz über dem Wasser.

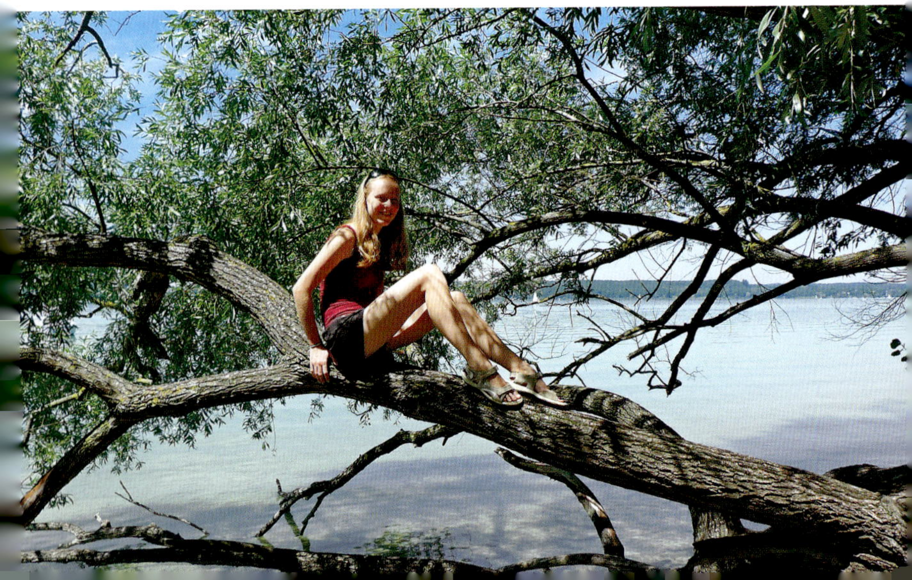

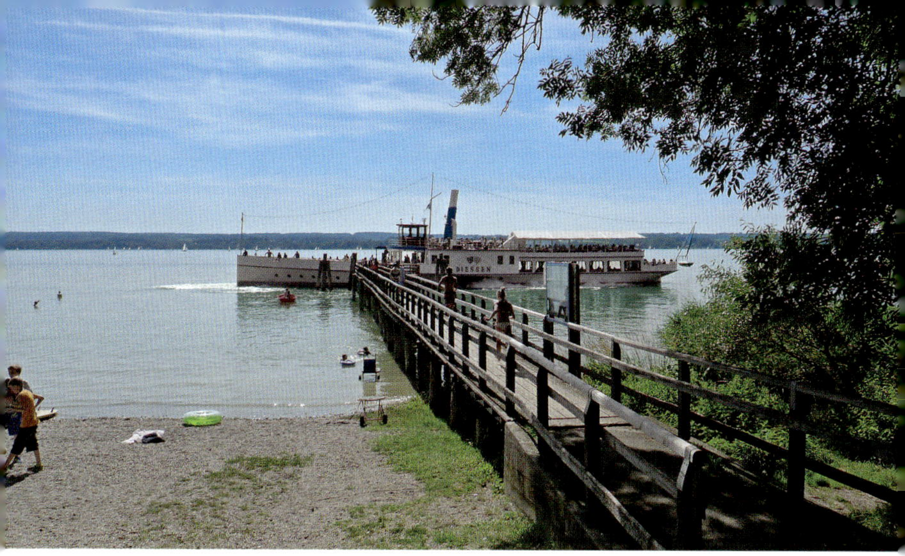

Schiffsanlegestelle in Breitbrunn.

heit links in einen kleinen Fußweg (Schild »Seeleite« und Wegweiser »Stegen«) ein. Erst fast eben, dann einem weiteren Schild nach Stegen links abwärts folgend, spazieren wir weiter und schwenken auf halber Höhe im Wald nach rechts aufwärts zu einem Fußweg (Schild), der mit einer Sperre für Fahrradfahrer beginnt. Wir befinden uns nun auf dem sogenannten **Sieben-Brücken-Weg (7)** und passieren tatsächlich in den nächsten 20 Minuten sieben Holzbrücken auf halber Höhe über dem See auf einem sehr angenehmen, barfußtauglichen Waldpfad. Der Weg bringt uns direkt zum Erholungsgelände in Stegen, hier tummeln sich im Sommer viele Badegäste im Wasser und auf der großen Liegewiese. Wir kommen am Seerestaurant Schreyegg mit seinem direkt am Wasser gelegenen großen Biergarten (auch Restaurantbetrieb) und dem Restaurant Fischer vorbei, bevor es links zur **Schiffsanlegestelle Stegen (8)** geht. Von hier fahren wir mit dem Schiff (Achtung, das Schiff verkehrt nachmittags nur 2- bis 3-mal) nach **Herrsching** zurück.

Um zur S-Bahn zu kommen, spazieren wir ein Stück auf dem Hinweg, am Kurparkschlösschen vorbei, am See entlang und wenden uns dann nach dem Überqueren des Kienbaches – kurz vor dem Seebad der Gemeinde – rechts. Wir kommen zur Rudolf-Haunauer-Straße/Madeleine-Ruoff-Straße, überqueren diese und erreichen halb rechts auf dem Ravina-Romagno-Weg in wenigen Minuten wieder die **S-Bahn-Station Herrsching (1)**.

Im Biergarten des Seerestaurants Schreyegg gibt es leckere Salate.

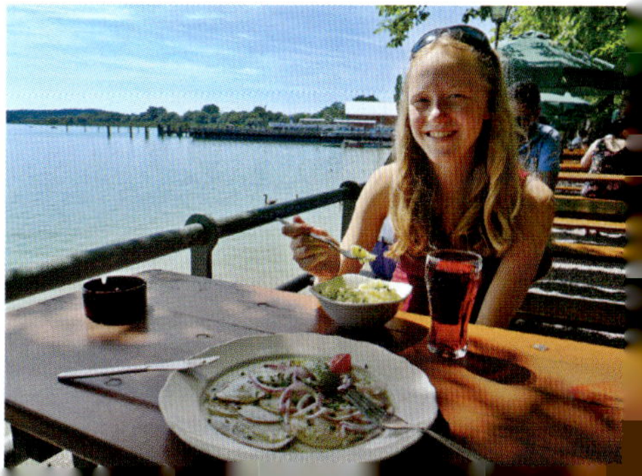

4 Kloster Andechs

Rundweg von Herrsching über das Hörndl ★★★

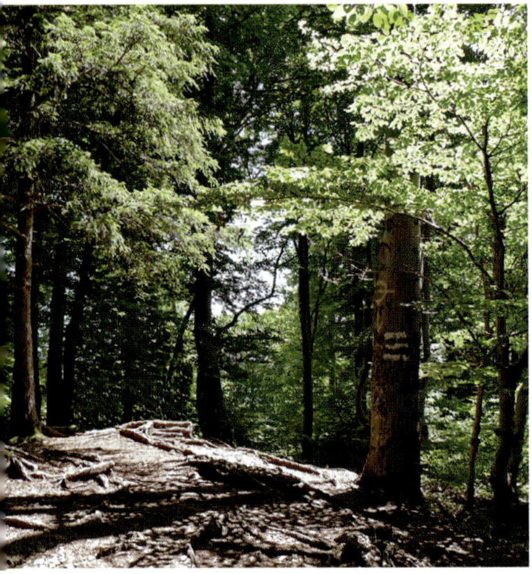

Naturbelassener Aufstiegsweg.

Auf den »Heiligen Berg«

Auf dem »Heiligen Berg«, wie die Klosteranlage im Volksmund auch genannt wird, muss man einfach (mindestens) einmal gewesen sein. Am besten zu Fuß – die Autofahrer, die direkt unterhalb des Klosters parken, verpassen nämlich nicht nur – wenn man wie hier beschrieben von Herrsching aus startet – eine landschaftlich reizvolle Wanderung über das Hörndl und durchs Kiental, sondern müssen auch bei der Einkehr im Biergarten des Andechser Bräustüberls stets die Promillegrenze im Auge behalten. Wer den Biergartenrummel nicht mag, kehrt gleich nebenan in der gehobenen Klostergaststätte ein (Reservierung ist zumindest am Wochenende sehr zu empfehlen), von deren ruhigem Gastgarten aus man wunderschön auf Erling und bei guter Sicht sogar auf die dahinter aufragende Alpenkette schauen kann.

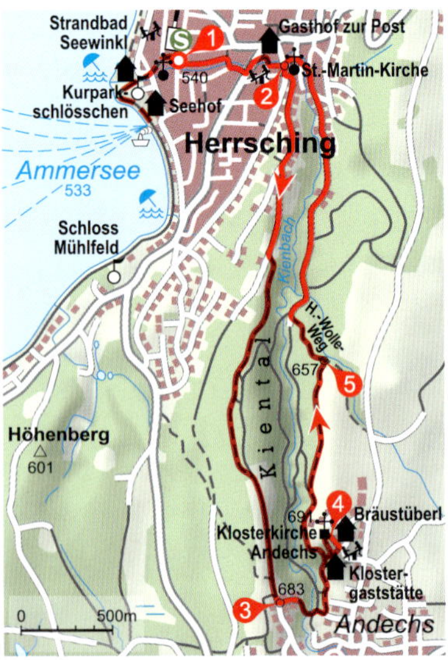

KURZINFO

Ausgangs- und Endpunkt: S 8-Endhaltestelle Herrsching; Fahrzeit 49 Min.
Günstigste Fahrkarte: Siehe Tour 3.
Gehzeit: 2.45 Std.
Höhenunterschied: 170 m im Auf- und Abstieg.
Distanz: 9 km.
Anforderungen: Die nur teilweise ausgeschilderte, sehr abwechslungsreiche Route verläuft über kleine Asphaltstraßen, auf barfußtauglichen Wald- und Erdpfaden sowie Kieswegen. Nicht kinderwagengeeignet.
Ausrüstung: Gut profilierte Trekkingsandalen.
Einkehr: Postgarten Gasthof zur Post, Andechser Bräustüberl, Klostergaststätte, Strandbad Seewinkl, Gasthof Seehof.

Kloster Andechs

Die religiöse Geschichte von Andechs beginnt bereits im 10. Jahrhundert. Damals brachte der heilige Rasso (880–954) Reliquien aus dem Heiligen Land in die Burgkapelle von Andechs. Im Jahr 1128 fand auf Anordnung von Graf Berthold II. die erste Wallfahrt zu den Reliquien von Andechs statt, damit gilt Andechs als der älteste Wallfahrtsort Bayerns. Eine rege Wallfahrtstätigkeit auf den »Heiligen Berg« setzte aber erst nach dem Jahr 1388 ein, als der verloren geglaubte Reliquienschatz nach 150 Jahren in einem Versteck unter dem Altar der Burgkapelle wiederentdeckt wurde. In den Jahren 1423 bis 1427 wurde für die zahlreichen Wallfahrer eine dreischiffige spätgotische Hallenkirche erbaut. Kurz darauf entstand auch der erste Gasthof am »Heiligen Berg« und begründete so eine lange, bis heute reichende Tradition. Herzog Albrecht III. von Bayern wandelte im Jahr 1455 das Chorherrenstift Andechs in ein Benediktinerkloster um, das bis heute Bestand hat. Nach einem verheerenden Brand im Jahr 1669 durch einen Blitzeinschlag mussten Kloster und Kirche in den Folgejahren fast vollständig wiederaufgebaut werden. Jährlich kommen gut 30.000 organisierte Pilger nach Andechs, die aber nur einen kleinen Teil der Besucher ausmachen. Die vielen Ausflügler und Touristen kommen vor allem auch, um sich das direkt vor Ort gebraute und abgefüllte Bier in dem großen Biergarten des Andechser Bräustüberls schmecken zu lassen. Die Andechser Klosterbrauerei ist unabhängig von den großen Bierkonzernen und bietet eine gute Einnahmequelle für die Ordensgemeinschaft, die keinerlei Zuschuss, auch nicht aus der Kirchensteuer, erhält. Jahr für Jahr findet heute auf Kloster Andechs am 3. Oktober der Kinder- und Familientag mit vielen kostenlosen Attraktionen, wie Kinderschminken, Bungeetrampolin oder Hüpfburg statt.

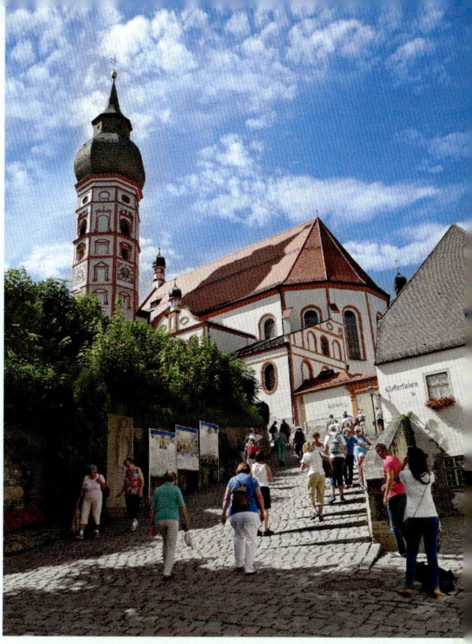

In Andechs ist immer was los.

Am Bahnhofsvorplatz an der **S-Bahn-Station Herrsching (1)** wenden wir uns rechts und biegen gleich darauf links in die Kienbachstraße ein, spazieren nach 300 m – wenn es nicht mehr geradeaus weitergeht – rechts über den **Kienbach** und folgen der Fortsetzung der Kienbachstraße nach links hinauf bis zur Mühlfelder Straße, die wir vorsichtig überqueren. Wir wenden uns links, schwenken nach knapp 50 m nach rechts, gehen schräg durch den **Postgarten des Gasthofs zur Post**, rechts er-

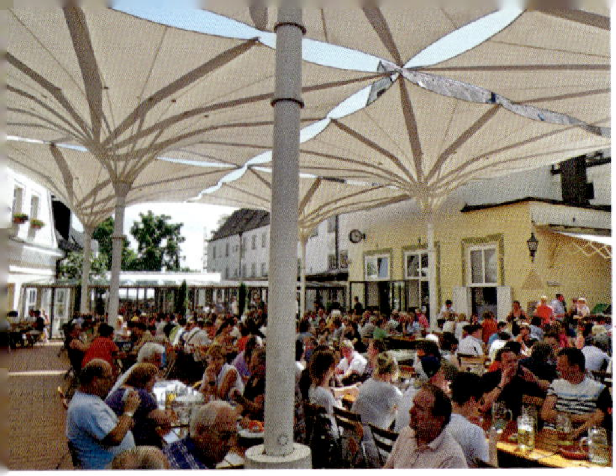

Schattige Plätze im Biergarten.

neut auf einem Fußweg über den **Kienbach** und anschließend links auf der Andechsstraße bis zur **Straßenverzweigung (2)** unterhalb der St.-Martin-Kirche mit der goldenen Marienstatue. Hier wenden wir uns rechts (Schild »nach Andechs über das Hörndl nur zu Fuß passierbar«), wandern ein kurzes Stück auf der Schönbichlstraße, um dann nach links aufwärts in den Weg Leitenhöhe (»Fußweg nach Andechs«) einzubiegen, der uns auf einer nur von Anliegern befahrenen Asphaltstraße überwiegend in der Sonne hinaufführt. An einer Verzweigung halten wir uns links und bleiben auf der Leitenhöhe. Der Weg geht bald in einen Kiesweg über, und wir können rechts auf einen Teil des Ammersees hinunterblicken. An der Wegverzweigung nach einem Waldstück gehen wir links und wandern nun überwiegend im Schatten auf einem schmaleren Kiesweg weiter bergan. Wir ignorieren 200 m später einen links abzweigenden Pfad (macht man einen Abstecher dort hinauf, hat man einen schönen Blick auf den Ammersee) und wählen an der unmittelbar darauffolgenden Wegverzweigung den linken Weg. Nun wandern wir auf weichem, natürlichem Waldboden weiter. Wer gern barfuß läuft, kann nun für die nächsten 20 Minuten seine Schuhe an den Rucksack hängen. Der Weg mündet auf den geschotterten Hörndlweg, der uns nun herrlich über saftgrüne Weiden führt. Wir kommen zu den ersten Häusern von Andechs im Ortsteil **Erling** und folgen weiter der Beschilderung nach Andechs, indem wir links in den abwärtsführenden **Wartaweiler Weg (3)** einbiegen, an dessen Ende wir über Treppenstufen zum **Kienbach** hinuntersteigen.

Wir spazieren über die kleine Brücke, biegen links in die geschotterte Kientalstraße ein und schwenken nach 20 m nach rechts. Über viele Treppenstufen geht es nun aufwärts, oben wenden wir uns links und spazieren auf einem kleinen Pfad – bald mit Blick auf die Klosterkirche – weiter hinauf. An einer Verzweigung ginge es rechts aufwärts (keine diesbezügliche Beschilderung) zum Klostergasthof, wir gehen aber geradeaus weiter und kommen zu einer Mehrfachverzweigung. Geradeaus geht es direkt hinauf zur Klosterkirche St. Nikolaus, links abwärts (»Fußweg nach Widdersberg«) beginnt später unser Rückweg. Wir gehen indes rechts, um kurz darauf links hinauf zu einem Aussichtspunkt mit Holzkreuz zu gelangen und von dort ebenerdig zur sehenswerten **Klosterkirche (4)** hinüberzugehen. Rechts an der Kirche vorbei geht es hinunter, links kann

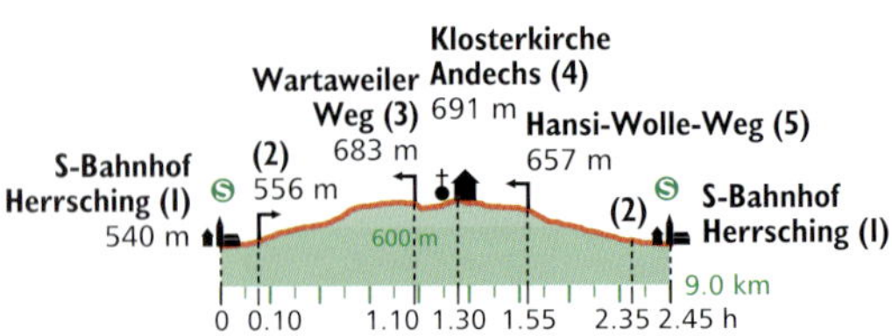

man nun einen kurzen Abstecher zur Klosterpforte machen, an der ein Modell der gesamten Klosteranlage mit der Bezeichnung der einzelnen Gebäude zu finden ist. Dann haben wir uns die Einkehr im großen **Biergarten des Kloster-Bräustüberls** redlich verdient, etwas weiter unten befindet sich auch noch ein kleinerer Biergarten, dessen Spezialität Steckerlfisch ist. Daneben wiederum wartet ein schön gestalteter großer Spielplatz auf die kleinen Wanderer, während sich gegenüber der Eingang zum **Klostergasthof** befindet.

An der oberhalb des Klostergasthofes, neben dem Josefihaus angrenzenden Mauer befindet sich das Schild »Kürzester Weg nach Herrsching«. Diesem folgen wir nach links und kommen wieder zu der Stelle, die wir beim Anstieg schon passiert haben, und folgen nun dem Schild »Fußweg nach Widdersberg« nach rechts. Zuerst entlang der Klostermauer, dann auf einem kleinen Pfad am Waldrand entlang, kurz durch lichten Wald und wieder am Waldrand entlang, kommen wir nach ca. 1 km an eine Stelle, an der der Weg links in den Wald führt und es geradeaus nur noch auf Trittspuren weitergeht. Hier biegen wir links ein, entdecken bald an einem Baum das **Schild »Hansi-Wolle-Weg« (5)**, stoßen auf einen von oben kommenden Weg in einem malerischen Bachtal und wenden uns hier links abwärts. An der nächsten Verzweigung halten wir uns rechts und sind bei Nässe etwas vorsichtig, da man dann schnell ins Rutschen kommen kann. Später gehen wir – wenn ein Weg schräg quert – geradeaus weiter und kommen auf die gekieste Kientalstraße, in die wir nach rechts einbiegen. Nach zehn Minuten wird der Weg zur Teerstraße, wir wandern weiter abwärts und folgen der Beschilderung zum Bahnhof in die Andechsstraße. Unterhalb der Kirche St. Martin schließt sich unser Rundweg **(2)**, und wir wandern auf bekanntem Weg wieder zum **S-Bahnhof Herrsching (1)** zurück.

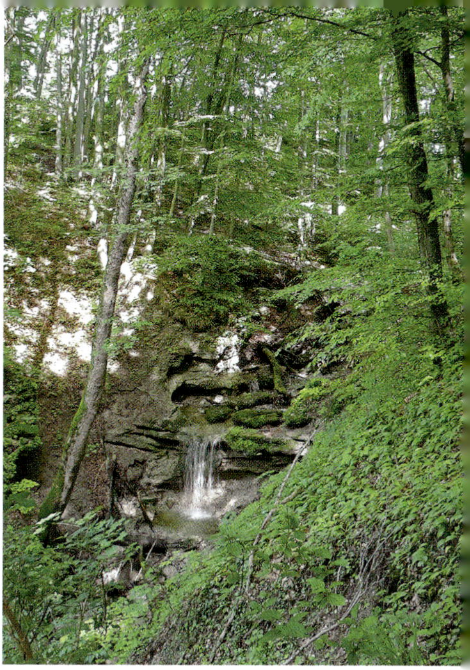

Idyllisches Bachtal am Rückweg.

Tipp: Wer noch Zeit hat, kann am Ende des Kopfbahnhofes auf die andere Seite der Gleise wechseln, sich links halten (»Dampfersteg«) und auf einem Fußweg bis zu einer Straße spazieren, diese überqueren und rechts entlang des Kienbaches zu einem querenden Weg kommen. Rechts geht es zum kostenlosen Strandbad Seewinkl mit Einkehrmöglichkeit, links zur schönen Seepromenade mit Bademöglichkeit, Kurparkschlösschen (siehe Seite 25) und dem Biergarten des Hotels Seehof direkt am Dampfersteg.

5 Forsthaus Ilkahöhe oder Gut Kerschlach

Von Tutzing

★★

Über die aussichtsreiche Ilkahöhe

Ein beliebtes Wanderziel von Tutzing aus ist die aussichtsreiche Ilkahöhe – man blickt wunderbar auf den Starnberger See und die Berge – mit ihrem etwas unterhalb liegenden bewirtschafteten Forsthaus Ilkahöhe, zu dem man auf einem schönen Weg hinunterwandern kann. Die Tour lässt sich aber auch gut von der Ilkahöhe über Monatshausen zum Gut Kerschlach weiterführen. Hier warten viele artgerecht und nach den Naturland-Richtlinien gehaltene Tiere und eine Einkehrmöglichkeit in der hofeigenen Tagesbar auf die Wanderer.

KURZINFO

Ausgangs- und Endpunkt: S 6-Endhaltestelle Tutzing; Fahrzeit 45 Min. Der Bahnhof Tutzing ist auch Haltestelle der Deutschen Bahn (Strecke Richtung Garmisch oder Richtung Kochel). MVV-Karten sind in den Regionalzügen bis Tutzing gültig.
Günstigste Fahrkarte: Familien (mit 2 Erwachsenen): Gruppen-Tageskarte M-4. Erwachsener/e: (Gruppen-)Tageskarte M-4. Jugendliche (15–20 Jahre): Hin- und Rückfahrt je 6 Streifen auf der separaten U21-Streifenkarte (eigene Fahrkarte nicht nötig, wenn z. B. Eltern eine Gruppen-Tageskarte haben). Ab 3 Jugendlichen ist die (Erwachsenen-) Gruppen-Tageskarte M-4 günstiger. Kinder (6–14 Jahre): Hin- und Rückfahrt je 1 (Erwachsenen-)Streifen (eigene Fahrkarte nicht nötig, wenn z. B. Eltern eine Gruppen-Tageskarte haben). Kinder unter 6 Jahren: frei.
Gehzeit: Kleine Runde über Forsthaus Ilkahöhe 2 Std., große Runde über Gut Kerschlach 4.30 Std.
Höhenunterschied: Über Forsthaus Ilkahöhe 150 m, über Gut Kerschlach 240 m im Auf- und Abstieg.
Distanz: Über das Forsthaus Ilkahöhe 6,3 km, über Gut Kerschlach 15,6 km.
Anforderungen: Bei beiden Alternativen sind größere Höhenunterschiede zu überwinden, bei der Runde über Gut Kerschlach (»schwarze« Tour) ist auf dem Rückweg auch etwas Orientierungssinn erforderlich. Insbesondere der Weg über das Gut Kerschlach ist schlecht ausgeschildert. Beide Touren sind nicht kinderwagengeeignet. Wegen der Länge des Weges ist die Runde über Gut Kerschlach nicht für Kinder empfehlenswert.
Ausrüstung: Gut profilierte Trekkingschuhe/-sandalen.
Einkehr: Forsthaus Ilkahöhe (Mo. und Di. Ruhetag, Biergartenbetrieb bei schönem Wetter im Sommerhalbjahr täglich), Tagesbar Gut Kerschlach (Mo., Di. Ruhetag, Mi., Do., So. 10–18 Uhr, Fr. und Sa. 10–19 Uhr), Edessa Kebap Pizza Haus am Bahnhof Tutzing.
Variante: Aufstieg auf kleinem, überwiegend barfußgeeigneten Pfad zur Ilkahöhe (Orientierungssinn und etwas

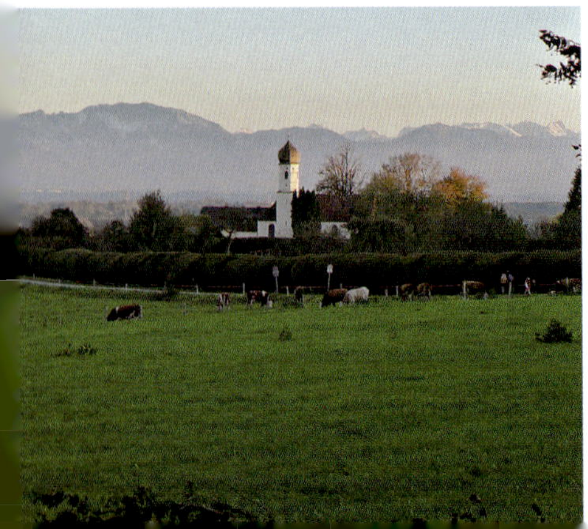

Abendstimmung in Oberzeismering.

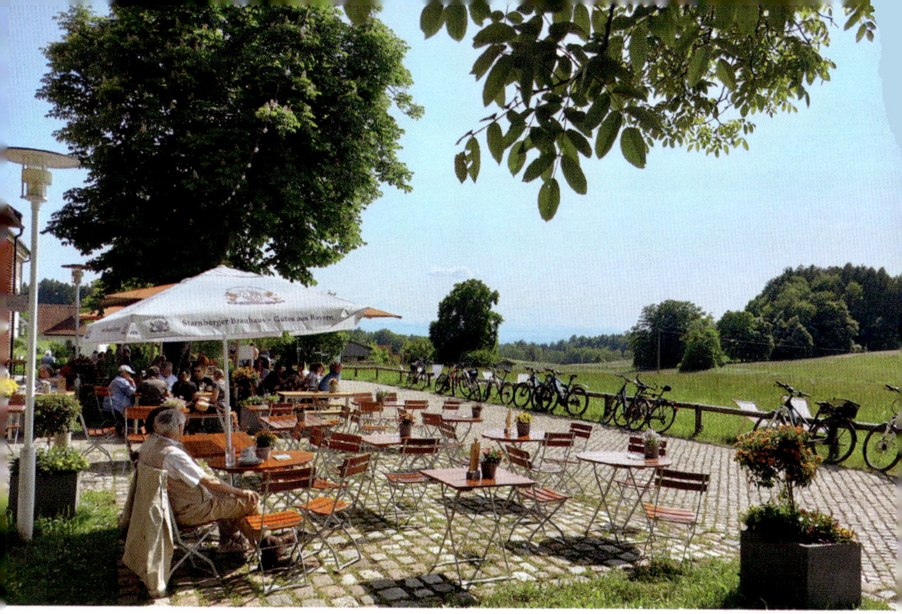

Gemütliche Einkehr in der Tagesbar auf Gut Kerschlach.

Abenteuerlust erforderlich – Weg ist je nach Jahreszeit feucht und an zwei Stellen bisweilen undeutlich; zusätzlich 20 Min. und 1,1 km). Beginn der Tour wie Hauptroute an der seeabgewandten (West-)Seite des Bahnhofs. Wir folgen der Beschilderung »X2« auf dem Beringer Weg nach rechts. An der Straßeneinmündung »Am Höhenberg« gehen wir geradeaus weiter und biegen 50 m später links in den Martelsgraben (»Ilkahöhe«) ein. Am Bach entlang aufwärts, bis sich der Weg an einer Bank dreiteilt. Wir gehen nicht über den Bach dem Schild »X2« folgend nach links, sondern wählen den mittleren, unbeschilderten Weg. Dieser wandelt sich schnell zum Pfad und führt zu einer Stelle, an der meist nur ein undeutlicher Weg erkennbar ist. Hier wenden wir uns links und überwinden weglos eine meist feuchte Stelle. Nach etwa 20 m kristallisiert sich ein kleiner Pfad heraus, der schnell deutlicher wird. Bald steigt der Weg stärker an und verläuft schön durch lichten Wald (teilweise gelb-rot-blau-grün markiert) bergan. Wir ignorieren einen von rechts kommenden Weg. Wenige Meter bevor wir unmittelbar auf die Kustermannstraße treffen würden, wenden wir uns links über eine kleine Holzbrücke. Kurz darauf wird der Pfad kurzzeitig undeutlich, weiter geht es hier links über eine Wiese. Dann wird der Pfad wieder deutlich und schlängelt sich sehr schön durch den lichten Wald. Feuchte Stellen sind mit teilweise verwitterten Holzbefestigungen überbrückt. Nach 10 Min. stoßen wir auf einen breiten Weg mit einem Schilderbaum, hier biegen wir halb rechts ein (»Trimm-dich-Pfad«) und marschieren auf dem Wirtschaftsweg durch den Wald. Wir ignorieren eine Abzweigung nach links und wenden uns an der wenige Minuten später kommenden Weggabelung links. 400 m später stoßen wir auf eine Forststraße und eine Rastbank, gehen hier geradeaus weiter und folgen dem Weg, der sich bald zum Pfad wandelt, bis zu dem kleinen Parkplatz unterhalb der Ilkahöhe, an dem wir auf die Hauptroute treffen.

Tipp: Auf Gut Kerschlach werden von Bernd Fischer Hofführungen zu der spannenden Geschichte von Gut Kerschlach angeboten. Infos unter gut-kerschlach.com/hoffhrungen oder Tel. +49 172 6137444.

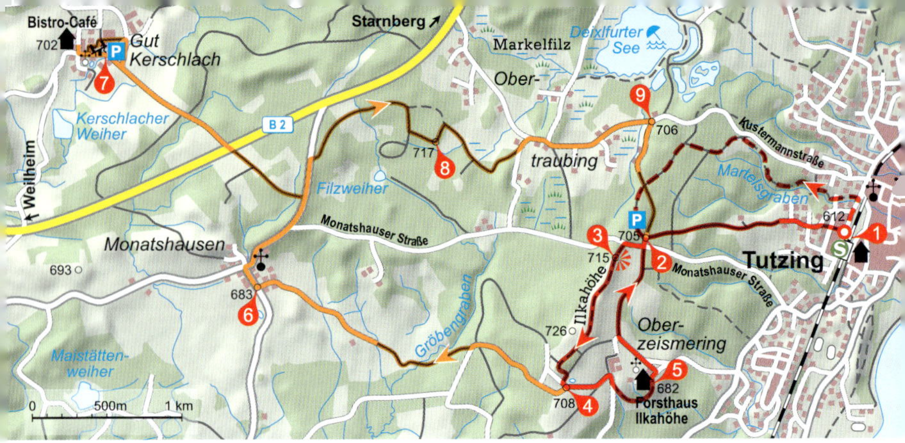

Wir beginnen unsere Wanderung am westseitigen Ausgang des **Bahnhofs Tutzing (1)**, also auf der Seite, auf der nicht das Bahnhofsgebäude steht. (Hinweis: Bitte lassen Sie sich nicht verwirren, auch auf der Seite mit dem Bahnhofsgebäude stehen Wegweiser zur Ilkahöhe; diese führen aber auf einem anderen, nicht so guten Weg dorthin.) Wir wenden uns rechts in den Beringer Weg (»X2 Ilkahöhe«), kürzen aber den Weg »X2« gleich ab, indem wir uns nach 100 m links in den Himbeerweg wenden. Dieser geht nach wenigen Metern in einen kleinen Kiespfad über, der uns anschließend eine kleine Straße querend auf einem Stufenweg steil aufwärtsführt. Oben stoßen wir auf die Straße »Am Höhenberg«, biegen links ein und wandern nun auf einem Fußweg neben der Straße, überqueren den Hausensteinweg und halten uns 150 m spä-

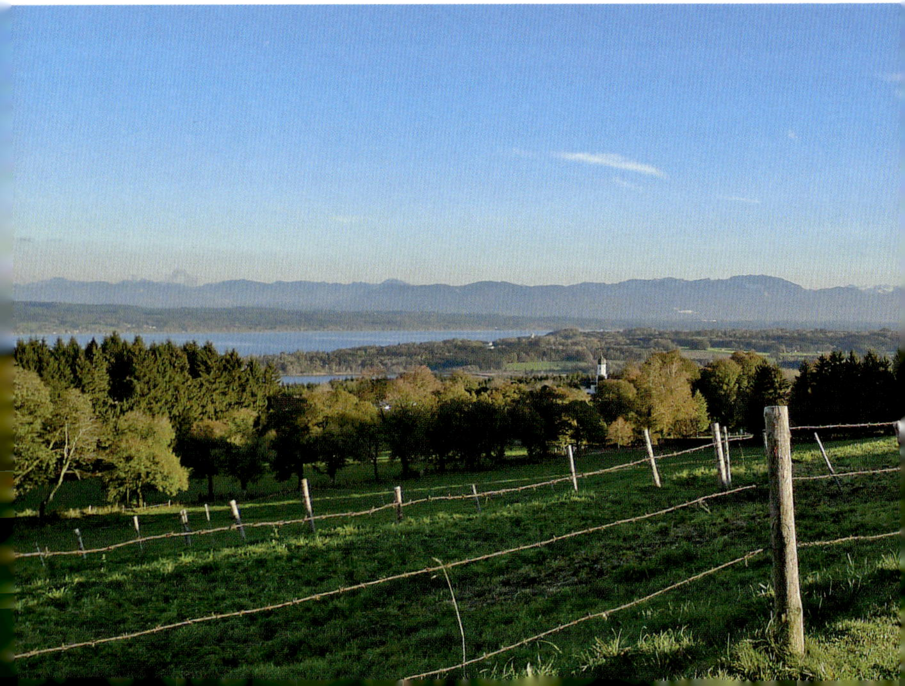

ter an der Verzweigung links. Der Weg geht bald in einen breiten, aber schönen, mit Bäumen gesäumten Kiesweg über, der uns leicht ansteigend an Kuhweiden vorbeiführt. Wir kommen an einer schön gelegenen Rastbank vorbei, nun führt der Weg in den Wald. Zehn Minuten später spazieren wir über einen querenden Weg und steigen geradeaus, auf einem jetzt schmaler werdenden Weg, bergan. Wir kommen zu einem **kleinen Parkplatz (2)** (hier treffen wir auf die Wanderer der Variante – siehe Kurzinfo), wenden uns links und stoßen auf die Monatshauser Straße. Wir schwenken hier rechts und wenden uns nach 50 m links in den Pfad, der uns an einer Rastbank vorbei auf die **Ilkahöhe (3)** führt. Bei fantastischem Blick auf die Berge und den Starnberger See folgen wir nun dem Pfad entlang einer Wiese. Immer wieder laden Bänke zu einer Rast ein. Bei guter Sicht kann man von der Zugspitze bis zu den Chiemgauer Alpen blicken.

Nach einem Kilometer beginnt links des Weges ein Waldstück, wir gehen an einer Abzweigung vorbei und schwenken erst 200 m später mit dem abwärtsführenden Weg nach unten. Wir stoßen auf einen Feldweg, wenden uns rechts, biegen kurz darauf links in einen Weg ein und stoßen unmittelbar darauf auf einen weiteren Weg. Hier **(4)** müssen wir uns nun entscheiden, ob wir zum Forsthaus Ilkahöhe oder zum Gut Kerschlach wollen.

Forsthaus Ilkahöhe:

Um zum Forsthaus Ilkahöhe zu kommen, biegen wir links ein. Der breite Kiesweg führt uns entlang eines kleinen, versteckt liegenden Weihers abwärts. Nach fünf Minuten kommen wir nach **Oberzeismering**,

Großartiger Blick von der Ilkahöhe auf den Starnberger See und die Alpen.

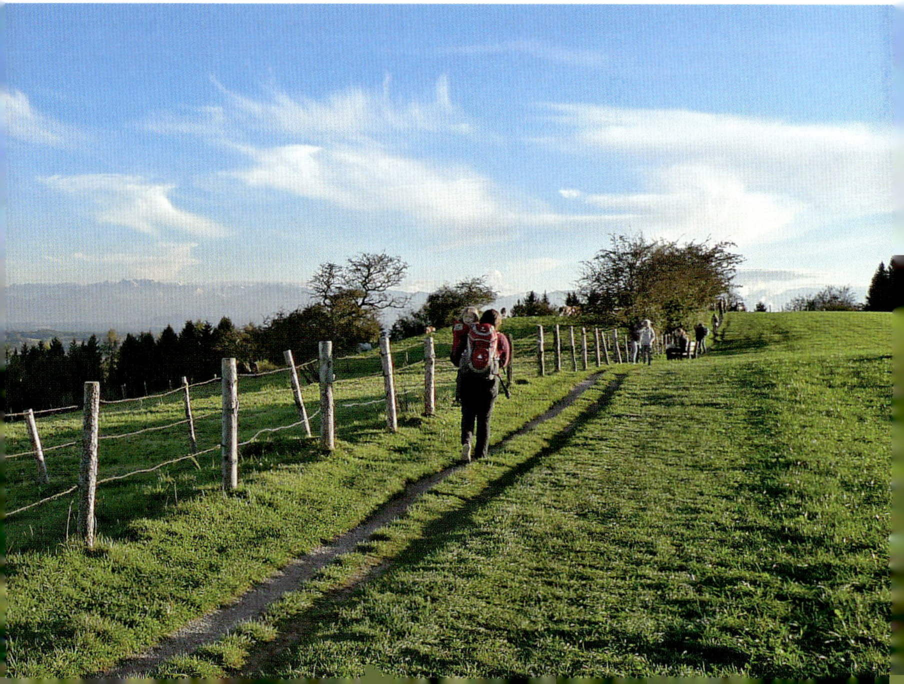

Ilkahöhe

Die Ilkahöhe bezeichnet eine 726 Meter hohe, aus einer Seitenmoräne des Würmgletschers entstandene Anhöhe am Westufer des Starnberger Sees. Früher nannte man diese Erhebung den Parzenbichl. Zu Ehren von Anna Maria Juliane Helene genannt »Ilka« von Wrede, die dem uradeligen Geschlecht derer von Vieregg entstammte und sich insbesondere während des Krieges 1870/71 aufopfernd um die verwundeten Soldaten kümmerte, wurde diese Anhöhe von ihrem Vater Graf von Vieregg in Ilkahöhe umbenannt. Als einziges überlebendes Kind erbte sie den Gutshof Zeismering. Dazu gehörte auch ein exponiert gelegenes Forsthaus, in dem der Förster wohnte. Dank eines Schankrechts bewirtete

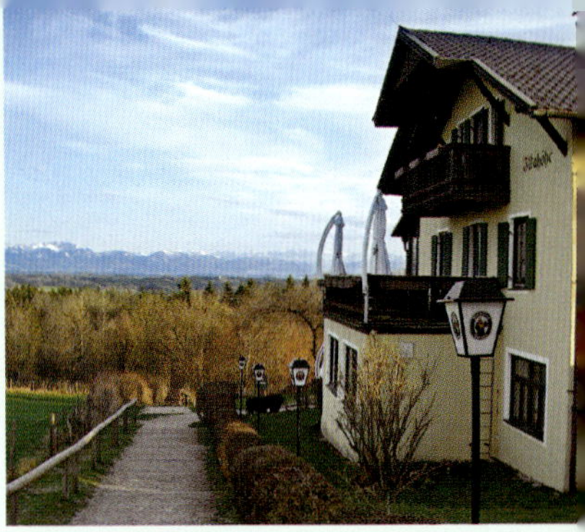

Forsthaus Ilkahöhe.

der Förster nebenbei die Bediensteten des Gutshof, Holzfäller und zunehmend auch Wanderer. In den 1950er-Jahren wurde das Forsthaus zu einer reinen Gaststätte und entwickelte sich so über die Jahrzehnte zu dem beliebten Restaurant und Biergarten Forsthaus Ilkahöhe, wie wir es heute kennen.

schwenken hier rechts in die Straße in Richtung »Forsthaus Ilkahöhe«, verlassen diese aber nach 100 m gleich wieder nach links in einen Naturweg (»Forsthaus Ilkahöhe«). Links befindet sich hier eine Schafweide, rechts ein Naturdenkmal in Form eines mächtigen Baumstammes. Der Weg geht in einen Pfad über und führt uns nun abwärts durch die schöne Landschaft. Wir überqueren einen kleinen Bach, um dann wieder aufwärts direkt zum wunderschön gelegenen **Forsthaus Ilkahöhe (5)** mit seinen uralten Apfelbäumen zu kommen. Im Restaurant erwartet uns eine gehobene Küche, während wir uns im angeschlossenen Biergartenbetrieb kleine Gerichte und Kuchen bei einem schönen Blick auf den Starnberger See und die Berge schmecken lassen können.

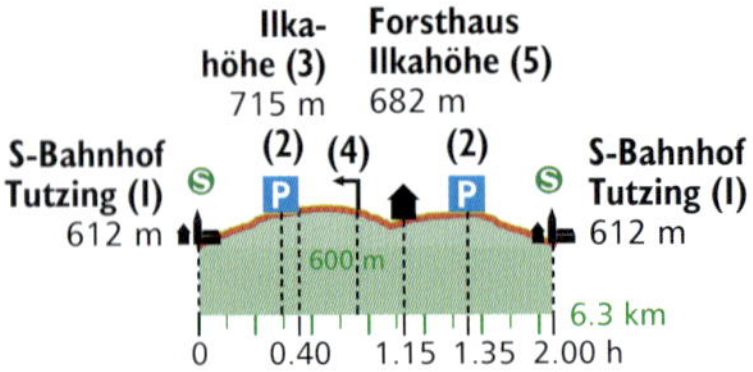

Für den Rückweg gehen wir zu dem asphaltierten Weg, der zum Forsthaus führt hinauf, wenden uns rechts und kommen zum Parkplatz des Forsthauses. Dort schwenken wir links in den asphaltieren Weg, um an der nächsten Wegkreuzung, in eine schöne Baumallee nach rechts einzubiegen. Nach 700 m überqueren wir die Monatshauser Straße, kommen wieder zu dem **kleinen Parkplatz (2)** unterhalb der Ilkahöhe, biegen rechts (»X2 Tutzing 2,2 km«) in den kleinen Weg ein und wandern auf dem Hinweg in 25 Minuten wieder zum **Bahnhof Tutzing (1)** zurück.

Gut Kerschlach (schwarze Tour, wenig begangener Weg, Orientierungssinn erforderlich):
Zum Gut Kerschlach biegen wir am Wegpunkt **(4)** rechts (unbeschildert) in den Kiesweg ein. Auch wenn es sich bei unserem Weg um den König-Ludwig-Weg und den Weg »X3« handelt, finden wir hier keine Beschilderung. Abzweigungen nach rechts und links ignorieren wir und wandern nun bald durch den Wald. An einer Verzweigung halten wir uns mit dem Hauptweg links und an der kurz darauffolgenden Wegteilung rechts. Auf einer Holzbrücke überqueren wir einen kleinen Bach, biegen links in einen Weg ein und wandern nun wieder im Licht, bald auf einem geteerten Weg nach **Monatshausen (6)**. Wir biegen rechts in die von Diemendorf kommende Straße ein. Unmittelbar nach dem Feuerwehrhaus und einem großen Ortsplan wenden wir uns rechts und wandern nun die wenig befahrene Fahrstraße hinauf. Wir kommen am Abzweig der Monatshauser Straße vorbei und biegen 200 m später links ein (»Kerschlach X5, X6«). Auf einem Kiesweg gelangen wir zur B 2, überqueren diese vorsichtig und erreichen nun auf der Zubringerstraße das **Gut Kerschlach (7)**. Geht man an der Weggabelung vorher rechts, kommt man zum Parkplatz und kann dort links durch das Gut gehen und in die offenen Ställe schauen. Wendet man sich an der Weggabelung nach links, kommt man auf dem schnellsten Weg zur **hofeigenen Tagesbar mit ihrem großen Gastgarten**.
Für den Rückweg, gehen wir wieder auf dem Hinweg über die B 2 und weiter, bis wir wieder auf die nach Monatshausen führende Straße treffen. Wir biegen nun links ein (»Obertraubing X3«) und verlassen die Straße nach gut 200 m rechts in einen mit einem Verkehrsschild (Befahrungsverbot) versehenen Kiesweg mit Wiesenmittelstreifen. An einer Wegverzweigung wenden wir

In Monatshausen scheint die Zeit stehen geblieben zu sein.

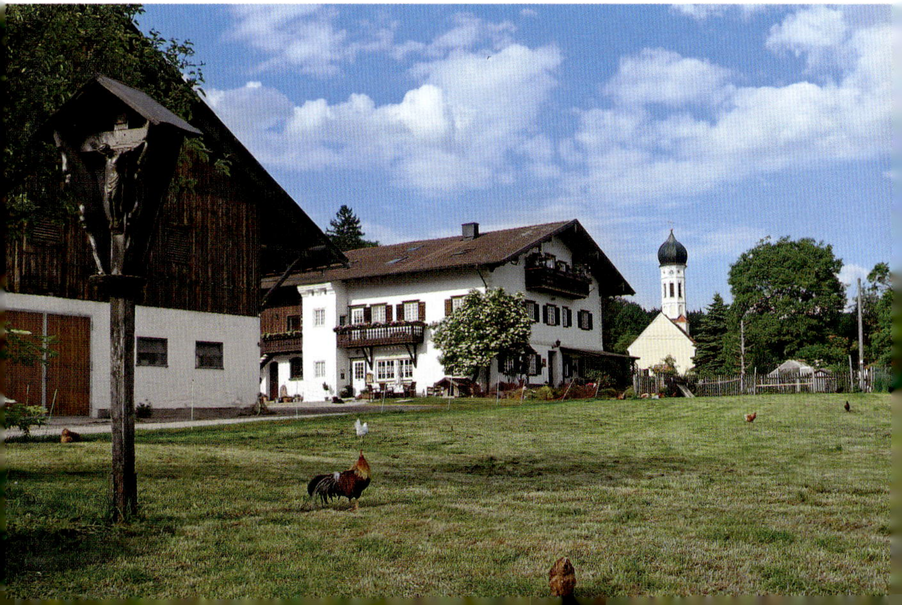

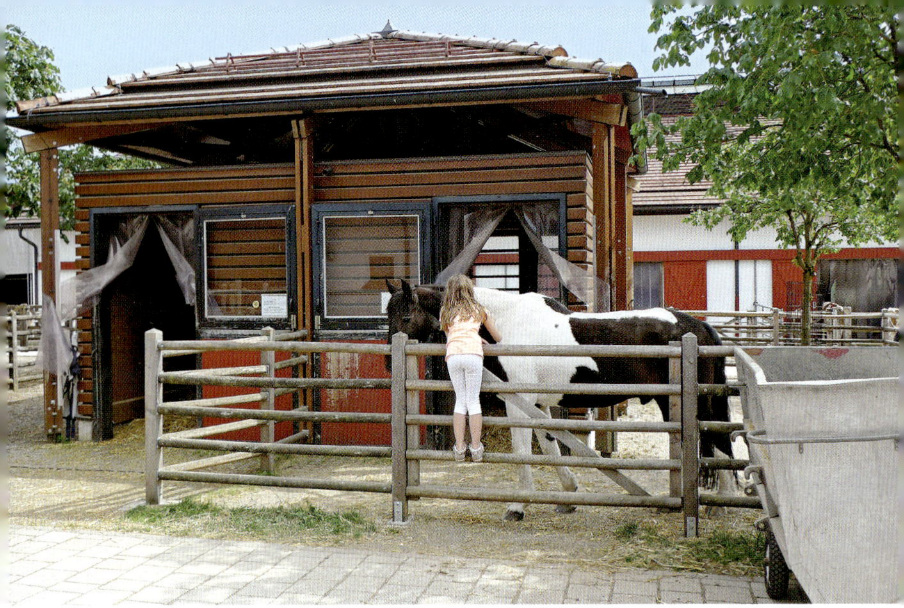

Auf Gut Kerschlach warten viele Pferde.

uns rechts (unbeschildert) und nach 150 m nach links (ebenfalls unbeschildert). Nach etwa 150 m entdecken wir links an einem Baum ein weißes »X« mit einem Pfeil, der uns links in den Wald weist **(8)**. Hier biegen wir ein und spazieren etwa 100 m auf einem schwach ausgetretenen Pfad zwischen den Bäumen (teilweise mit einem kleinen »X« versehen) hindurch. Dann entdecken wir am Waldrand erneut eine große weiße Markierung mit Pfeilen an einem Baum (»X3«), die uns in einen je nach Jahreszeit mehr oder weniger deutlichen Wiesenpfad führt. Nach 150 m verläuft der Pfad nun am Waldrand entlang. An einer Wegeinmündung wandern wir geradeaus weiter, kommen bald in den Wald, bleiben auf dem nun breiten Hauptweg und stoßen auf einen Asphaltweg, in den wir links einbiegen. Wir erreichen die Kustermannstraße, gehen hier rechts und marschieren nun 700 m auf der wenig befahrenen Straße weiter. Wir biegen rechts in die **Bavariastraße (9)** ein (»Ilkahöhe«), wandern nun erst auf Teer, dann auf Kies weiter und erreichen nach etwa 750 m den kleinen **Parkplatz (2)** unterhalb der Ilkahöhe, von dem wir, uns auf dem Hinweg links haltend (»X2 Tutzing 2,2 km«), wieder zum **Bahnhof Tutzing (1)** kommen.

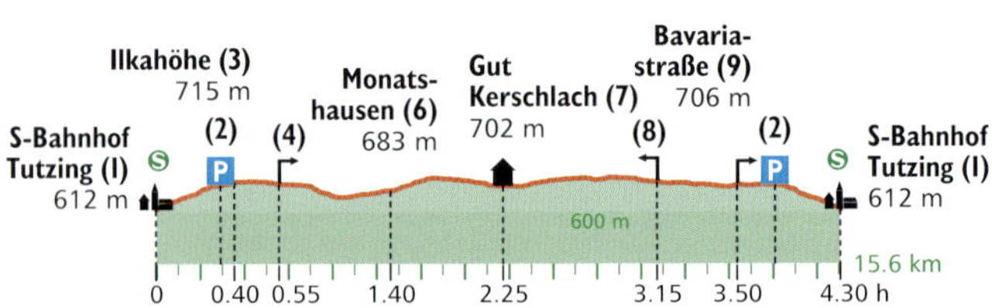

Deixlfurter See

Von Tutzing

★★

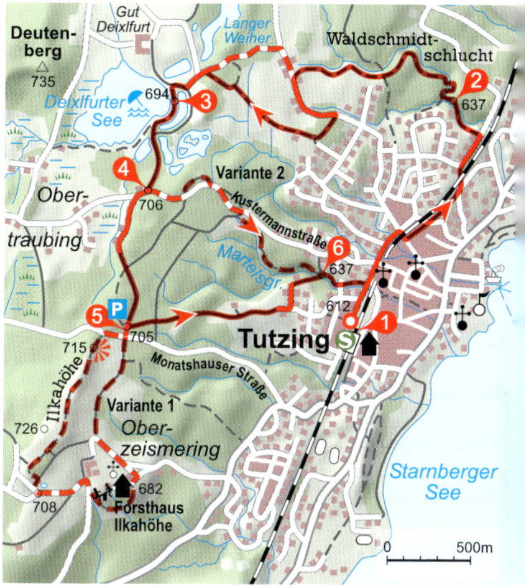

Durch die Waldschmidtschlucht

Vom Bahnhof Tutzing aus bietet sich eine schöne Rundwanderung durch die wildromantische Waldschmidtschlucht zum Deixlfurter See an. Nach einem Stück entlang der Bahn erwarten uns beim Aufstieg natürliche Wald- und Erd-/Wiesenwege, auf denen man bestens barfuß laufen kann. Für den Rückweg bestehen zwei Alternativen: Entweder man macht die größere Runde über den kleinen Parkplatz bei der Ilkahöhe, mit der Möglichkeit, den fantastischen Ausblick von der Ilkahöhe mitzunehmen und eventuell noch im Forsthaus Ilkahöhe (Restaurant oder Biergarten) einzukehren, oder man kürzt die Wanderung ab und steigt durch den naturbelassenen Martelsgraben (etwas Orientierungsfähigheit erforderlich – siehe Variante) auf einem kleinen Pfad wieder nach Tutzing ab.

Unterwegs in der schönen Waldschmidtschlucht.

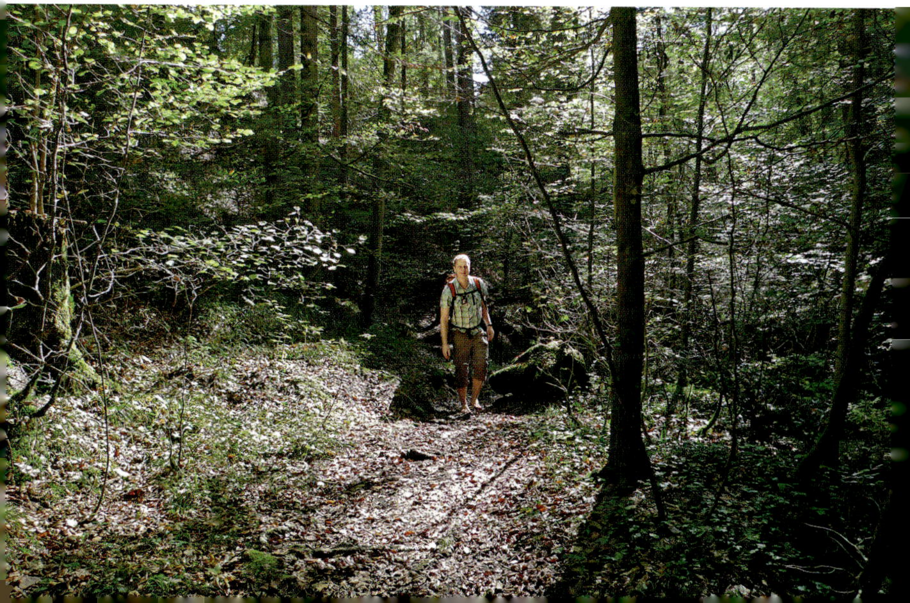

KURZINFO

Ausgangs- und Endpunkt: S 6-Endhaltestelle Tutzing; Fahrzeit 45 Min. Der Bahnhof Tutzing ist auch Haltestelle der Deutschen Bahn (Strecke Richtung Garmisch oder Richtung Kochel). MVV-Karten sind in Regionalzügen bis Tutzing gültig.
Günstigste Fahrkarte: Siehe Tour 5.
Gehzeit: 2.15 Std.
Höhenunterschied: 120 m.
Distanz: 8,5 km.
Anforderungen: Die Wanderung verläuft im Anstieg auf kleinen Pfaden. Es ist ein größerer Höhenunterschied zu überwinden. Nicht kinderwagengeeignet.
Ausrüstung: Gut profilierte Trekkingschuhe/-sandalen.
Einkehr: Edessa Kebap Pizza Haus (am Bahnhof); an der Variante: Forsthaus Ilkahöhe (Mo. und Di. Ruhetag, Biergartenbetrieb bei schönem Wetter im Sommerhalbjahr täglich).
Variante 1: Von dem kleinen Parkplatz unterhalb der Ilkahöhe (Wegpunkt 5) können wir wie bei Tour 5 beschrieben über die aussichtsreiche Ilkahöhe in einer guten halben Stunde die Tour zum Forsthaus Ilkahöhe erweitern. Am schnellsten (in 15 Min.) erreichen wir diese Einkehrmöglichkeit aber, wenn wir vom kleinen Parkplatz die Monatshauser Straße überqueren und nun geradeaus der Baumallee folgen. Nach 700 m kommen wir an eine Wegkreuzung, schwenken links und die nächste rechts (am Parkplatz) zum Forsthaus Ilkahöhe. Rückweg zum kleinen Parkplatz in beiden Fällen über die Baumallee.
Variante 2: Abstieg durch den Martelsgraben (Verkürzung der Tour um 15 Min. bzw. ca. 1 km, etwas Orientierungssinn erforderlich). Hierzu wenden wir uns an der Kustermannstraße (Wegpunkt 4) links und wandern die Straße abwärts. Nach 200 m weist uns ein Schild (»Tutzing X1«) nach links in einen in Straßennähe verlaufenden Waldpfad. Wir kommen wieder auf die Straße, gehen weiter auf dieser abwärts und biegen nun beim nächsten Schild, das uns nach links führen will, nicht ein, da der dort ausgeschilderte Pfad später fast zugewachsen ist. Wir bleiben also auf der Kustermannstraße und folgen nach 250 m der Beschilderung »X1« nach rechts in einen kleinen Waldpfad. Nach ein paar Metern links haltend geht es nun durch den Wald, wir ignorieren einen breiten nach links führenden Weg und steigen durch eine kleine Schlucht, den sogenannten Martelsgraben, abwärts. Teilweise ist der Pfad an den Bäumen vierfarbig markiert. Schließlich wird der Pfad eben und wegen des links und rechts stehenden Bewuchses je nach Jahreszeit recht eng. Er führt aber bald wieder auf einen breiteren Weg, der uns an einem Bach entlang zum Beringerweg bringt. Dort rechts zum nahen Bahnhof.

Perfekter Untergrund zum Barfußwandern beim Aufstieg.

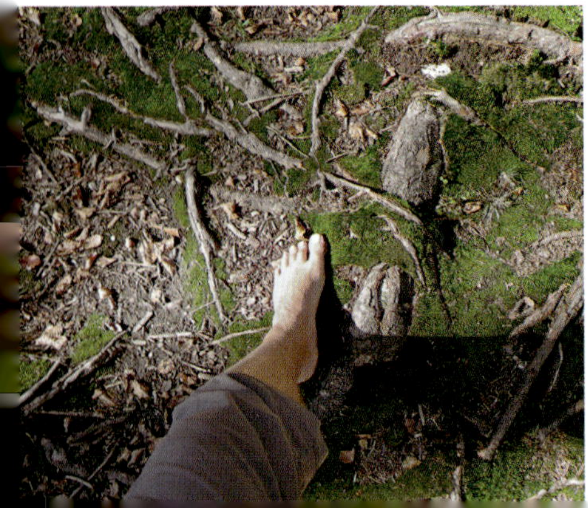

Am **Bahnhof Tutzing (1)** nehmen wir den nördlichen Treppenabgang und wenden uns in der Unterführung links, um zur Westseite des Bahnhofs (Seite, auf der nicht das Bahnhofsgebäude steht) zu kommen. Oben entdecken wir ein Schild, das uns nach rechts zum Deixlfurter See und zur Waldschmidtschlucht weist. Immer geradeaus, links von der Bahn bleibend, wandern wir erst auf dem Beringerweg, dann auf der Heinrich-Vogl-Straße, überqueren die Kustermannstraße und kommen

Deixlfurter See

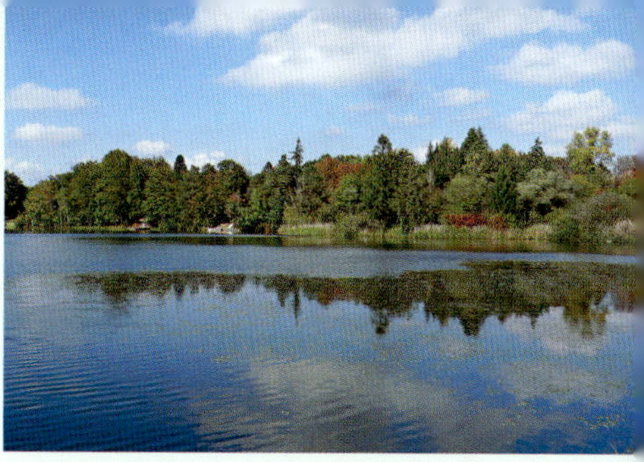

Der 550 Meter lange und 330 Meter breite Deixlfurter See liegt auf einem in der letzten Eiszeit entstandenen Moränenhügel am nördlichen Rand eines wasserreichen Niedermoors. Im Jahr 1875 kaufte das Münchner Kammersänger-Ehepaar Heinrich und Therese Vogl den vom Starzenbach (mündet in den Starnberger See) durchflossenen Deixlfurter See vom Freistaat Bayern und unterhielt am Seeufer einen landwirtschaftlichen Betrieb mit Milchwirtschaft, Viehzucht und ab 1881 Bayerns erste Kartoffelbrennerei. Durch die Errichtung mehrerer Dämme wurden vom Ehepaar Vogl für die Fischzucht sechs weitere kleine Weiher geschaffen. Im Jahr 1983 wurde aus den ehemaligen Weideflächen des Gutes der Golfplatz Tutzing angelegt, die Gewässer werden heute vom Angelverein Pfaffenwinkel gepflegt und befischt. Leider geht damit ein weitgehendes Betretungverbot der Pfade, die direkt in Seenähe verlaufen, einher. Im ehemaligen Kälberstall des Gutes Deixlhof wird zurzeit ein Cateringservice betrieben. Das Baden ist an einigen Stellen im See erlaubt – leider ist aber keine Liegewiese vorhanden.

fünf Minuten später zur querenden Traubinger Straße. Hier müssen wir gut aufpassen: Wir unterqueren auf der Straße nach rechts die Bahn und müssen danach gleich wieder links über Treppen (Beschilderung erst dort: »X1 Deixlfurter See, Waldschmidtschlucht«) nach oben. Wir wandern nun auf einem Kiesweg direkt an den Gleisen entlang, wechseln bei nächster Gelegenheit erneut auf die andere Seite der Gleise durch eine Unterführung, wenden uns danach rechts und verlassen der Beschilderung folgend die Asphaltstraße nach 300 m links in einen Kiesweg.

Nach wenigen Minuten geht der Weg in einen Waldpfad über, und wir befinden uns mitten in der idyllischen **Waldschmidtschlucht (2)**. Wir überqueren den neben uns fließenden Bach auf einer kleinen Brücke und wandern auf einem natürlichen, barfußgeeigneten Waldpfad über weitere kleine Brücken bergan. Nach einigen Minuten schlagen wir an einer Verzweigung (»X1 Deixlfurter See«) den rechten Pfad ein, wandern weiter durch die wunderschöne Schlucht und folgen dem Weg bald steiler ansteigend durch einen Linksschwenk nach oben.

Der Weg ist nun immer mehr mit Wurzeln durchzogen (barfuß am besten zwischen die Wurzeln treten), und wir erreichen eine Wegverzweigung, die besonders im Herbst, wenn Blätter auf dem Boden liegen, nur schlecht zu erkennen ist. Ein kleines Schild (»X1/9 Deixlfurter See«) weist hier nach rechts, wir wandern nun auf Waldboden direkt an der Schluchtkante entlang und kommen an einen Schilderbaum, wo wir geradeaus weitergewiesen werden. Kurz darauf halten wir uns links, treten aus dem Wald und

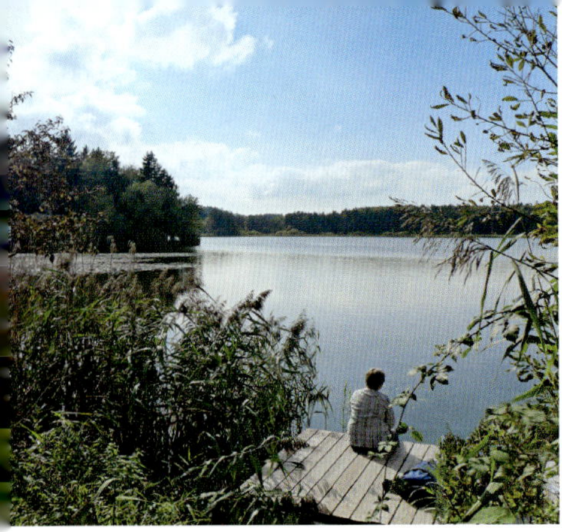

Rast am Deixlfurter See.

wandern nun nach rechts auf einem schönen Erd-/Wiesenpfad direkt am Waldrand gemächlich aufwärts. Der Pfad stößt auf einen breiteren Wiesenweg, wir wenden uns links und kommen auf die Traubinger Straße. Der Wegweiser weist hier zwar nach rechts zum Deixlfurter See, wir aber ignorieren den Hinweis und gehen links, da dieser Weg unseres Erachtens der schönere ist (auch wenn er 500 m länger ist). Nach 400 m auf der wenig befahrenen Straße zweigt rechts ein breiter Weg ab, 300 m später schwenken wir erneut rechts und kommen an einem Bauernhof vorbei. Nun geht es an einer Rastbank vorbei auf einem Feldweg entlang von Kuhweiden weiter. An einer Verzweigung halten wir uns halb links, kommen durch ein schönes Waldstück und treffen auf den ausgeschilderten Weg.

Wir biegen links ein, und kommen zu einer Verzweigung vor einem Gewässer. Dies ist nicht der Deixlfurter See, sondern ein namenloser vorgelagerter Weiher. Um auf dem ausgeschilderten Hauptweg »X1« (einige Rastbänke) zu bleiben, wenden wir uns an der Verzweigung links.

Schöner ist es aber, sich rechts zu halten, eine Schranke zu passieren und sich dann bald in einen kleinen Pfad nach links zu wenden. So kann man zwischen dem vorgelagerten Weiher und dem **Deixlfurter See (3)** sehr schön auf einem Damm entlangspazieren.

Nach dem Ende des Weihers (hier Bademöglichkeit im Deixlfurter See, allerdings ohne Liegewiese) wenden wir uns nach links auf einer kleinen Brücke zum Hauptweg, in den wir nach rechts einbiegen. Der breite Weg führt uns in wenigen Minuten zur **Kustermannstraße (4)**. Hier wenden wir uns rechts und biegen nach 50 m links in die Bavariastraße Richtung Ilkahöhe ein. Die kleine Anliegerstraße geht später in einen Kiesweg über und führt uns – Abzweigungen ignorierend – zu dem kleinen **Parkplatz (5)** unterhalb der Ilkahöhe. An diesem wenden wir uns links in einen abwärtsführenden Weg mit der Beschilderung »X2 Tutzing 2,2 km«.

Immer geradeaus abwärts erreichen wir nach 20 Minuten erst durch den Wald, dann vorbei an Kuhweiden und Pferdekoppeln einen Asphaltweg. Hier links und nach 200 m am Ende der Straße rechts in einen Weg, der uns hinunter zum **Martelsgraben (6)** führt. Wir überqueren den Bach, wandern an diesem abwärts bis zum Beringerweg, biegen rechts ein und erreichen in wenigen Minuten den **Bahnhof Tutzing (1)**.

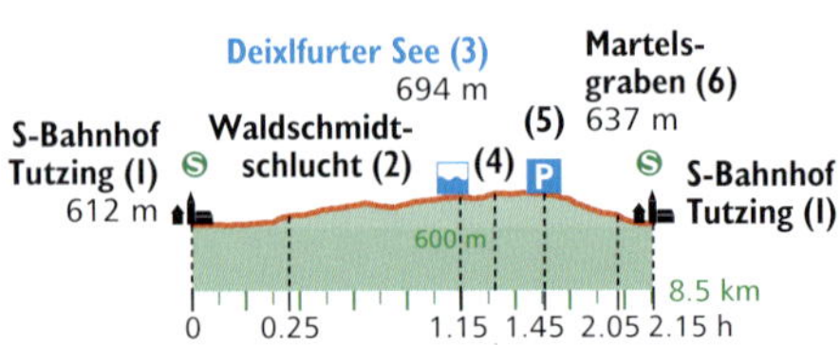

Wunderschöne Wasserlandschaft in der Nähe des Deixlfurter Sees.

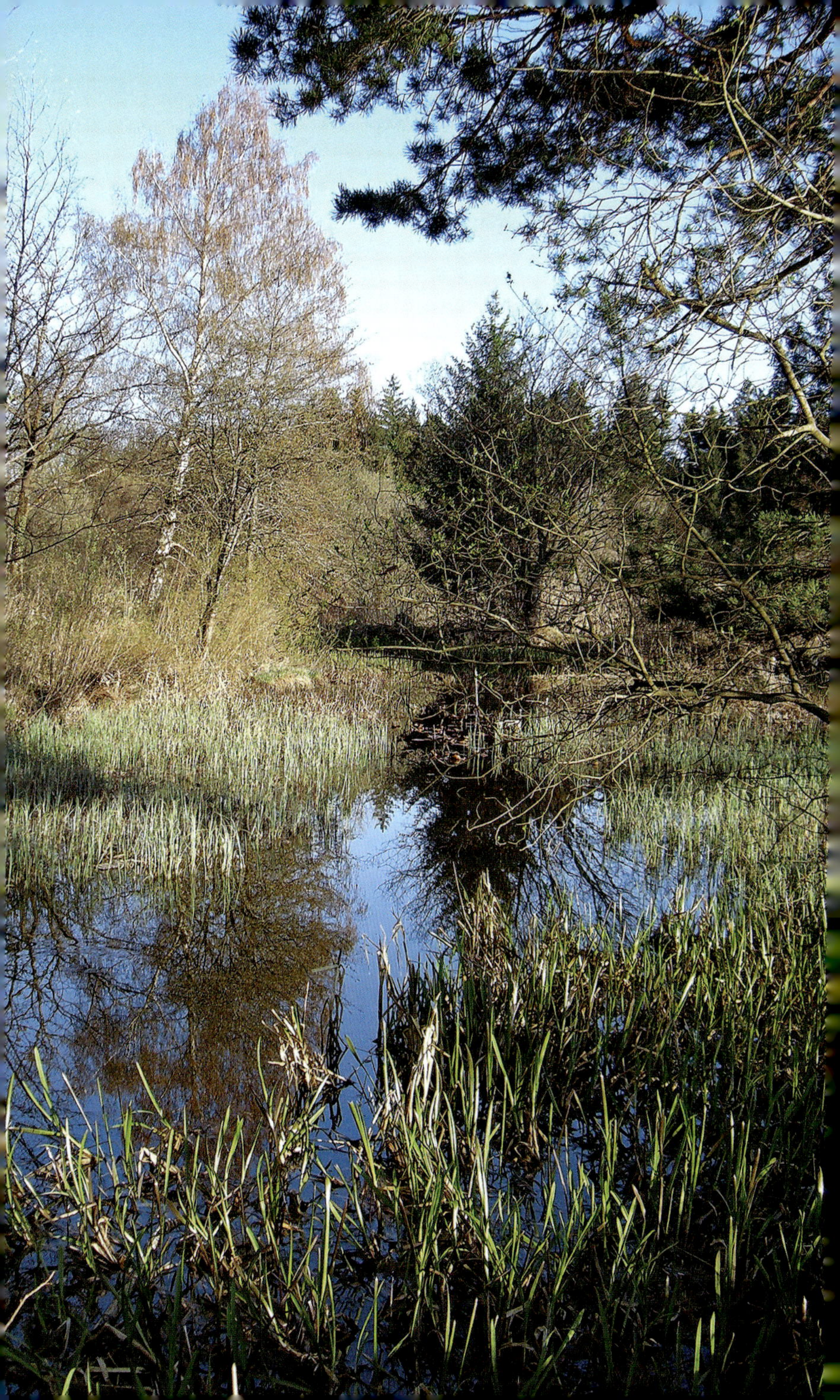

7 Nach Bernried

Von Tutzing über den Johannishügel ★★

Über Schloss Höhenried und das Buchheim Museum

Vom S-Bahnhof Tutzing bietet sich eine abwechslungsreiche Wanderung über den aussichtsreichen Johannishügel mit herrlichem Blick auf den Starnberger See und die dahinter aufragende Alpenkette (bei guter Sicht) zum weithin über die Landesgrenzen hinaus bekannten Buchheim Museum an. Dabei machen wir auch einen Abstecher in den von der amerikanischen Multimillionärin Wilhelmina Busch-Woods in den 1930er-Jahren angelegten Höhenrieder Park samt dem ebenfalls von Busch-Woods errichteten Schloss Höhenried, in dem sich heute ein Café befindet. Im Jahr 1955 wurde das Gelände nach dem Tod von Busch-Woods an die LVA Oberbayern verkauft, die dort ein großes Rehabilitationszentrum errichtete. Der Park und das Schloss Höhenried blieben aber öffentlich, und so können wir heute durch die schöne Anlage schlendern, die Nachkommen der weißen Hirsche bewundern, die Busch-Woods 1930 von Ungarn nach Bernried brachte, unsere Füße in einer Kneippanlage erfrischen oder hinunter zu einer Badestelle am Starnberger See gehen. Den Rückweg nach Tutzing bestreiten wir entweder mit dem Schiff von der Anlegestelle Bernried (Weg von der Anlegestelle Tutzing zum Bahnhof Tutzing siehe Tour 10) oder mit dem Zug vom Bahnhof Bernried. Wir können aber auch zu Fuß nach Tutzing zurückwandern (siehe Variante), indem wir erst wieder zurück zum Fuß des Johannishügels (Minigolfplatz) spazieren und von dort dann am See entlang, vorbei am im Wasser liegenden Museumsschiff Tutzing (Einkehrmöglichkeit), und durch den Kustermannpark (siehe Variante) zurückkommen.

Hirschefüttern im Bernrieder Park.

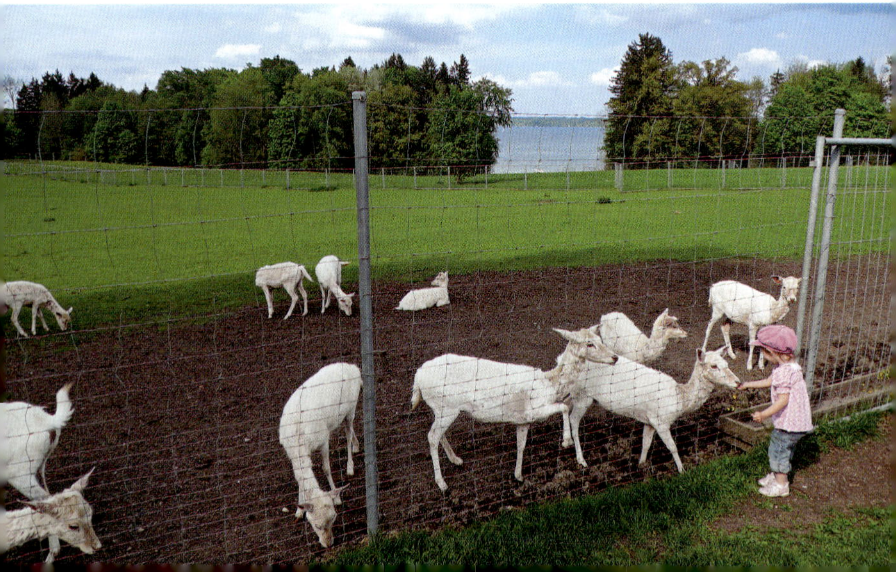

KURZINFO

Ausgangs- und Endpunkt: S 6-Endhaltestelle Tutzing; Fahrzeit 45 Min. Der Bahnhof Tutzing ist auch Haltestelle der Deutschen Bahn (Strecke Richtung Garmisch oder Richtung Kochel). MVV-Karten sind in den Regionalzügen bis Tutzing gültig. Von Bernried (zusätzliche Fahrkarte bis Tutzing lösen!) besteht meist stündlich Verbindung mit der Bahn über Tutzing nach München. Man kann im Zug sitzenbleiben und mit der MVV-Karte ab Tutzing bis München fahren.
Günstigste Fahrkarte: Siehe Tour 5. Zusätzlich ist pro Person eine Einzelfahrt von Bernried nach Tutzing zu lösen (Kinder bis 14 Jahren fahren in Begleitung der Eltern zwischen Bernried und Tutzing frei).
Gehzeit: 2.15 Std.
Höhenunterschied: 90 m im Aufstieg, 65 m im Abstieg.
Distanz: 8,2 km (bei Rückfahrt mit der Bahn von Bernried).
Anforderungen: Leichte Wanderung auf Kies- und Asphaltwegen teils am See entlang. Nicht kinderwagengeeignet (Treppenstufen am Johannishügel).
Ausrüstung: Badesachen; kein besonderes Schuhwerk erforderlich.
Schifffahrt: Starnberger See Schifffahrt, Fahrplan und Informationen unter seenschifffahrt.de/de/starnberger-see/fahrplan/. Achtung, die Schiffe verkehren nur wenige Male täglich!
Einkehr: Edessa Kebap Pizza Haus, Tutzinger Keller, Café im Schloss Höhenried (am Wochenende und Feiertag nachmittags), Café Restaurant Phoenix im Buchheim Museum (Einkehrmöglichkeit auch ohne Museumsbesuch), Seerestaurant Marina, Gasthof Drei Rosen, Museumsschiff Tutzing (Variante, Mo. Ruhetag).
Variante: Wer von Bernried nach Tutzing zurückwandern möchte (zusätzlich ca. 1.45 Std. und 7 km), geht bis zu der Asphaltstraße am Minigolfplatz am Johannishügel zurück und wendet sich nun rechts (wer vom Johannishügel kommt und nur eine kleine Runde machen möchte, also links) in diese, wandert bis zum See, wo der Weg nach links dreht und als guter, schmalerer Asphaltweg schön direkt am See entlangführt. Wir kommen am Museumsschiff Tutzing (kleine Gerichte, Montag Ruhetag) vorbei und stehen kurz darauf an dem kleinen Alpinum mit seinen Alpenpflanzen am Beginn des Kustermannparks. Hier kann man einen Abstecher in den mit einigen Bänken (Nachbau der Originalbänke) bestückten Kustermannpark mit seinem alten Baumbestand und einem großen, eher auf Kleinkinder zugeschnittenen Spielplatz machen, bevor wir weiter am See entlangspazieren. Der Weg führt schließlich vom Uferweg aus dem Park hinaus, wir überqueren die Hauptstraße und spazieren geradeaus über Gröberweg und Pommernstraße zurück zum Schönmoosweg, der uns rechts in zwei Minuten zum Bahnhof Tutzing zurückführt.

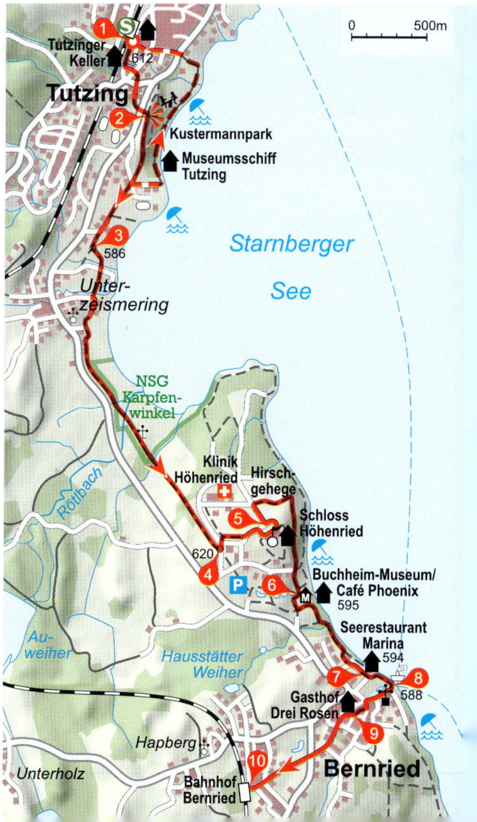

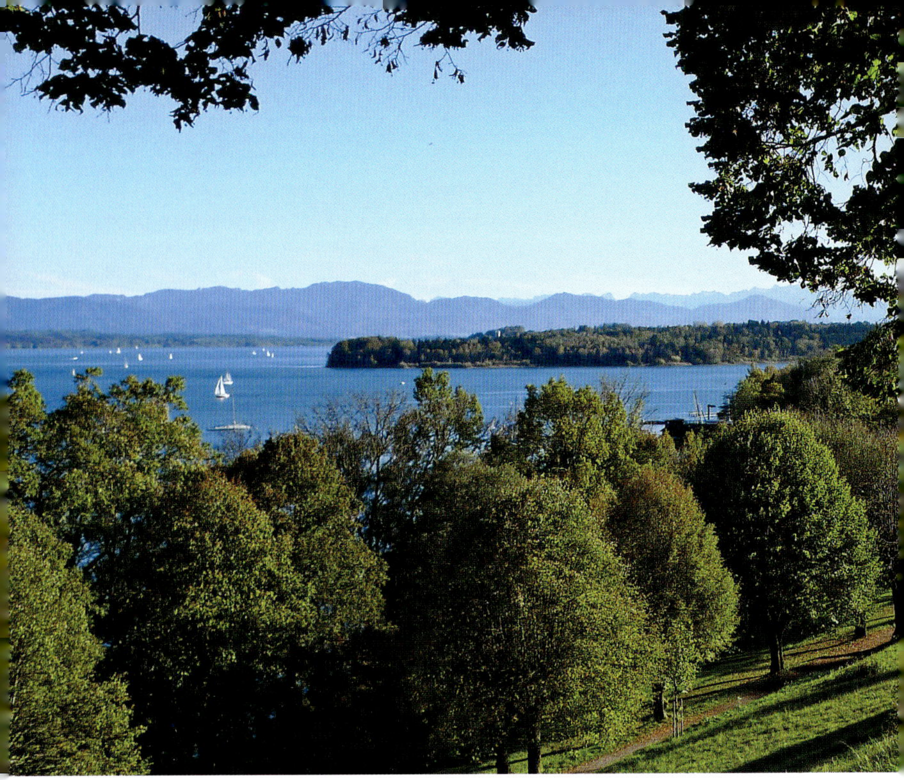

Von der Bahnhofsgebäudeseite an der **S-Bahn-Station Tutzing (1)** gehen wir vom Bahnhofsvorplatz in Fahrtrichtung (von München kommend) weiter und marschieren der Beschilderung »X4« zum Buchheim Museum folgend den Schönmoosweg hinunter. Vor dem **Gasthaus Tutzinger Keller** weist uns ein Schild nach links, wir überqueren kurz darauf eine Straße und wandern geradeaus auf einem Fußweg weiter. Wir gehen über die Lindemannstraße und setzen unseren Weg abermals geradeaus fort, wobei wir uns hier auf dem unteren Weg halten. Der asphaltierte Weg geht in einen gekiesten Fußweg über, wir überqueren bald die Bernrieder Straße und kommen schnell zu dem **Aussichtspunkt** mit dem großen Marterl auf dem **Johannishügel (2)**, von dem man einen herrlichen Blick auf den Starnberger See und bei guter Sicht auch auf die Münchner Berge hat.

Wir biegen rechts ein und spazieren nun in leichtem Bergab den Johannishügel an Rastbänken vorbei hinunter. Unten biegen wir in den Kiesweg rechts ein, kommen bald an einer **Minigolfanlage** vorbei, überqueren die Asphaltstraße und müssen nun etwas aufpassen. Unser Weiterweg führt, nach ein paar Metern geradeaus, halb rechts als kleiner

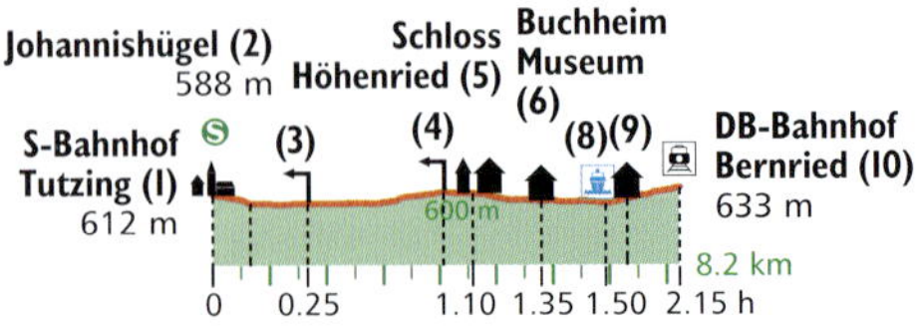

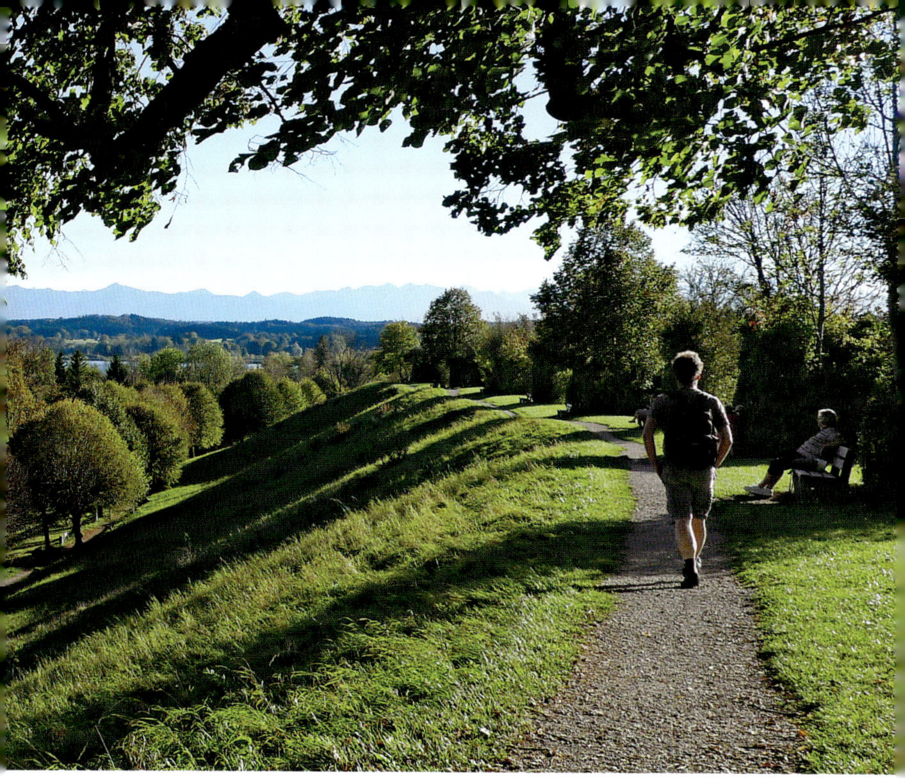

Fantastischer Blick vom Johannishügel auf den Starnberger See und die Berge.

Fußweg auf der Lindenallee weiter. Nach 500 m biegen wir links (Beschilderung »X4 Buchheim Museum«) ein **(3)** und wandern nun auf dem **Höhenrieder Weg** vorbei an einem Jachthafen bis zur Staatsstraße 2063 (Bernrieder Straße), der wir für gut fünf Minuten auf einem Fuß-/Radweg daneben nach links folgen müssen. Dann zweigt links ein Kiesweg (Fortsetzung des Höhenrieder Weges) ab, der uns nun sehr schön durch das **Naturschutzgebiet Karpfenwinkel** führt. Nach 600 m wandern wir auf einem wiederum von Linden gesäumten schmalen Asphaltweg aufwärts und gehen im Anschluss auf einem Kiesweg neben dem Gelände der Klinik Höhenried weiter. Unmittelbar nachdem der Weg asphaltiert ist, schwenken wir scharf links **(4)** und gehen durch die **Zufahrtspforte der Klinik** in den **Höhenrieder Park**. Wir wenden uns nun rechts, kommen nach fünf Minuten zum **Schloss Höhenried (5)** mit seinem an Wochenenden und Feiertagen (nachmittags) geöffneten **Café** und wenden uns vor diesem links hinunter in eine abwärtsführende prächtige **Eichenallee**.

Auf Höhe der Klinik wenden wir uns rechts in den querenden Weg (»Hirschgehege, Museum der Phantasie«), kommen am Kneippbecken und den **weißen Hirschen** (Futterautomat am Zaun) vorbei und gehen ein Stück später die Treppen abwärts, um sodann rechts in den

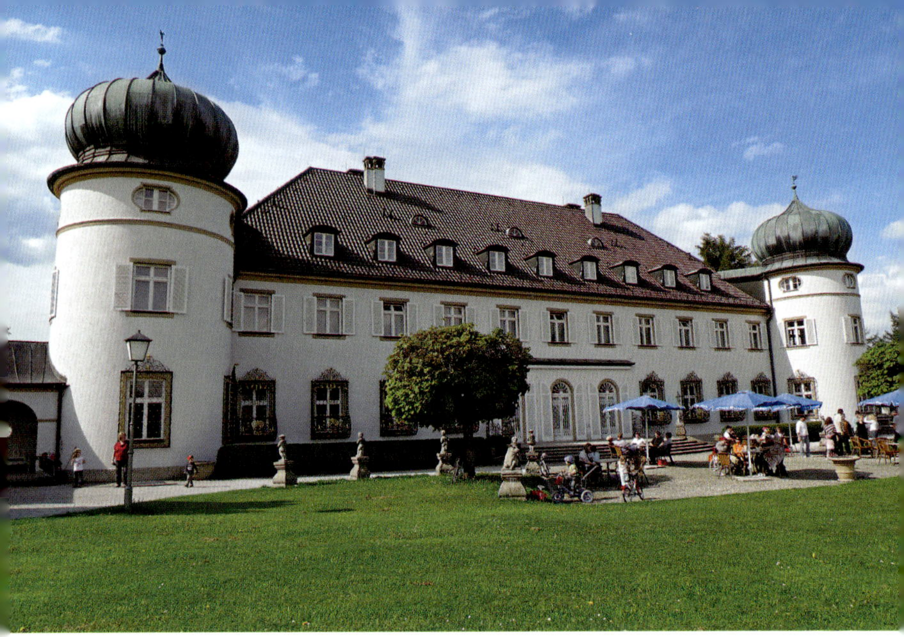

Schloss Höhenried mit nur am Wochenende und feiertags geöffnetem Café.

querenden Weg (Schild »Museum der Phantasie«) einzubiegen. *(Hinweis: Geht man hier geradeaus weiter die Treppen abwärts, kommt man zum Starnberger See mit Bademöglichkeit. Sich rechts haltend am See entlang und später wieder rechts kommt man dann wieder auf die Hauptroute.)* Wir gehen an der breiten Einmündung eines vom See heraufführenden Weges geradeaus weiter, halten uns an der darauffolgenden Verzweigung links, kommen an den von Busch-Woods angelegten Mississippi-Weihern vorbei und stehen kurz darauf bereits vor dem **Buchheim Museum (6)**.

Wir wenden uns links, spazieren am **Café Phoenix** vorbei (oder gehen gleich über die Wiese vorbei an dem Kunstwerk »Fußballmannschaft«), schwenken mit dem Weg nach rechts, gehen durch ein Tor im Zaun und wandern unterhalb des Hotels Marina am See entlang. An einer Verzweigung gehen wir den asphaltierten Weg aufwärts, kommen an der Rezeption des Hotels und am **Seerestaurant Marina (7)** vorbei und wenden uns sodann rechts (großes braunes Schild »Uferseeweg Dampfersteg«), marschieren an der Diskothek Saustall vorbei, kommen wieder hinunter zum See und erreichen schnell die **Schiffsanlegestelle Bernried (8)**, von der wir zurück nach Tutzing fahren können.

Wollen wir zum Bahnhof Bernried, folgen wir der Beschilderung nach rechts aufwärts, wenden uns wenige Minuten später links in die Dorfstraße und nach 50 m rechts in den Kirchweg, der uns direkt zum **Gasthof Drei Rosen (9)** bringt. Wir biegen rechts wiederum in die Dorfstraße ein, wenden uns kurz darauf links in die Bahnhofstraße, überqueren die Seeshaupter Straße und erreichen fünf Minuten später den **Bahnhof Bernried (10)**.

Buchheim Museum

In Bernried direkt am Starnberger See wartet ein nicht alltägliches Museum. Die Kunstsammlung des Malers, Kunstbuch- und Romanautors (»Das Boot«) Lothar-Günther Buchheim (1918–2007) besticht durch seine Vielfalt in einer Welt voller Fantasie. Viele kleine Überraschungsmomente machen den Rundgang durch das Museum zu einem kurzweiligen Erlebnis. Im Zentrum von Buchheims Museumskonzept steht eine große Expressionistensammlung mit Gemälden, Aquarellen, Zeichnungen und Druckgraphiken berühmter Künstler. Es werden aber auch Kunsthandwerk aus aller Welt, bayerische Volkskunst, Kultgegenstände aus Afrika und anderen außereuropäischen Ländern sowie Werke von Lothar-Günther Buchheim selbst gezeigt. Sonderausstellungen und viele Veranstaltungen halten das Museum lebendig.
Teil des Museums ist auch ein Museumsladen und das Café Restaurant Phoenix (auch ohne Museumsbesuch zugänglich). Infos und Öffnungszeiten unter buchheimmuseum.de.

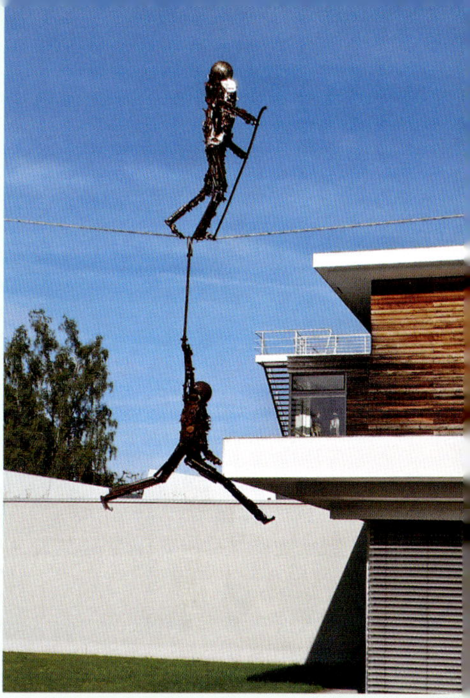

Schon vor dem Eingang ...

... des Buchheim Museums erwartet uns nicht ganz alltägliche Kunst.

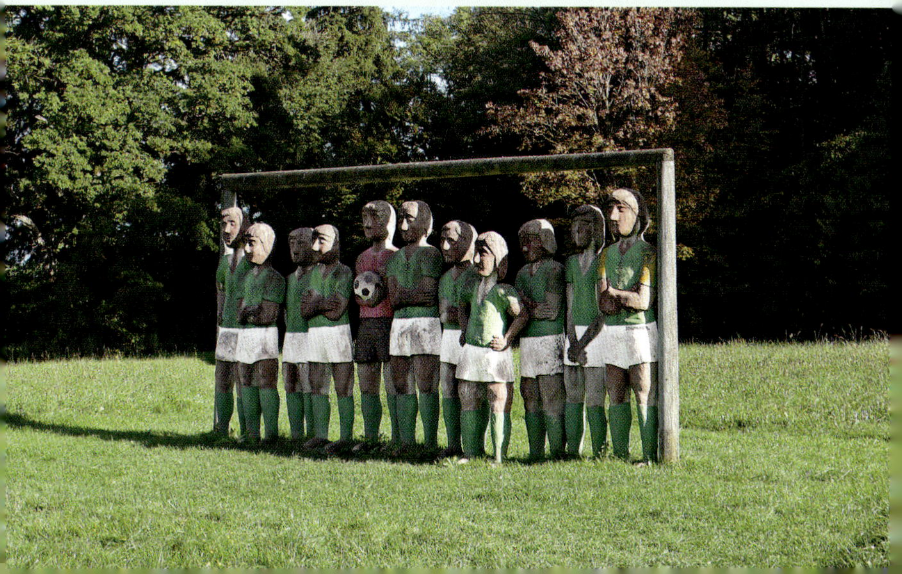

8 Vom Starnberger See zum Ammersee

Von Possenhofen nach Herrsching ★★★

Über Maisinger See und Kloster Andechs

Heute wollen wir mit der S 6 nach Possenhofen fahren, um von dort über Kloster Andechs zum Ammersee hinüberzuwandern. Vom Bahnhof Herrsching geht es dann mit der S 8 zurück nach München. Um eine möglichst schöne und weitgehend autofreie Route zu laufen, haben wir uns entschieden, einen kleinen Umweg über den Maisinger See in Kauf zu nehmen. Die Tour ist mit gut 17 Kilometern aber immer noch auch für Gelegenheitswanderer gut zu schaffen, für unsere Mühen werden wir zudem mit einer Bade- und Einkehrmöglichkeit und der schönen Landschaft am Maisinger See mehr als entschädigt (siehe auch Seite 68 ff.). In Herrsching lockt dann noch eine Einkehr direkt am Wasser oder eine Schiffsrundfahrt auf dem Ammersee.

Blick auf den »Heiligen Berg« mit dem Kloster Andechs.

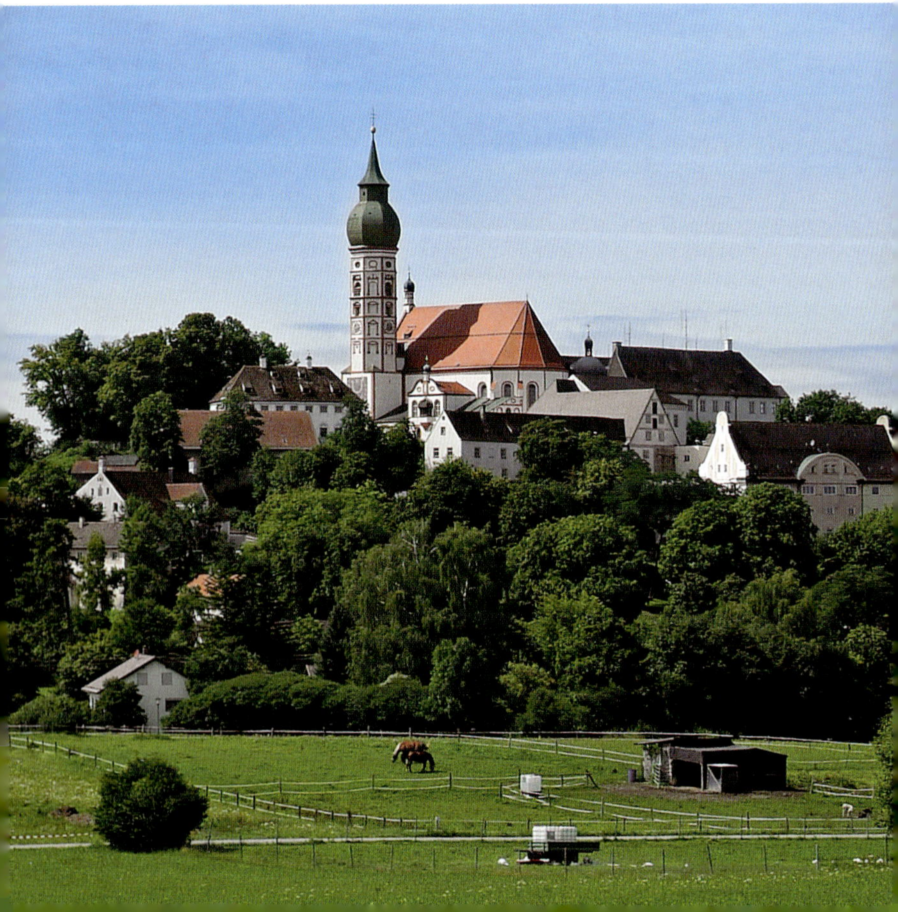

KURZINFO

Ausgangspunkt: S-Bahnhof Possenhofen (S 6 Richtung Tutzing); Fahrzeit 38 Min.
Endpunkt: S 8-Endhaltestelle Herrsching; Fahrzeit 50 Min.
Günstigste Fahrkarte: Familien (mit 2 Erwachsenen): Gruppen-Tageskarte M-3. Erwachsener/e: (Gruppen-)Tageskarte M-3. Jugendliche (15–20 Jahre): Ab 3 Jugendlichen (Erwachsenen-)Gruppen-Tageskarte M-3, sonst auf der separaten U21-Streifenkarte für Hin- und Rückfahrt je 5 Streifen (eigene Fahrkarte nicht nötig, wenn z. B. Eltern eine Gruppen-Tageskarte haben). Kinder (6–14 Jahre): Hin- und Rückfahrt je 1 (Erwachsenen-) Streifen (eigene Fahrkarte nicht nötig, wenn z. B. Eltern eine Gruppen-Tageskarte haben). Kinder unter 6 Jahren: frei.
Gehzeit: 4.30 Std.
Höhenunterschied: 140 m im Aufstieg, 230 m im Abstieg.
Distanz: 17,4 km.
Anforderungen: Der größtenteils als Jakobsweg und ab Aschering zusätzlich als König-Ludwig-Weg ausgeschilderte Weg verläuft überwiegend auf Kieswegen und kleinen Anliegersträßchen, aber auch knapp 1 km auf einem barfußfreundlichen Wiesenweg. Nicht kinderwagengeeignet.
Ausrüstung: Gut profilierte Trekkingsandalen, Badesachen.

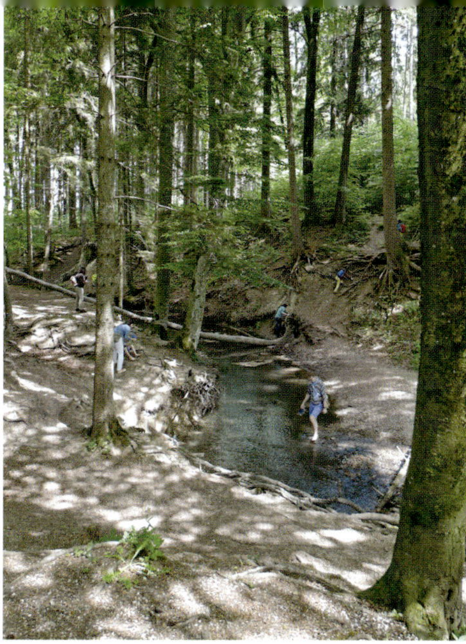

Waldschlucht am Fallbach.

Einkehr: Maisinger Seehof, Andechser Bräustüberl, Klostergaststätte, Postgarten Gasthof zur Post, Gasthof Seehof.
Hinweis: Das Baden ist im Maisinger See ausschließlich am Maisinger Seehof behördlich erlaubt. Es ist lebensgefährlich in den Schilfgürtel, der den See umgibt, einzudringen, da der Boden an vielen Stellen auf einer nicht sichtbaren Wasserfläche schwimmt (sogenannter Schwimmrasen).

Vom Bahnsteig in **Possenhofen (1)** fahren wir entweder mit dem Aufzug hinauf zur Brücke, die über die Gleise führt und gehen oben nach links oder aber benutzen den Treppenabgang, wenden uns links und steigen die Treppen wieder nach oben, um nach ein paar Metern rechts die aufwärtsführenden Treppen zu nehmen. Wir überqueren ein kleines Sträßchen, gehen geradeaus am Autohaus vorbei und treffen mit den Aufzugsfahrern zusammen, die bereits die Hindenburgstraße zur Ortsmitte von **Pöcking** hinaufmarschieren. Der Weg ist nun bis Andechs größtenteils als Jakobsweg (blauer Grund mit einer gelb strahlenden Jakobsmuschel) markiert. Nach etwa 700 m biegen wir links in die Hauptstraße ein und schwenken nach 300 m rechts in den Ascheringer Weg (Hinweisschild unter einem Baum und Wegweiser – zuerst schlecht zu sehen – auf der rechten Straßenseite des Ascheringer Wegs). Nach einigen Häusern weist uns ein Hinweisschild nach rechts in den

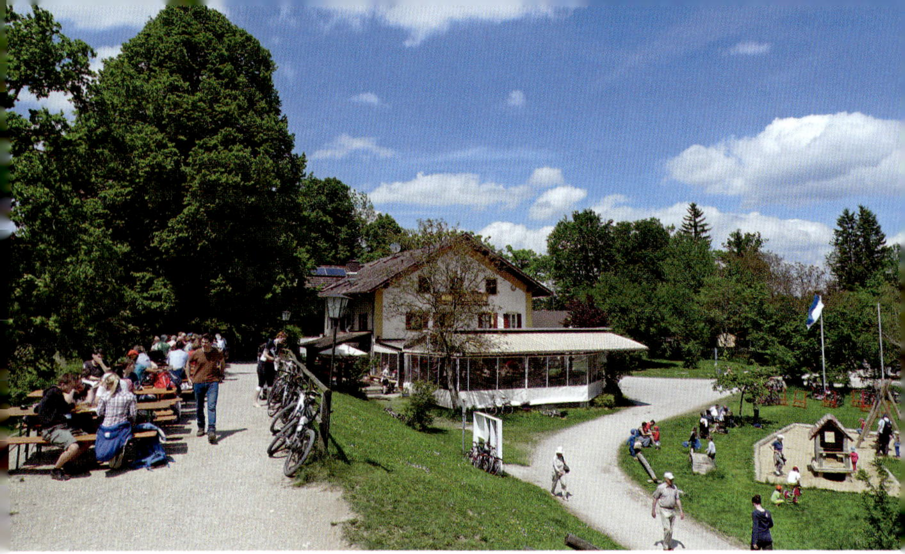

Am Maisinger Seehof warten ein Biergarten und ein Kinderspielplatz.

Maisinger Weg (2) zum Maisinger See, hier biegen wir ein (wir folgen also nicht dem Schild geradeaus nach Aschering und Andechs), um einerseits den von Autos befahrenen Ascheringer Weg zu umgehen und andererseits auf einem landschaftlich schönen Weg den Maisinger See als weiteres Highlight in die Route einzubauen. Der Weg wird bald zum Kiesweg mit Wiesenmittelstreifen, wir unterqueren nach zehn Minuten die B 2 und wandern weiter auf einem Kiesweg durch die leicht hügelige Kulturlandschaft. An einer Vierfachverzweigung folgen wir dem Schild Richtung Maising nach links hinauf, kommen an einem Marterl mit Rastbank vorbei und erreichen auf einem abwechslungsreichen Weg – zum Schluss uns rechts haltend über eine Brücke – den **Maisinger See (3)** fast unmittelbar am Gasthaus **Maisinger Seehof**. Wir steigen den Damm hinauf, könnten hier ein Bad im See nehmen und wenden uns links. Wir wandern nun ein Stück Richtung Süden auf dem Damm, nach wenigen Minuten läuft unser Weg mit dem unterhalb des Dammes verlaufenden Weg zusammen. Links befindet sich nun eine wunderschöne Stelle am Fallbach, die besonders Kinder zum Spielen in dieser kleinen Waldschlucht einlädt. Nach einer Zeit führt uns der Weg, der am Schilfgürtel des Sees entlangführt, vom Wald wieder ins Licht, und wir folgen an einer links abzweigenden kleinen Brücke dem Weg nach rechts Richtung Andechs. Nun wan-

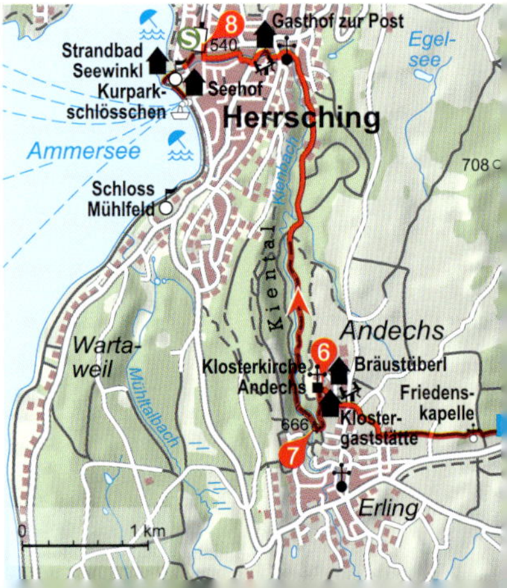

dern wir auf einem kleinen Kiesweg durch die schöne Landschaft, bei guter Sicht haben wir linker Hand einen schönen Blick auf die Berge. 800 m später wenden wir uns an einer Weggabelung links in einen asphaltierten Weg und kommen nach zehn Minuten nach **Aschering (4)** hinein, wo wir rechts vom Maisinger Seeweg in den Pöckinger Weg einbiegen. Dies ist die Fortsetzung der Asphaltstraße, die wir vorhin am Ortsausgang von Pöcking Richtung Maisinger See verlassen haben. Wenn die Straße nach links über eine Brücke schwenkt, gehen wir geradeaus auf dem Fußweg weiter, spazieren an einem im Sommer üppig blühenden Garten und der Kirche vorbei, überqueren dann die St.-Sebastian-Straße und setzen auf der anderen Straßenseite unseren Weg geradeaus auf dem Bachweg fort. Fortan ist der Weg auch als König-Ludwig-Weg ausgeschildert. Die Straße überquert den Bach, unmittelbar dahinter schwenken wir rechts und folgen weiter dem Bachweg, wobei wir an einer Straßeneinmündung geradeaus gehen. Bald stößt der Weg auf den Andechser Weg, in diesen biegen wir links ein. Nach gut 100 m halten wir uns an der folgenden Abzweigung rechts

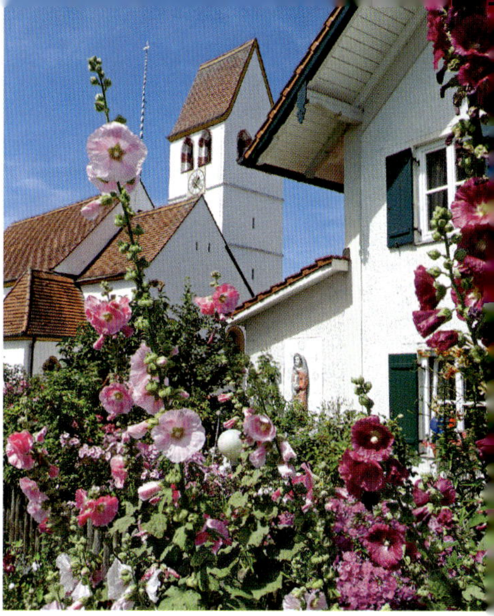

Blütenpracht in Aschering.

auf dem Andechser Weg und kommen bald an Pferdekoppeln und einem Marterl vorbei. Der Weg führt in den Wald, es geht nun im Wechsel leicht auf- und wieder abwärts. An Abzweigungen und einer Kreuzung wandern wir stets geradeaus und halten uns an einer Verzweigung (Beschilderung des König-Ludwig-Weges) rechts.

Schließlich stößt der Kiesweg auf eine Asphaltstraße, in die wir nach links einbiegen. Nach 200 m weist

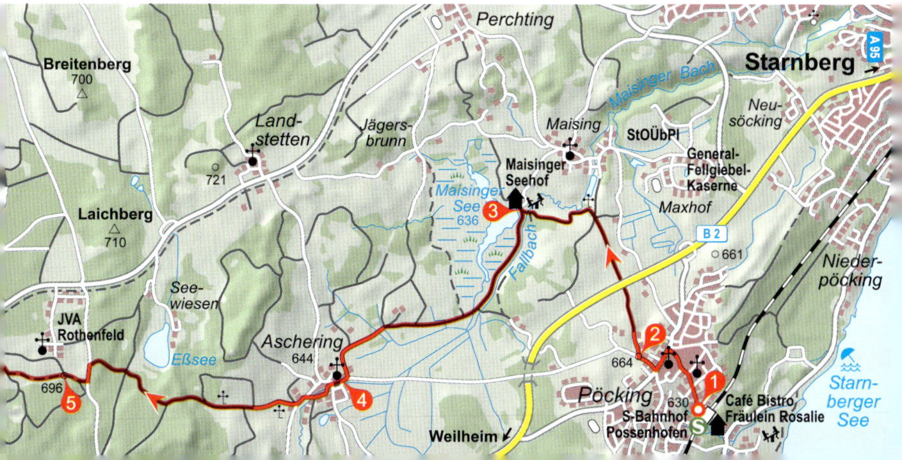

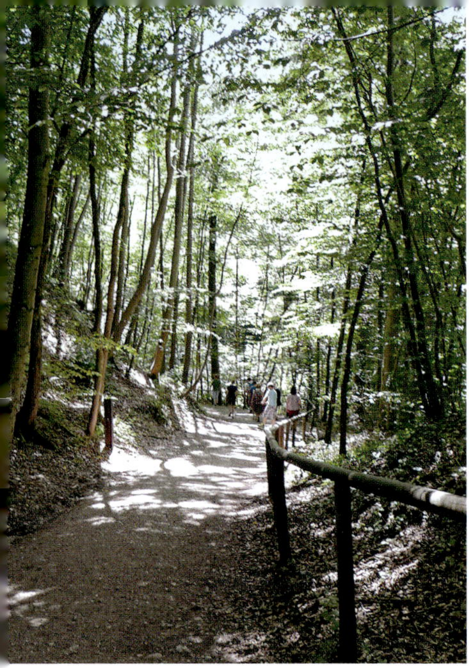

Auf dem Weg ins Kiental.

uns auf der rechten Straßenseite ein Schild nach rechts in einen kleinen Pfad. 100 m später treffen wir auf einen Kiesweg und biegen rechts in diesen ein. Nun müssen wir gut aufpassen! 150 m später schwenkt der Weg in der Nähe eines eingezäunten Brunnens nach rechts Richtung JVA Rothenburg. In dieser Kurve verlassen wir den Kiesweg und gehen geradeaus auf einem mal besser, mal schlechter (je nach Jahreszeit und je nachdem, ob die Wiese gerade gemäht wurde) zu sehenden **Wiesenpfad (5)** weiter. Ein Nordic-Walking-Schild weist auf diesen Weg am rechten Rand des Kiesweges hin. Der Weg verläuft erst im Abstand von etwa 20 m parallel zum Waldrand und dreht später leicht nach rechts auf eine Telefonleitung zu. Kurz bevor wir auf diese stoßen, trifft unser herrlicher Wiesenweg (absolut barfußgeeignet) auf einen Kiesweg, in den wir nach rechts einbiegen. Kurz nach der Einmündung des von der JVA kommenden Weges (alternativ könnten wir auch statt des Wiesenweges auf diesem hierherkommen), erreichen wir die Verbindungsstraße zwischen Starnberg und Andechs. Hier wenden wir uns links und wandern kurz auf dem Fuß-/Radweg neben der Straße weiter. Nach 250 m taucht auf der rechten Straßenseite ein Parkplatz auf, hier überqueren wir die Straße, gehen über den Parkplatz und verlassen diesen an dessen Ende geradeaus in einen markierten Fußweg, der uns sehr schön durch Wald zu einem Kiesweg führt. Hier wenden wir uns rechts und gleich wieder links und kommen nun bei einer tollen Sicht auf das auf einem Hügel liegende Kloster Andechs, an einem kreuzenden Weg geradeaus gehend, über einen Kreuzweg zu einer Straße. Hier schwenken wir rechts und gleich wieder links über den St.-Elisabeth-Weg zum Fuß des »Heiligen Berges« an einem großen Parkplatz. Wir gehen die Bergstraße aufwärts, passieren einen **Skulpturenpark** mit vielen Rastbänken und den gehobenen **Klostergasthof** mit

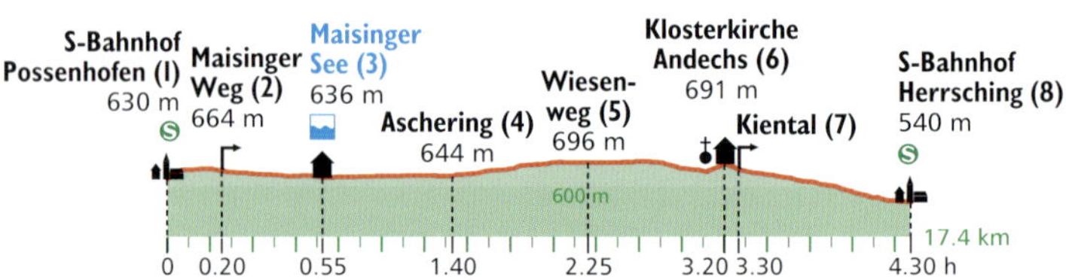

seinem schattigen Gastgarten, etwas oberhalb einen kleinen Biergarten (hier gibt es Steckerlfisch) mit danebenliegendem Spielplatz und den Eingang zum **Andechser Bräustüberl** mit seinem großen Biergarten, der über verschiedene Ebenen verläuft. Am **Klosterladen** vorbei geht es weiter steil aufwärts, bevor wir am höchsten Punkt des Hügels zu der sehenswerten **Klosterkirche Andechs (6)** kommen. 100 m weiter südlich hat man an einem Kreuz einen tollen Blick auf Erling und die dahinterliegende Alpenkette (bei guter Sicht).

Abwärts geht es entweder an dem Kreuz (und dann an dem querenden Weg rechts) oder direkt gegenüber dem Eingang zur Kirche über einen Treppenweg zu derselben Stelle. Hier folgen wir dem Schild »Fußweg durchs Kiental nach Herrsching« mit dem S-Bahn-Symbol, indem wir erst geradeaus (vom Treppenweg gegenüber der Kirche kommend) weiter abwärtswandern und uns dann an einer Wegteilung rechts halten. Fünf Minuten später biegen wir rechts **(7)** ab und marschieren nun oberhalb des Kienbaches im leichten Abwärtsgang auf einem Kiesweg durch das schöne **Kiental**, wobei wir viermal den Bach überqueren. Nach einer halben Stunde auf dem Kiesweg wandern wir auf der nun asphaltierten Kientalstraße an Einfamilienhäusern vorbei abwärts. Das Asphaltsträßchen mündet in die Andechsstraße, wir überqueren die Schönbichlstraße, gehen geradeaus weiter und biegen 100 m später nach rechts ab. Über eine Brücke kommen wir am Gasthof Post mit seinem Biergarten zur Hauptstraße (Mühlfelder Straße). Hier links und nach 100 m rechts in die Fischergasse. Nach 100 m wandern wir rechts über den Kienbach und schwenken gleich wieder links in die Kienbachstraße. Auf dieser kommen wir zum **S-Bahnhof Herrsching (8)**, wo wir unsere schöne Wanderung beenden. (Hinweis: Der Weg vom Bahnhof zum See ist am Ende von Tour 4 beschrieben.)

Im Anschluss kann man in Herrsching noch eine Schiffsrundfahrt machen.

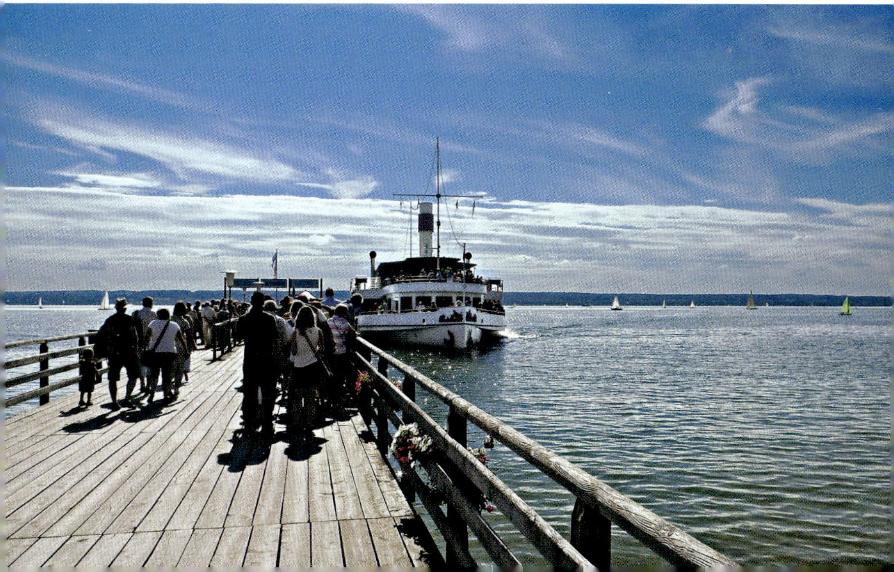

9 Durch die Wolfsschlucht

Rundweg von Possenhofen

★★

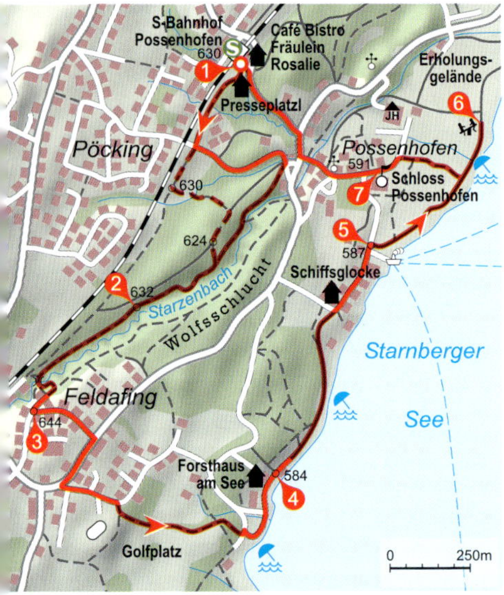

Waldlehrpfad und Uferweg

Unsere heutige Wanderung führt uns vom Bahnhof Possenhofen auf einem Waldlehrpfad mit einigen interessanten Tafeln durch die Wolfs-, oder, wie sie auch bezeichnet wird, Starzenbachschlucht, bevor wir zum Starnberger See hinuntersteigen und am Wasser entlang auf dem schönen Uferweg einen herrlichen Badeplatz mit Bergblick, weiträumigen Liegewiesen, Badesteg, flach abfallendem Wasser und großem Spielplatz erreichen. Dabei kommen wir auch am Schloss Possenhofen vorbei, in dem die spätere Königin und Kaiserin von Österreich und Ungarn Elisabeth, genannt Sisi, in den Sommermonaten ihre Kindheit und Jugend verbrachte.

Die Tafeln auf dem Waldlehrpfad in der Wolfsschlucht sind sehr informativ.

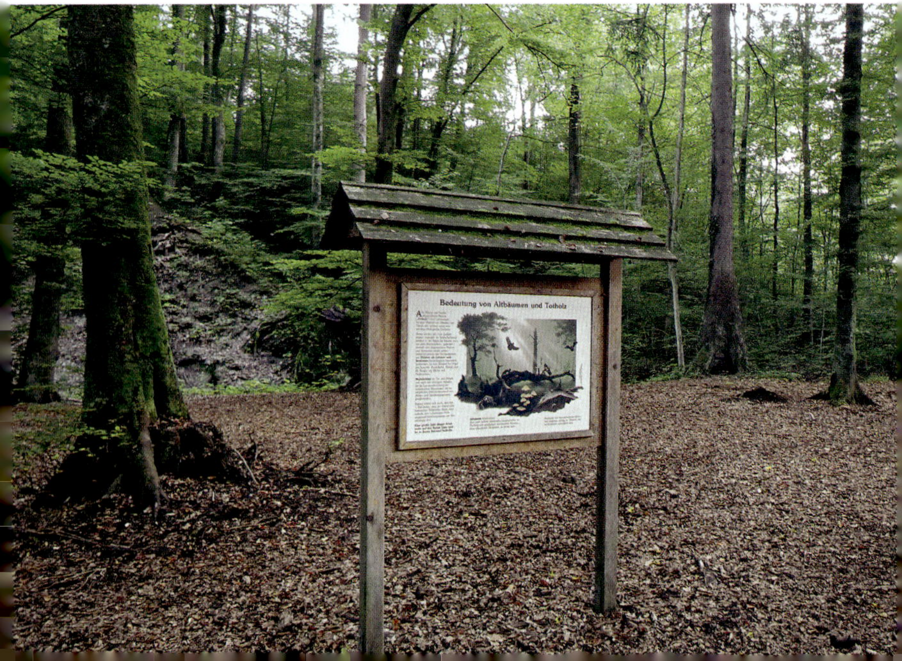

KURZINFO

Ausgangs- und Endpunkt: S-Bahnhof Possenhofen (S 6 Richtung Tutzing); Fahrzeit 38 Min.
Günstigste Fahrkarte: Familien (mit 2 Erwachsenen): Gruppen-Tageskarte M-3. Erwachsener/e: (Gruppen-)Tageskarte M-3. Jugendliche (15–20 Jahre): Ab 3 Jugendlichen (Erwachsenen-)Gruppen-Tageskarte M-3, sonst auf der U21-Streifenkarte für Hin- und Rückfahrt je 5 Streifen (eigene Fahrkarte nicht nötig, wenn z. B. Eltern eine Gruppen-Tageskarte haben). Kinder (6–14 Jahre): Hin- und Rückfahrt je 1 (Erwachsenen-)Streifen (eigene Fahrkarte nicht nötig, wenn z. B. Eltern eine Gruppen-Tageskarte haben). Kinder unter 6 Jahren: frei.
Gehzeit: 1.30 Std.
Höhenunterschied: 90 m im Auf- und Abstieg.
Distanz: 5,7 km.
Anforderungen: Diese abwechslungsreiche Tour führt in leichtem Auf und Ab erst durch die Wolfsschlucht und dann am See entlang zum Schloss Possenhofen mit einer großen Badestelle. Wegen einiger Treppenstufen ist der Weg nicht kinderwagengeeignet.
Ausrüstung: Gut profilierte Trekkingschuhe/-sandalen, Badesachen.
Schifffahrt: Starnberger See Schifffahrt, Fahrplan und Infos unter seenschifffahrt.de/starnberger-see/fahrplan.
Einkehr: Hotel-Restaurant Forsthaus am See (gehobenes Ambiente), Restaurant Schiffsglocke, Kiosk »Presseplatzl« mit kleinem Biergarten, Café und Bistro Fräulein Rosalie im Bahnhof Possenhofen, Einkehrmöglichkeiten in Feldafing.
Variante: Wer auf etwas abenteuerlichen, barfußtauglichen Pfaden zum Waldlehrpfad hinuntersteigen möchte, überquert die Feichtetstraße und wandert geradeaus weiter ca. 100 m neben der Bahn entlang. Dann führt an einem abgesägten Baum mit einer Farbmarkierung (u. a. weißer Balken und schwacher roter Pfeil) links ein kleiner Pfad in den Wald. An einer Wegverzweigung wählen wir den linken Pfad, überqueren auf einer kleinen Brücke aus Eisensprossen einen Bach (wer sich das nicht zutraut, geht zurück zur Hauptroute) und erreichen einen breiten Forstweg, in den wir rechts einbiegen. Nach etwa 100 m zweigt nach links hinunter ein weicher Waldpfad ab, über den wir in die Wolfsschlucht kommen und nach rechts schwenkend auf die Hauptroute treffen.
Tipp: Besuch des kleinen Kaiserin Elisabeth Museums im Bahnhof Possenhofen (im Sommer Fr., Sa., So., feiertags), Infos kaiserin-elisabeth-museum-ev.de.

Vom **S-Bahnhof Possenhofen (1)** gehen wir am Kiosk **»Presseplatzl«** rechts vorbei und neben den Schienen auf dem Pöckinger Fußweg Richtung Tutzing. Wir stoßen auf die kleine Feichtetstraße, biegen links ein und wandern die Straße hinunter. Nach vierhundert Metern gehen wir an der ersten rechten Abzweigung vorbei, biegen aber unmittelbar danach an einem Haus rechts ab. Der Weg geht in einen ansteigenden Kiesweg über und wir kommen bald in die **Wolfsschlucht (2)** mit ihren interessanten Tafeln, die über Besonderheiten der Schlucht und deren Flora und Fauna aufklären. Nach etwa 20 Minuten in der Schlucht, sehen wir linker Hand den Bauwagen eines Waldkindergartens. Dahinter biegen wir links ab, gehen auf einer kleinen Holzbrücke über den Starzenbach und steigen über Treppenstufen den Hang hinauf. Wir stoßen auf einen Weg, gehen rechts und verlassen nun an einem Haus die Wolfsschlucht. Nach

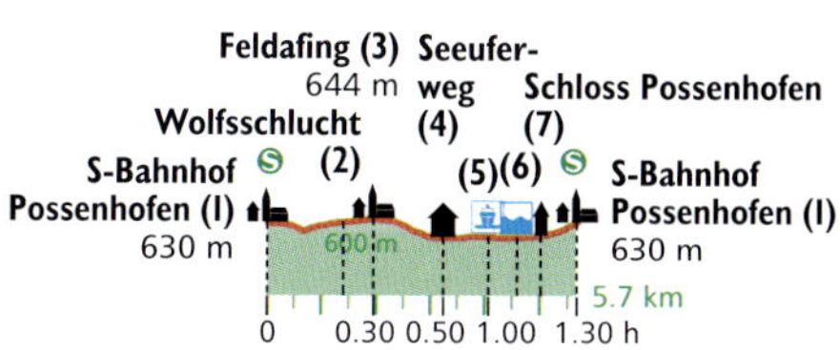

Schloss Possenhofen

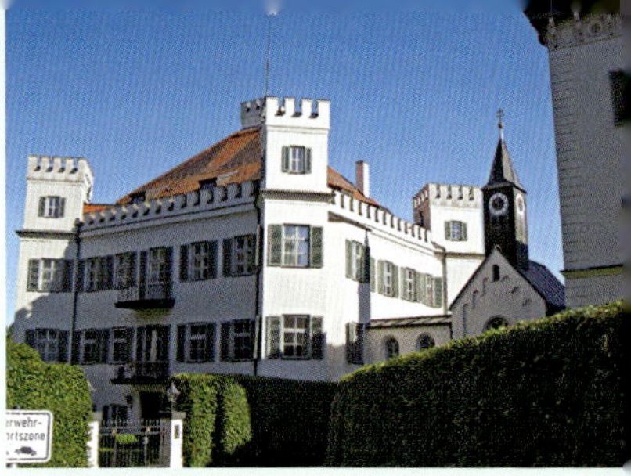

Das Schloss wurde im Jahr 1536 auf Wunsch des bayerischen Herzogs Wilhelm IV. erbaut. Dieser hatte den Grund und Boden seinem Kanzler Jakob Rosenbusch mit der Auflage überlassen, dort ein Herrenhaus zu erbauen, das dem Herzog wohl als Sommerresidenz dienen sollte. Zum Entsetzen Wilhelms IV. ließ Rosenbusch aus Kostengründen jedoch lediglich ein Holzhaus errichten, woraufhin ihm der erboste Herzog befahl, das Holzhaus abzureißen und einen imposanten Steinbau mit vier Ecktürmen zu bauen. Rosenbusch musste dies aus eigener Tasche bezahlen, wurde aber dafür in den Adelsstand erhoben. Nach seinem Tod erbte Rosenbuschs Sohn das Schloss. Nach mehreren Eigentümerwechseln erwarb im Jahr 1834 Herzog Max in Bayern, der Vater von Sisi (der späteren Kaiserin Elisabeth), das Schloss und erweiterte es um eine Dreiflügelanlage, den sogenannten Hufeisentrakt, und um eine Kapelle. Sisi verbrachte auf ihrem geliebten »Possi«, wie sie es nannte, viele Sommer lang eine ungezwungene Kindheit mit vielen Tieren. Spätestens nach dem Zweiten Weltkrieg wurde das Schloss dem Verfall preisgegeben, vor gut dreißig Jahren waren die Schlossmauern von Schimmel und Schwamm befallen, teilweise bestand sogar Einsturzgefahr. Im Hufeisentrakt befand sich eine Fertigungshalle für Fahrrad-Hilfsmotoren, das ursprüngliche Schloss war zu einem Schafs-, Ziegen-, Hasen- und Hühnerstall verkommen. Obwohl Stimmen laut wurden, das Schloss abzureißen und auf dem Platz ein modernes Hotel zu errichten, kaufte es im Jahr 1981 Prof. Franz Schilke, restaurierte es gemeinsam mit 26 anderen mutigen Bauherren aufwendig und wandelte es in exklusive Eigentumswohnungen um. Das sehenswerte Schloss kann nur von außen besichtigt werden, der direkt am See gelegene ehemalige Schlossgarten mit seinen teilweise noch erhaltenen, jahrhundertealten Parkmauern wurde indes kostenlos der Öffentlichkeit übergeben. So kann heute jeder direkt vor der Schlossanlage baden und sich sonnen, an einem Platz, der einst nur der herzoglichen Familie vorbehalten war.

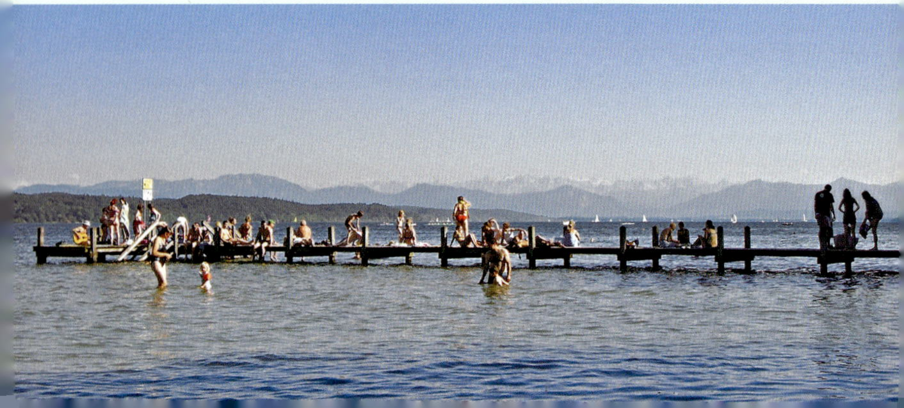

den ersten Häusern von **Feldafing (3)** biegen wir links in den Schluchtweg ein, der aber eine richtige Straße ist. Wir wandern weiter bis zur Possenhofener Straße, überqueren diese, spazieren nach rechts weiter und wenden uns nach 200 m links in die **Seestraße**, der wir nun hinunterfolgen. Vor einer Linkskurve, bei drei – den Weg für Autos versperrenden – Steinen, geht rechts der kleine Pfad »Ruffinniallee« ab. Hier biegen wir ein und wandern links des Golfplatzes, auf einem nun breiteren Weg Richtung See hinunter. Wir überqueren eine Teerstraße und erreichen den **Seeuferweg (4)** direkt am **Starnberger See**. Bei guter Sicht haben wir hier einen fantastischen Blick auf die aufgereihten Münchner Berge. Wir schwenken nach links, kommen an dem gehobenen Gasthaus **Forsthaus am See** (hier gibt es auch zusätzlich einen Biergartenbetrieb) vorbei und passieren einen Elektro-Bootsverleih. Der asphaltierte Weg geht nach einer Sperre wieder in einen Kiesweg über. An der nächsten Verzweigung wenden wir uns rechts hinunter zum See, hier laden einige Sitzbänke zu einer Rast ein.

Wir wandern weiter am See entlang, dann führt der Weg etwas vom Wasser weg und wir kommen zum **Gasthaus Schiffsglocke**. Ein Stück weiter geradeaus zweigt rechts der **Dampfersteg Possenhofen (5)** ab, von dem man nun mit dem Schiff nach Starnberg (S-Bahn-Station) fahren könnte. Wir gehen aber geradeaus weiter und biegen bereits nach wenigen Metern rechts durch einen Mauerbogen in den ehemaligen **Schlosspark** von Schloss Possenhofen ein. An einer Verzweigung wenden wir uns rechts zum See und gehen noch einige Hundert Meter weiter, bis wir kurz vor einem Badesteg das **Badegelände Possenhofen (6)** mit einer Liegewiese erreichen. Auf der linken Seite etwas versteckt hinter den Büschen liegt ein schöner, großer Spielplatz und eine weitere große Liege-/Spielwiese. Ein besonders schöner Platz zum Baden befindet sich auch ein Stück hinter dem Steg, hier geht es ganz flach ins Wasser.

Für den Rückweg gehen wir auf dem Kiesweg wieder ein Stück zurück und schwenken bei nächster Gelegenheit (an der Tafel zum Schloss Possenhofen) nach rechts in den ebenfalls breiten Weg, der bald auf einen querenden Weg stößt. Wir halten uns links und gehen nun unmittelbar am **Schloss Possenhofen (7)** vorbei. Die Straße mündet in die Karl-Theodor-Straße, die wir bis zur Hauptstraße (Kurt-Stieler-Straße) hinaufmarschieren. Dort wenden wir uns rechts und überqueren 50 m später die Straße (Vorsicht, leider unübersichtliche Stelle!) und wandern in fünf Minuten zurück zum **Bahnhof Possenhofen (1)** die Straße »Schloßberg« hinauf.

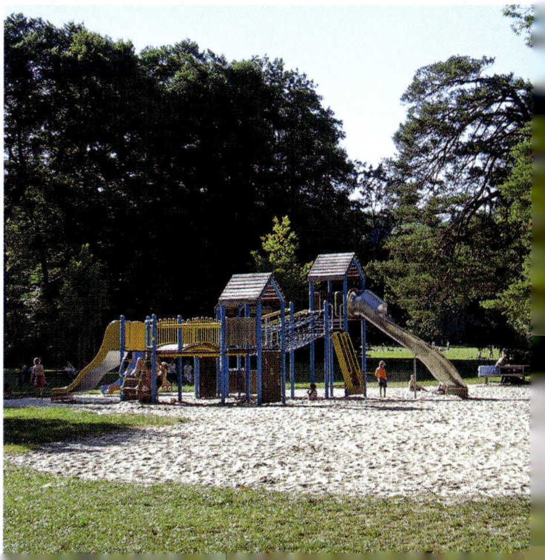

Badesteg (links) und Spielplatz am Erholungsgelände in Possenhofen.

10 Am Starnberger See entlang nach Tutzing

Von Possenhofen

★★★

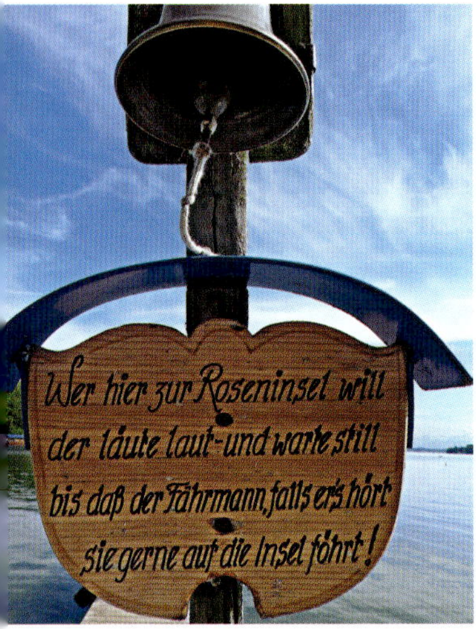

Uferwanderung mit Überfahrt zur Roseninsel

Eine schöne Streckenwanderung von Possenhofen nach Tutzing, überwiegend am Wasser entlang, erwartet uns am Starnberger See. Die Tour lässt sich wunderbar mit dem Besuch der kleinen Roseninsel verbinden, die früher allein der königlichen Familie vorbehalten war – unser Weg führt direkt am Anlegepunkt des elektrisch betriebenen Fährbootes vorbei. Besonders im Juli kann man auf der Insel die vielen herrlich blühenden, alten Rosensorten bewundern und beschnuppern. Die Wanderung verläuft von Nord nach Süd, sodass wir bei Föhn stets einen fantastischen Gebirgsblick vor Augen haben. Mehrere Einkehrmöglichkeiten warten am Weg auf die Ausflügler und Wanderer. Schließlich kommen wir – bereits in Tutzing – in den schön angelegten Brahmspark mit seinen im Frühjahr herrlich rosarot blühenden Bäumen, und können nun entweder mit dem Schiff nach Possenhofen oder Starnberg zurückfahren oder über den Schluchtweg an einem kleinen Bach entlang zur S-Bahn-Station Tutzing aufsteigen.

Liegt die Fähre nicht am sogenannten Glockensteg, kann man sie mittels einer Glocke von der Roseninsel herüberrufen.

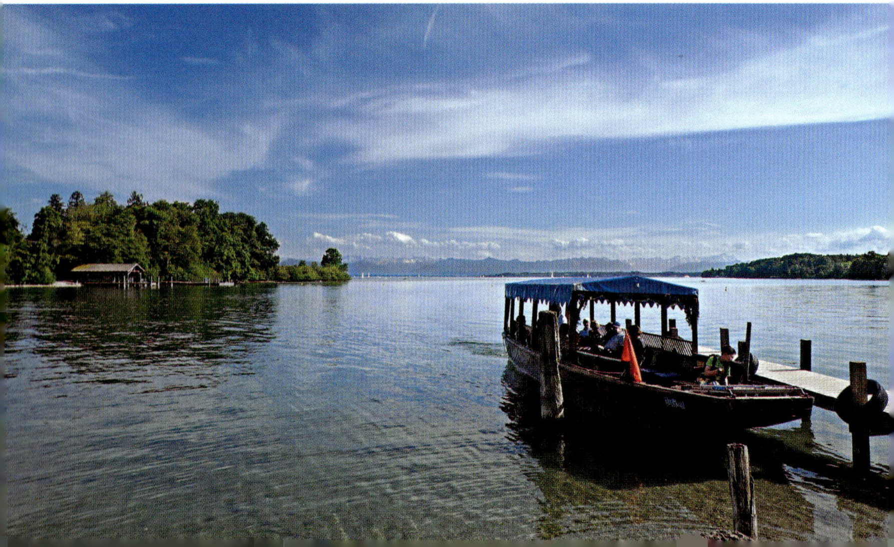

Roseninsel

Man geht davon aus, dass die nur etwa 170 Meter vom Westufer des Starnberger Sees entfernt liegende Insel Wörth, wie die Roseninsel bis Mitte des 19. Jahrhunderts hieß, schon ca. 2000 bis 800 v. Chr. besiedelt war und als Kultstätte diente. Im 12. Jahrhundert wurde auf der Roseninsel eine romanische Steinkirche errichtet, deren Westwand und Fundamente heute noch als Teil des Gärtnerhauses existieren. König Maximilian II. von Bayern erwarb die Insel im Jahr 1850 von einer Fischerfamilie und ließ sie von dem Potsdamer Gartendirektor Peter Joseph Lenné zur »Roseninsel« mit Hunderten von hochstämmigen Duftrosen umgestalten. Nachdem dort auch bis 1853 von Franz Jakob Kreuter eine königliche Villa, das sogenannte Casino, errichtet worden war, nutzte der König die Insel fortan als Sommerdomizil für sich und seine Familie. Als besonderen Luxus verfügte das Casino, das eine kuriose Kreuzung aus italienischer Villa und bayerischem Alpenhaus darstellt, sogar über eine wassergespülte Toilette, ein absolutes Novum in der damaligen Zeit. Der als Märchenkönig bekannt gewordene Ludwig II. (der Sohn Maximilians II.) empfing auf der Insel gerne Persönlichkeiten wie Richard Wagner oder die russische Zarin Maria Alexandrowna. Dort traf er auch bisweilen auf seine Cousine Sisi (Kaiserin Elisabeth), die in ihrer Jugendzeit viele Sommer im Schloss Possenhofen verbracht hatte und sich bei ihren späteren Besuchen am Starnberger See (sie wohnte dann stets im Hotel Strauch in Feldafing, das es auch heute noch unter dem Namen Hotel Kaiserin Elisabeth gibt) fast täglich auf die Insel übersetzen ließ. Nach König Ludwigs II. Tod verfielen das Casino und der Rosengarten. Erst nach dem Erwerb der Roseninsel durch den Freistaat Bayern in den 1970er-Jahren machte man sich nach über 10-jährigen Planungen an die Restaurierung. Dabei wurde die oberste Erdschicht im Bereich des ehemaligen Rosengartens behutsam abgehoben, um die darunter in Resten vorhandenen Wege originalgetreu wiederherstellen zu können.

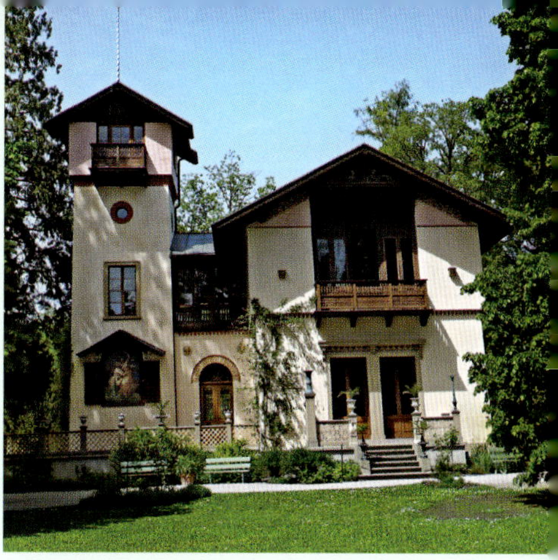

Das Casino auf der Roseninsel.

Heute kann man vom 1. Mai bis zum 15. Oktober (Dienstag bis Sonntag) mit einer Elektrofähre (verkehrt nach Bedarf mehrmals stündlich) zur Roseninsel übersetzen (Kinderwagen kann mitgenommen werden; Hundeverbot), ein kleines Museum besichtigen und an einer Führung durch das Casino teilnehmen (Extra-Gebühr). Betriebszeiten 12–18 Uhr, teilweise im Sommer bereits ab 10 oder 11 Uhr (wenn keine Hochzeit stattfindet). Montags eingeschränkter Fährdienst (außer Feiertage) 12–17 Uhr. Casino und Museum sind montags (außer feiertags) geschlossen. Infos unter foerderkreis-roseninsel.de und roseninsel.bayern.

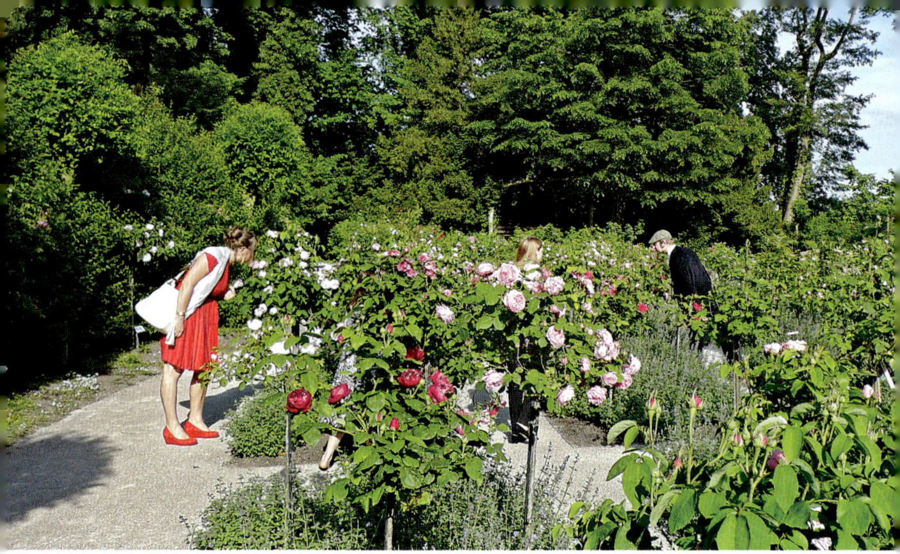

Auf der Insel erwarten uns besonders im Juli herrlich duftende Rosensorten.

KURZINFO

Ausgangspunkt: S-Bahnhof Possenhofen (S 6 Richtung Tutzing); Fahrzeit 38 Min.

Endpunkt: S 6-Endhaltestelle Tutzing; Fahrzeit 45 Min. Der Bahnhof Tutzing ist auch Haltestelle der Deutschen Bahn (Strecke Richtung Garmisch). MVV-Karten sind in den Regionalzügen bis Tutzing gültig.

Günstigste Fahrkarte: Familien (mit 2 Erwachsenen): Gruppen-Tageskarte M-4; Erwachsener/e: (Gruppen-)Tageskarte M-4. Jugendliche (15–20 Jahre): Hinfahrt 5 Streifen und Rückfahrt 6 Streifen auf der U21-Streifenkarte (eigene Fahrkarte nicht nötig, wenn z. B. die Eltern eine Gruppen-Tageskarte haben). Ab 3 Jugendlichen ist die (Erwachsenen-)Gruppen-Tageskarte M-4 günstiger. Kinder (6–14 Jahre): Hin- und Rückfahrt je 1 (Erwachsenen-)Streifen (eigene Fahrkarte nicht nötig, wenn z. B. Eltern eine Gruppen-Tageskarte haben). Kinder unter 6 Jahren: frei.

Gehzeit: 2.15 Std. Bitte zusätzliche Zeit für die Überfahrt und den Besuch der Roseninsel einplanen.

Höhenunterschied: 50 m im Aufstieg, 70 m im Abstieg.

Distanz: 8,4 km.

Anforderungen: Leichte Wanderung auf breiten Kies- und Asphaltwegen überwiegend am See entlang. Die Tour ist kinderwagengeeignet.

Ausrüstung: Badesachen; kein besonderes Schuhwerk erforderlich.

Einkehr: Café und Bistro Fräulein Rosalie im Bahnhof Possenhofen, Kiosk Presseplatzl, Restaurant Schiffsglocke, Forsthaus am See, Strandbäder Feldafing, Tutzing und Nordbad, Tutzinger Biergarten, Wirtshaus »Zum Häring« (Midgardhaus), Tutzinger Hof, Edessa Kebap Pizza Haus.

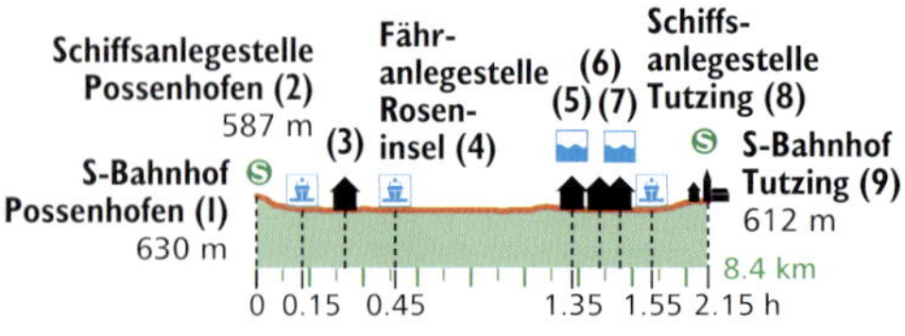

Schifffahrt: Starnberger See Schifffahrt, Fahrplan und Informationen unter seenschifffahrt.de/starnberger-see/fahrplan. Achtung, die Schiffe verkehren nur wenige Male täglich!

Vom Bahnsteig der **S-Bahn-Station Possenhofen (1)** wenden wir uns nach dem Treppenabgang rechts, wandern halb rechts auf dem Fußweg neben der Straße »Schloßberg« hinunter, stoßen auf die viel befahrene Kurt-Stieler-Straße, wenden uns rechts und überqueren die Straße vorsichtig, wenn der Fußweg nach ein paar Metern endet. Kurz darauf biegen wir links in die Karl-Theodor-Straße ein und folgen dieser durch eine lang gezogene Rechtskurve (gehen also nicht geradeaus zum Eingang von Schloss Possenhofen) und kommen an der **Schiffsanlegestelle Possenhofen (2)** und bald darauf am **Restaurant Schiffsglocke** vorbei. Bald geht die Straße in den gekiesten **Seeuferweg (3)** über, der uns in den Wald führt. An einer Verzweigung können wir geradeaus gehen oder links hinunter zum See wandern, beide Wege führen wenig später wieder zusammen. Wir kommen am **Hafen von Feldafing** – jetzt wieder im Licht – und dem Hotelrestaurant **Forsthaus am See** (hier auch Biergartenbetrieb) vorbei und gehen am See entlang weiter. Kurz vor dem Strandbad in Feldafing führt der Weg über Treppen nach oben (mit Kinderwagen kann man auch schon vorher einen aufwärtsführenden Weg nehmen), wir wenden uns links (gehen aber nicht zum Strandbad hinunter, sondern schlagen den an einer großen Tafel vorbeiführenden Weg ein) und halten uns an der nächsten Abzweigung links (»Roseninsel«).

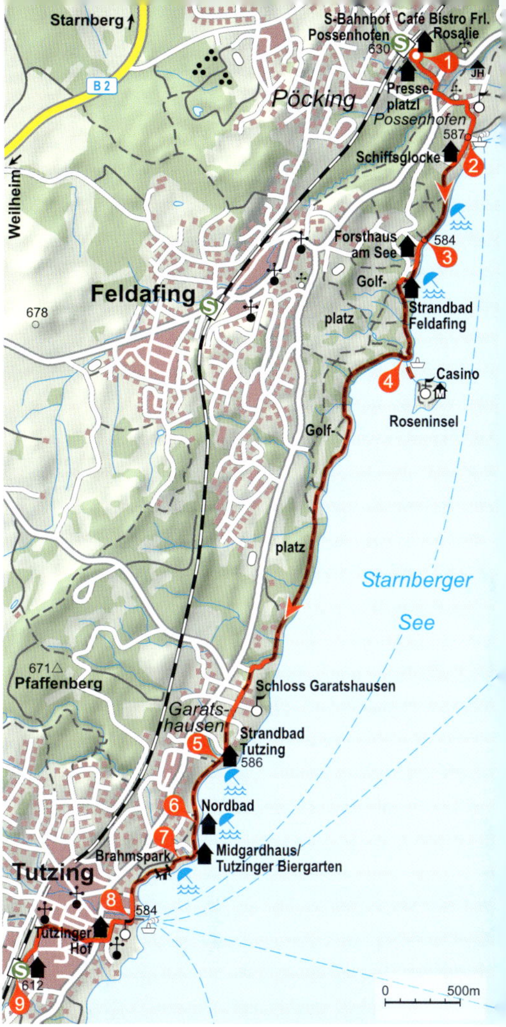

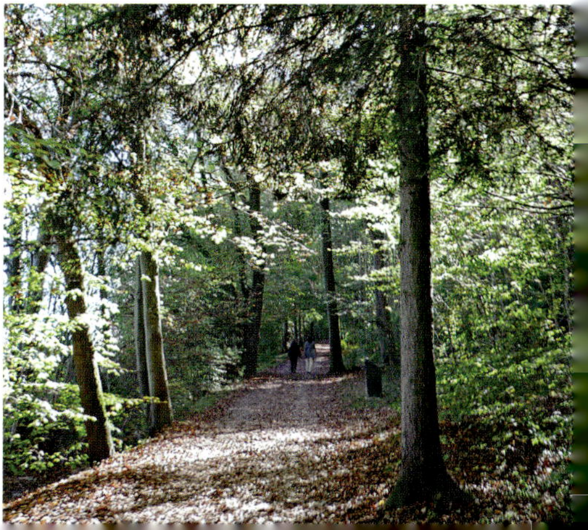

Spazierweg Richtung Tutzing.

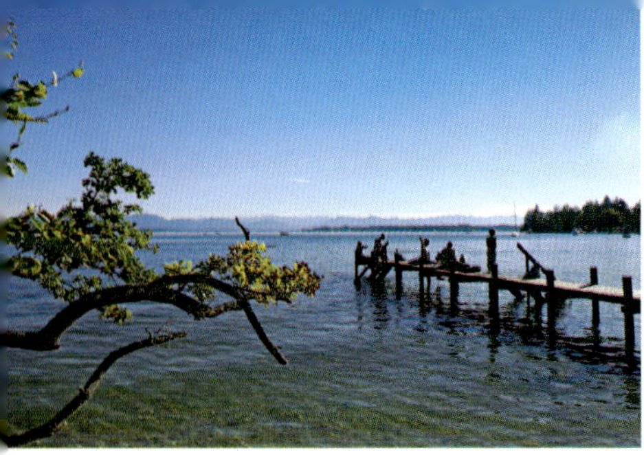

Badesteg im Tutzinger Strandbad.

Zehn Minuten später stehen wir bereits an der schön gestalteten **Anlegestelle (4)** (sogenannter Glockensteg) der Elektrofähre zur **Roseninsel** (Fahrzeiten siehe Kasten).
Nach einem Abstecher zur Insel wandern wir auf dem ufernahen Weg weiter und ignorieren Abzweigungen nach rechts. Immer wieder tun sich unterwegs schöne Blicke auf den See auf. Nach einer Weile wird der Weg schmaler und führt an einem Zaun entlang. Wieder breiter werdend verläuft er dann durch sehr schönen alten Baumbestand, und führt uns nach rechts aufwärts zu einer kleinen Teerstraße. An der kurz darauffolgenden Verzweigung halten wir uns links und kommen nun bald an dem BRK-Altenheim in Garatshausen vorbei. In diesem gibt es auch ein öffentliches Café. Wir gehen aber geradeaus weiter und kommen bald zu einem Kiosk mit dem dahinterliegenden kostenlosen **Strandbad Tutzing (5)** mit einem flach abfallenden Uferbereich. Vom Weg aus nicht zu sehen, warten dort auch überraschend viele Tische und Stühle zum Verzehr der am Kiosk gekauften kleinen Speisen und Getränke. Weiter geht es nun auf einem Asphaltweg, bereits gut fünf Minuten später erreichen wir das **Strandbad Nordbad (6)** mit einer beliebten Einkehrmöglichkeit direkt am Wasser. Wir gehen die (auch) zum Restaurant führende Treppe

Bei guter Sicht hat man auf der Wanderung einen fantastischen Ausblick auf die Alpenkette.

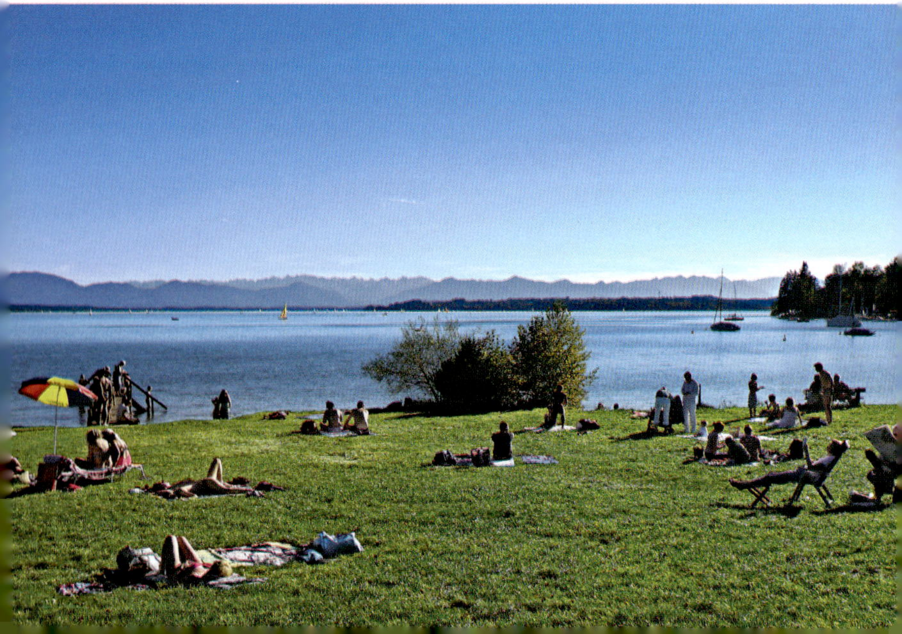

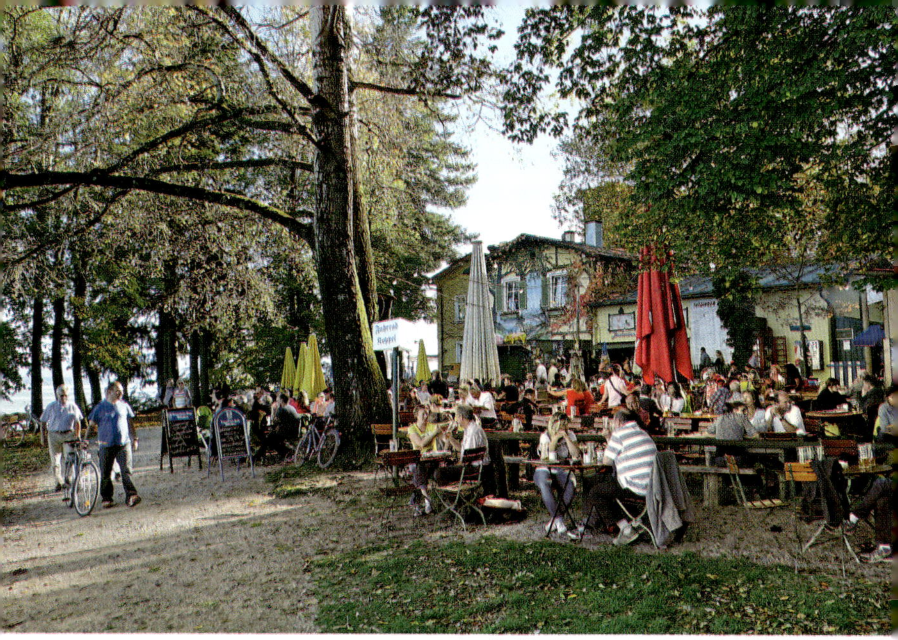

Beim Brahmspark lockt der direkt am See gelegene Tutzinger Biergarten.

hinunter, wenden uns rechts und wandern auf einem Kiesweg direkt am See entlang. (Hinweis: Mit Kinderwagen bleiben wir am Nordbad auf der Asphaltstraße und gehen etwa 150 m später zum Ufer hinunter.) Der Uferweg führt uns fünf Minuten später am Tutzinger Biergarten und unmittelbar danach an der **Wirtschaft »Zum Häring«** vorbei in den schönen **Brahmspark (7)** mit seinem großen Spielplatz und Bademöglichkeit. Vom Ende des Parks ist es nicht mehr weit bis zur **Schiffsanlegestelle (8)** von Tutzing.

Schließlich erreichen wir kurz nach dem Abzweig zum Dampfersteg einen öffentlichen Bootsanlegesteg, an dem der Weg als Schloßstraße nach oben dreht. Wir kommen an der evangelischen Akademie vorbei und wenden uns danach links in die Monsignore-Schmid-Straße, der wir nun bis zu dem kleinen Fußgängerdurchgang am Rückgebäude des **Tutzinger Hofes** folgen. Wir wenden uns rechts, gehen an der immer gut besuchten Einkehrmöglichkeit vorbei, überqueren die Hauptstraße und wandern nun geradeaus auf der Hallbergerallee ein Stück aufwärts. Nach etwa 150 m erreichen wir auf der rechten Gehwegseite ein kleines Monument, hier wenden wir uns rechts in den mit »Ilkahöhe« beschilderten Fußweg, der uns an einem kleinen Bach aufwärtsführt, bald mit Blick auf abwechslungsreiche, liebevoll gepflegte Gärten. Nach der Überquerung des Baches auf einer kleinen Brücke schwenken wir links und wandern nun auf der anderen Bachseite bis zur Heinrich-Vogl-Straße. Wir überqueren diese, wenden uns links und erreichen geradeausgehend über die Bahnhofstraße in wenigen Minuten den **Bahnhof Tutzing (9)**, von dem wir die Heimfahrt mit der S-Bahn oder dem Regionalzug antreten.

11 Zum Maisinger See

Von Starnberg

★★★

Maisinger Schlucht und Blumenwiesen

Durch die anmutige, aber völlig harmlose Maisinger Schlucht geht es auf dieser schönen Tour über Maising mit seinem Gasthaus Georg Ludwig zum Maisinger See, in dem man auch baden kann. Im Maisinger Seehof besteht dort zudem eine weitere schöne Einkehrmöglichkeit mit Biergartentischen direkt am Wasser. Unser Rückweg nach Starnberg führt uns dann auch ein Stück auf einem nicht durchgängig ausgeschilderten Weg durch eine barfußtaugliche, schöne Wiesenlandschaft, auf der wir im Spätfrühjahr viele Blumen – z. B. den violett blühenden Wiesensalbei – bestaunen können. Als Alternative kann man vom Maisinger See aber auch nach Possenhofen weiterwandern (siehe Variante) und von dort mit der S 6 zurückfahren. Eine weitere interessante Möglichkeit ist es, vom Maisinger See weiter über Andechs nach Herrsching zur S 8 zu wandern, dieses Wegstück ist Teil von Tour 8 (siehe Seite 52).

KURZINFO

Ausgangs- und Endpunkt: S-Bahnhof Starnberg (S 6 Richtung Tutzing); Fahrzeit 33 Min. Am Bahnhof Starnberg halten auch einige Regionalzüge der Deutschen Bahn Richtung Weilheim/Garmisch. Diese dürfen bis Starnberg mit den MVV-Tickets benutzt werden.

Günstigste Fahrkarte: Familien (mit 2 Erwachsenen): Gruppen-Tageskarte M-2. Erwachsener/e: (Gruppen-)Tageskarte M-2. Jugendliche (15–20 Jahre): Hin- und Rückfahrt je 4 Streifen auf der U21-Streifenkarte (eigene Fahrkarte nicht nötig, wenn z. B. Eltern eine Gruppen-Tageskarte haben). Ab 3 Jugendlichen ist die (Erwachsenen-)Gruppen-Tageskarte M-2 günstiger. Kinder (6–14 Jahre): Hin- und Rückfahrt je 1 (Erwachsenen-) Streifen (eigene Fahrkarte nicht nötig, wenn z. B. Eltern eine Gruppen-Tageskarte haben). Kinder unter 6 Jahren: frei.

Gehzeit: 3.15 Std.

Höhenunterschied: 150 m im Auf- und Abstieg.

Distanz: 12,3 km.

Anforderungen: Nach einem Stück auf Fußwegen neben der Straße verläuft die Route auf Kieswegen durch die Maisinger Schlucht bis zum Maisinger See. Der Rückweg führt uns am Wegpunkt 7 über einen herrlichen, barfußfreundlichen Erd-/Wiesenpfad. In diesem Bereich ist etwas Orientierungssinn erforderlich.

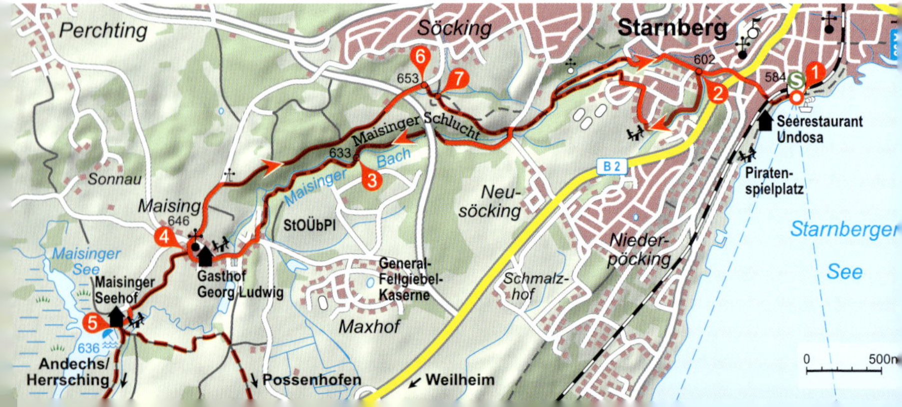

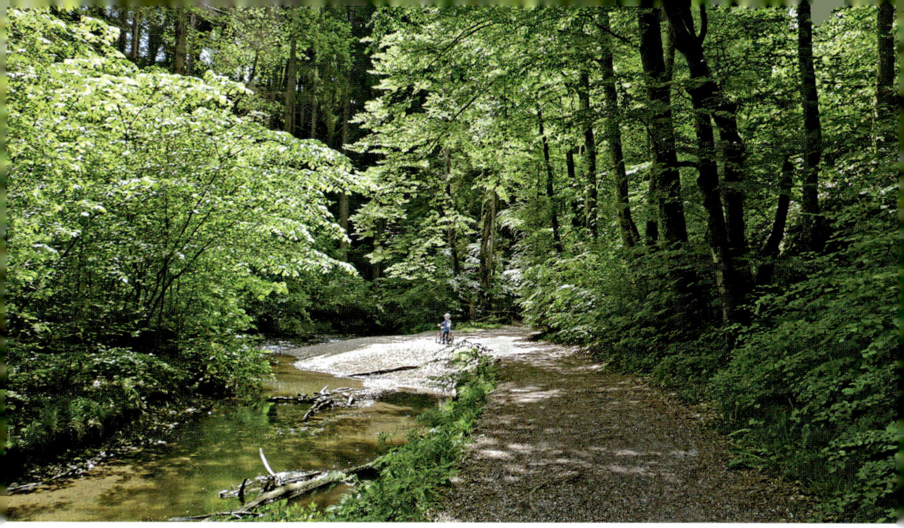

In der Maisinger Schlucht führt der Weg direkt am Maisinger Bach entlang.

Die Route ist nicht kinderwagengeeignet. Wer mit dem Kinderwagen unterwegs ist, kann von Starnberg auf dem als Rückweg beschriebenen Weg bis zur Brücke an der Bismarckstraße gehen und dann, wie in der Haupttour beschrieben, durch die Maisinger Schlucht bis zum Maisinger See wandern und auf demselben Weg wieder zurückkehren.

Ausrüstung: Gut profilierte Trekkingschuhe/-sandalen, Badesachen.

Einkehr: Gasthof Georg Ludwig (Mo. und Di. Ruhetag), Maisinger Seehof (Mo. Ruhetag).

Hinweis: Das Baden ist im Maisinger See ausschließlich am Maisinger Seehof behördlich erlaubt. Es ist lebensgefährlich in den Schilfgürtel, der den See umgibt, einzudringen, da der Boden an vielen Stellen auf einer nicht sichtbaren Wasserfläche schwimmt (sogenannter Schwimmrasen).

Variante: Vom Maisinger See nach Possenhofen (Gehzeit 1 Std., 3,7 km, siehe Karte Tour 8, günstigste Fahrkarte bei Rückfahrt von Possenhofen (S 6) dann für Gesamttour wie bei Tour 8 in der Kurzinfo angegeben): Vom Maisinger Seehof spazieren wir auf dem unteren Kiesweg etwa 50 m nach Süden parallel zum See und biegen dann links in einen Kiesweg ein. Wir gehen auf einer Brücke über den Fallbach und halten uns an der nächsten Verzweigung links (obwohl uns ein Schild rechts nach Possenhofen weisen möchte). Erst am Waldrand entlang, dann durch offenes Gebiet und kurz durch Wald erreichen wir eine Mehrfachwegteilung. Hier biegen wir in den geradeaus nach Süden führenden Maisinger Weg ein, der uns durch die Ackerlandschaft und unter der B 2 hindurch auf die Straße Ascheringer Weg führt. Wir biegen links ein, kommen zur Hauptstraße, biegen wiederum links und nach 250 m rechts in die Hindenburgstraße ein. Diese bringt uns in knapp 10 Min. zum S-Bahnhof Possenhofen.

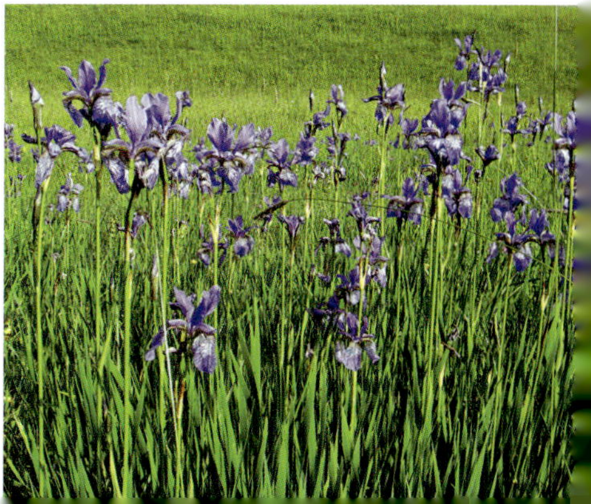

Blütenpracht: Deutsche Schwertlilien am Wegpunkt 7 Anfang Juni.

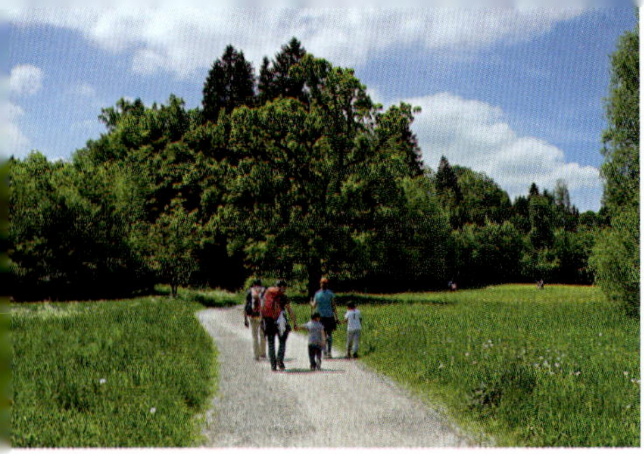

Der Weg führt über sonnige Wiesen in die Maisinger Schlucht.

Am **S-Bahnhof Starnberg (1)** wählen wir den seeseitigen Ausgang, wenden uns rechts, wandern auf der Seepromenade an den vielen kleinen Bootshütten entlang und gehen nach 200 m rechts durch die kleine Fußgängerunterführung, die unter den Gleisen hindurch zur Bahnhofstraße führt. Wir folgen dieser geradeaus leicht aufwärts und gehen an der abknickenden Vorfahrtsstraße geradeaus auf der Bahnhofstraße weiter. An einer Ampel überqueren wir die B 2 und folgen nun der Söckinger Straße. Nach etwa 300 m biegen wir links in den kleinen **Siebenquellen-Weg (2)** ein und wandern auf einem gekiesten Fußweg direkt an einem munter neben uns plätschernden Bach entlang. An einem Baum entdecken wir eine grüne Markierung auf weißem Grund, die uns fortan begleitet. Wir bleiben auf dieser Bachseite und wandern bald auf einem Pfad neben einer Versuchsanlage des Instituts für Fischerei vorbei, in der verschiedene Verfahren zur Reinigung von Ablaufwasser von Forellenteichen erprobt werden. Wir stoßen auf einen Weg, wenden uns rechts, kommen an einem kleinen Spielplatz mit einem Kletterturm vorbei und erreichen die Straße Jakl-Jordan-Weg. Wir wenden uns links und folgen der Straße, die in die Moritz-von-Schwind-Straße übergeht, bis zur Ringstraße, in die wir nach links einbiegen. An einer Gabelung halten wir uns rechts und schwenken etwa 100 m später – nach dem Haus 6b – rechts in einen Fußweg, der über Treppenstufen bergab führt. An einer Wegverzweigung folgen wir dem roten Pfeil nach links und wandern bald oberhalb eines parallel verlaufenden Weges durch Wald. Sämtliche Abzweigungen ignorieren wir, beide Wege laufen nach etwa 500 m zusammen. Wir gehen über eine Brücke und wandern nun (in Gehrichtung) rechts des Maisinger Baches entlang. Zehn Minuten später wechseln wir an der Bismarckstraße die Bachseite – an dieser Stelle wartet eine Bank und bei Normalwasser eine schöne Kiesbank, die sich besonders gut zum Verweilen mit Kindern anbietet. Nach der Brücke geht es rechts auf einem Kiesweg weiter, der uns zuerst noch über ein freies Wiesenstück führt. In lichtem Wald wechseln wir 600 m später erneut die Bachseite und gehen unter der hoch über unseren Köpfen entlangführenden Staatsstraße 2563 hindurch. Wir kommen an einigen Kiesbänken vorbei, spazieren über eine weitere Brücke und können schöne Eindrücke aus der **Maisinger Schlucht (3)** mit auf den asphaltierten Schluchtweg nehmen, der uns auf die Ortsstraße von **Maising** führt. Hier wenden wir uns rechts und erreichen nach wenigen Minuten das **Gasthaus Georg Ludwig** mit seinem schönen schattigen Gastgarten und einem kleinen Spielplatz. Auf der Höhe des Gasthauses führt auf der anderen Straßenseite ein Kiesweg nach links **(4)** (Schild am Zaun »Fußweg zum See«), hier biegen wir ein

Maisinger See

Der Maisinger See wurde um das Jahr 1680 von Mönchen des Klosters Dießen zur Verbesserung der Nahrungsversorgung der umliegenden Ortschaften nach dem Dreißigjährigen Krieg (1618–1648) aufgestaut. Über die Jahrhunderte bettete sich der See perfekt in die Umgebung ein, sodass man heute nicht auf die Idee käme, dass der See von Menschenhand geschaffen wurde. Seine Wasserfläche war damals um ein Vielfaches größer als heute. Man weiß, dass sie im Jahr 1825 noch 55 Hektar ausmachte, während sie heute durch den durch starken Schilfwuchs und die geringe Wassertiefe (durchschnittlich nur etwa ein Meter) bedingten Verlandungsprozess nur noch etwa zehn Hektar beträgt. Bis vor wenigen Jahren diente das Gewässer noch der Fischzucht: Jedes Jahr im Oktober ließ man es ab, um die im Frühjahr eingesetzten Schleien und Karpfen abfischen zu können. Mittlerweile wird der See aber nur noch in unregelmäßigen Abständen (etwa alle fünf Jahre) geleert. Aufgrund seiner geringen Tiefe erwärmt sich der See im Frühjahr sehr zügig, während er im Winter schnell zufriert und dann viele begeisterte Schlittschuhfahrer anlockt.

Der Sprungturm im Maisinger See ist besonders bei Kindern sehr beliebt.

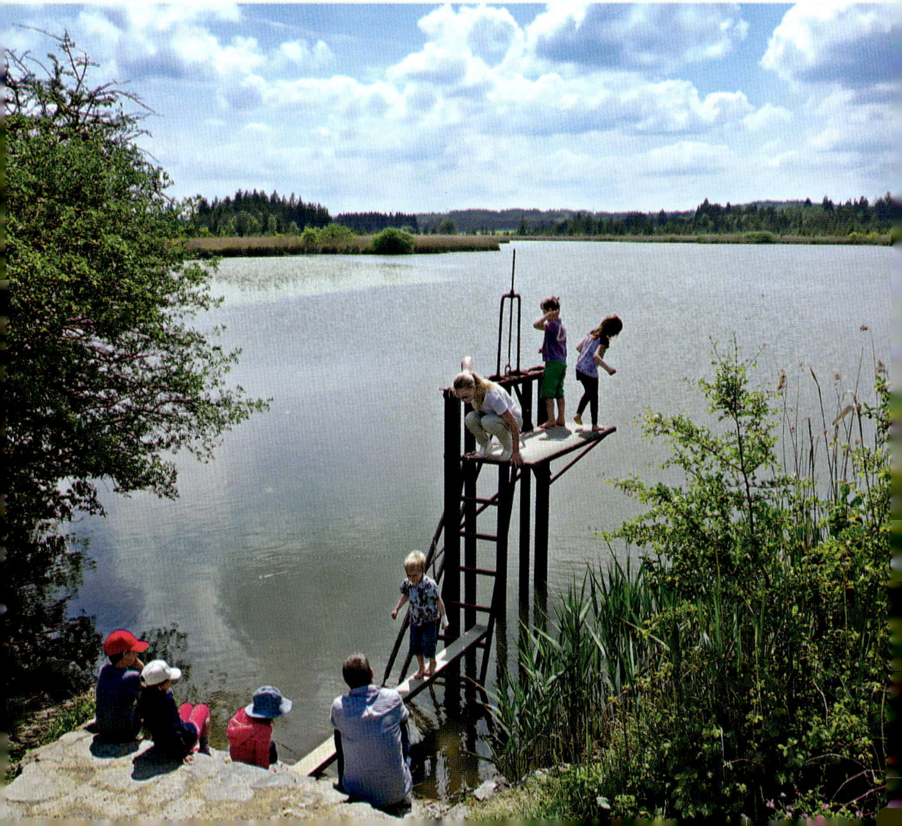

und erreichen nach zehn Minuten eine Straße, die nach links an einem Spielplatz vorbei direkt zum **Maisinger Seehof** führt. Dort kann man wunderschön erhöht am Ufer des **Maisinger Sees (5)** im Biergarten sitzen. Unmittelbar an den ersten Bänken befindet sich ein etwas abenteuerlich anmutender Sprungturm. Im Frühjahr und Herbst werden die Kinder nicht müde, auf einem schmalen Holzbalken über das Wasser zu balancieren, um die im Wasser befindliche Leiter zu erklimmen, während der Sprungturm im Sommer den Badelustigen zu einem Sprung ins kühle Nass verhilft. Es gibt daneben noch zwei weitere schmale Zugänge zum See, für einen richtigen Badeausflug ist der See aber nicht besonders gut geeignet, da es nur eine kleine Liegewiese am Spielplatz gibt und man nicht direkt am See liegen kann. Geht man nach der Rast noch etwa 200 m im Uhrzeigersinn am Ufer entlang, kommt man zu einer schönen Stelle des links von uns fließenden Fallbaches, hier können Abenteuerlustige zwischen den Bäumen über Wurzeln in einer kleinen Schlucht zum Bach hinuntersteigen und barfuß auf die andere Seite waten.

Unser Rückweg verläuft bis **Maising (4)** auf dem Hinweg. An der Ortsstraße wenden wir uns nun aber am **Gasthof Georg Ludwig** links, kommen bald an der kleinen Kirche vorbei und wenden uns halb rechts in die Söckinger Straße. Die erste Einmündung nach 300 m lassen wir rechts liegen und wenden uns 200 m später rechts in einen Kiesweg (»Söcking, Starnberg«), der bald ansteigt und in einen geteerten Weg übergeht. Nach der Steigung geht es auf Kies erst in den Wald, dann über freie Wiesen zu einer Brücke, auf der wir diesmal die Staatsstraße 2563 überqueren. Unmittelbar nach der Brücke müssen wir nun gut aufpassen! Kurz nachdem der Weg von Asphalt in Kies übergeht, noch vor dem ersten Strommast am Weg, führt rechts ein unbeschildeter **Trampelpfad (6)** über die Wiese. Dieser ist, wenn die Wiese gerade gemäht wurde, schlecht zu erkennen. Hier biegen wir ein und treffen nach etwa 30 m auf einen breiteren Weg, den wir nach rechts einschlagen. Zu unserer großen Freude führt der Weg zu einer wunderschönen, freien **Wiesenlandschaft**. Wir ignorieren einen rechts abgehenden Trampelpfad, schwenken mit dem Wiesenweg – wer möchte barfuß (das ist bei warmen Temperaturen einfach herrlich) – nach links und wenden uns an der nächsten Verzweigung rechts, um zu einem bereits sichtbaren Aussichtspunkt mit Rastbank zu kommen. Auf dem Magerrasen erwartet uns im Spätfrühling eine wahre Blütenflut **(7)**. Vom **Aussichtspunkt** hat man bei klaren Wetterverhältnissen einen fantastischen Blick auf die Berge.

Oben wenden wir uns links, spazieren nun wieder den Hügel hinunter und treffen wieder auf den Wiesenweg, den wir eben verlassen haben.

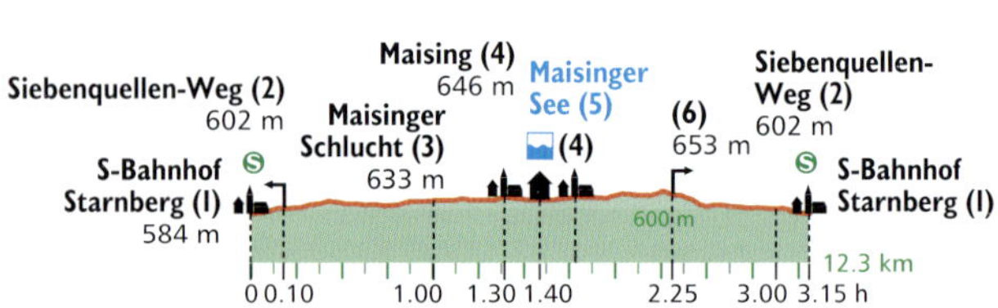

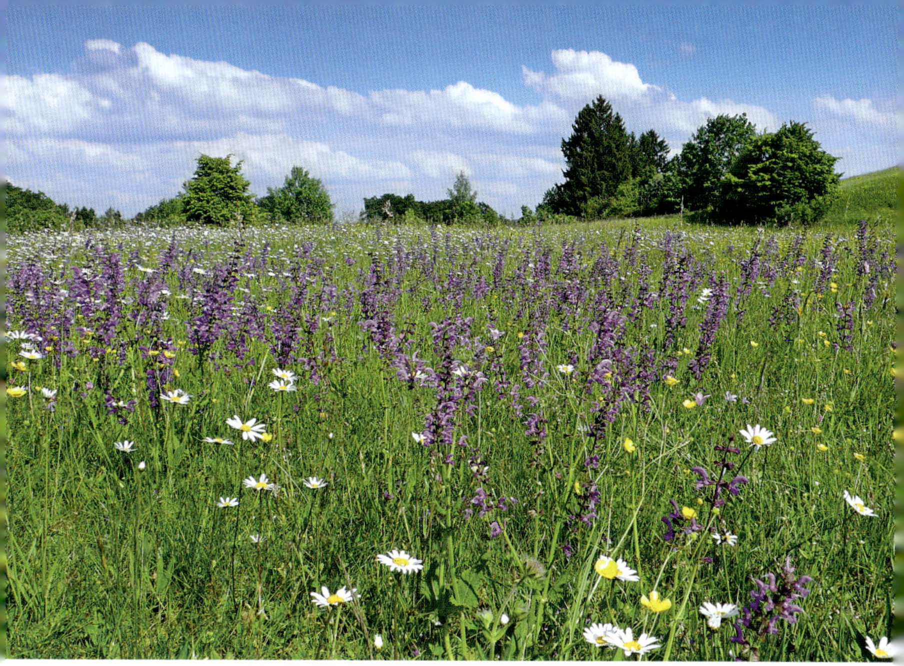

Blau-violetter Wiesensalbei an Wegpunkt 7, aufgenommen Ende Mai.

Bald kommen wir zu einer unscheinbaren Wegteilung. Hier wenden wir uns rechts und wandern nun auf weichem Naturboden einen angenehmen Waldpfad hinunter, der kurz darauf in einen Wiesenweg übergeht und uns zur bereits bekannten Brücke an der Bismarckstraße bringt. Hier schwenken wir links und spazieren den Hinweg wieder ein Stück zurück, wobei wir nun an der Wegteilung nach der Holzbrücke auf dem Schluchtweg bleiben. (Tipp: Wer mit Kindern unterwegs ist oder noch ein besonderes Naturerlebnis sucht, geht an der Bismarckstraße barfuß über die Brücke und schwenkt unmittelbar nach Überqueren des Baches links in den kleinen Pfad, der direkt am Ufer entlangführt. Nach etwa 100 m verzweigt sich der Weg, wir wenden uns dann links zum Bach und wandern auf einem kleiner werdenden Pfad direkt am Wasser auf natürlichem Untergrund weiter. Wenn der Pfad nicht mehr richtig zu erkennen ist, oder wir keine Lust mehr haben, gehen wir einfach durch den flachen Bach ans andere Ufer und folgen dann ebenfalls dem Schluchtweg Richtung Starnberg.)

Kurz bevor wir wieder zu den ersten Häusern von **Starnberg** kommen, können wir unseren Durst noch an einem **Trinkbrunnen** neben dem Weg stillen, dann halten wir uns nach dem Wasserwerk halb rechts und wandern auf der Maisinger-Schlucht-Straße zur Söckinger Straße, in die wir nach rechts einbiegen. Rechts sehen wir kurz darauf ein uraltes villenartiges Haus, hier scheint die Zeit stehen geblieben zu sein. Bald spazieren wir am Abzweig zum **Siebenquellen-Weg (2)** vorbei und wandern nun auf dem Hinweg zum **Bahnhof Starnberg (1)** zurück.

12 Von Starnberg zur Votivkapelle

Durchs Manthal und am Starnberger See entlang ★★★

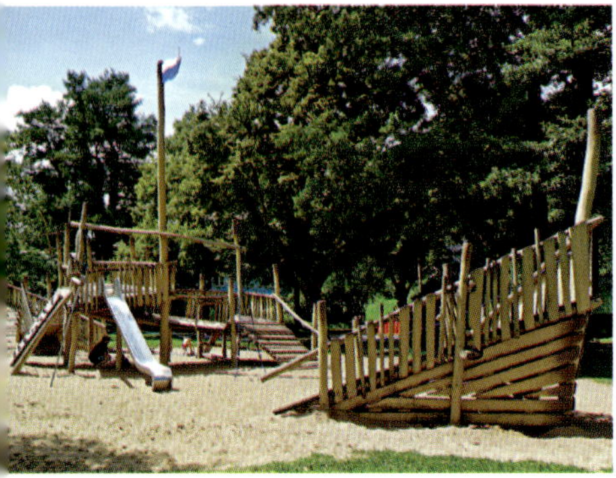

Piratenspielplatz in Starnberg.

Schöne Runde über Berg

Vom S-Bahnhof Starnberg bietet sich eine abwechslungsreiche Rundwanderung durch das ruhige Manthal nach Berg mit einem Abstecher zur Votivkapelle und der Gedenkstätte (Kreuz im See) des auf ungeklärte Weise ums Leben gekommenen König Ludwig II. an, bevor wir schließlich durch das schöne Erholungsgebiet mit seinen Badeplätzen am Starnberger See wieder zum Ausgangspunkt zurückkommen.
Wer die Tour abkürzen möchte, kann bereits nach dem Gasthaus Manthaler über Kempfenhausen zum Seeufer gelangen (siehe Variante). Daneben besteht auch von Leoni oder Berg eine Rückfahrmöglichkeit mit dem Schiff zurück nach Starnberg. Dort kann man dann gemeinsam mit den »Vollzeitwanderern« den schönen Ausflug im Seerestaurant Undosa direkt am Wasser oder mit Kindern auf dem nahe gelegenen Piratenspielplatz ausklingen lassen.

Blick in den Starnberger Hafen.

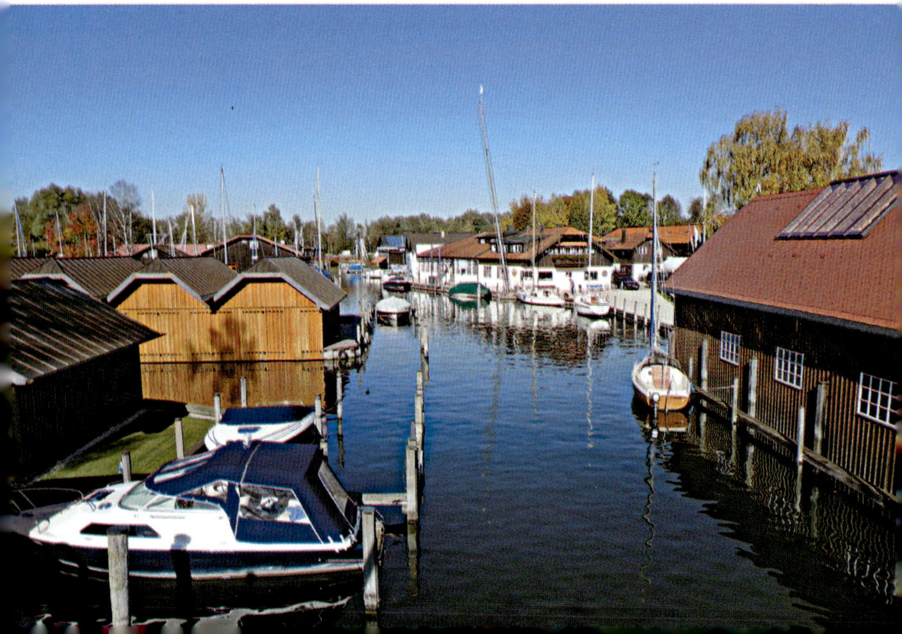

KURZINFO

Ausgangs- und Endpunkt: S-Bahnhof Starnberg (S 6 Richtung Tutzing); Fahrzeit 33 Min. Am Bahnhof Starnberg halten auch einige Regionalzüge der Deutschen Bahn Richtung Weilheim/Garmisch. Diese dürfen mit den MVV-Tickets benutzt werden.
Günstigste Fahrkarte: Siehe Tour 11.
Gehzeit: 3.45 Std.
Höhenunterschied: 130 m im Auf- und Abstieg.
Distanz: 14,8 km.
Anforderungen: Die Tour verläuft auf kleinen Asphaltstraßen bis zum Gasthaus Manthaler, danach meist auf Kieswegen durch das beschauliche, wenig begangene Manthal und steil aufwärts nach Berg. Dort hinunter zum See und ebenerdig auf Asphalt und Kies am See entlang zurück. Nicht kinderwagengeeignet.
Ausrüstung: Gut profilierte Trekkingschuhe/-sandalen, Badesachen.
Schifffahrt: Starnberger See Schifffahrt, Fahrplan und Infos unter seenschifffahrt.de/starnberger-see/fahrplan. Achtung, die Schiffe verkehren nur wenige Male täglich! Falls Sie eine Rückfahrt von Leoni oder Berg mit dem Schiff planen, erkundigen Sie sich bitte vor Antritt der Wanderung über die gerade gültigen Abfahrtszeiten.
Einkehr: Gasthaus Manthaler, Oskar-Maria-Graf-Stüberl, Restaurant Schlosshotel Berg, Seestub'n Percha, Einkehrmöglichkeiten an der Seepromenade in Starnberg, z. B. Seerestaurant Undosa.
Variante: Wer nur eine kleine Runde (Verkürzung der Tour um 2 Std.) drehen möchte, spaziert unmittelbar am Gasthaus Manthaler vorbei und wandert auf der kaum befahrenen Straße hinauf nach Kempfenhausen mit seinem gleichnamigen Schloss (keine Besichtigung möglich), um dann an der Marianne-Strauß-Klinik vorbei hinunter zur Münchner/Berger Straße zu kommen. Wir gehen über die Ampel, wenden uns links und schwenken gleich darauf in den »Seehang«, der uns abwärts direkt zum Starnberger See bringt. Wir halten uns rechts und treffen mit den Wanderern der Hauptroute zusammen.

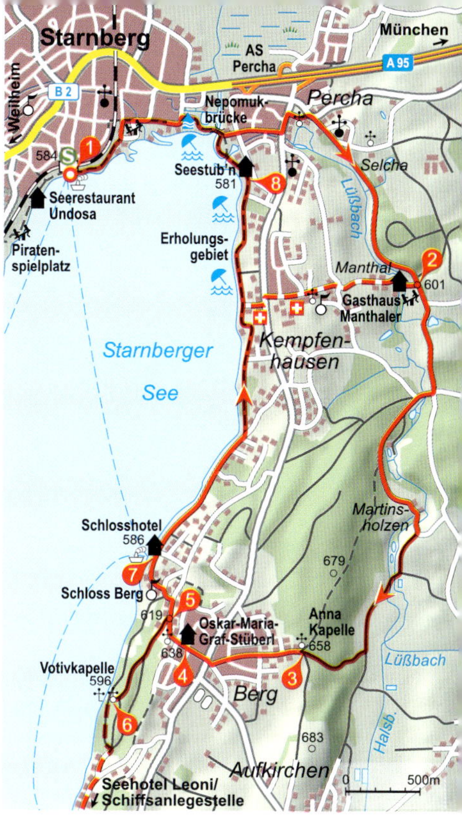

Nach dem Treppenabgang von der **S-Bahn-Station Starnberg (1)** wenden wir uns links zum See und biegen wiederum links in die belebte Seepromenade ein. Nach etwa 500 m führt der Weg etwas vom Ufer weg, wir wandern nun rechts der Bahnschienen weiter, kommen auf eine Straße und biegen kurz darauf unmittelbar nach einem Spielplatz rechts in den Nepomukweg ein. Am abzweigenden Schiffhüttenweg gehen wir geradeaus auf dem Nepomukweg weiter, der bald links in die Strandbadstraße führt. Nach 50 m biegen wir rechts wiede-

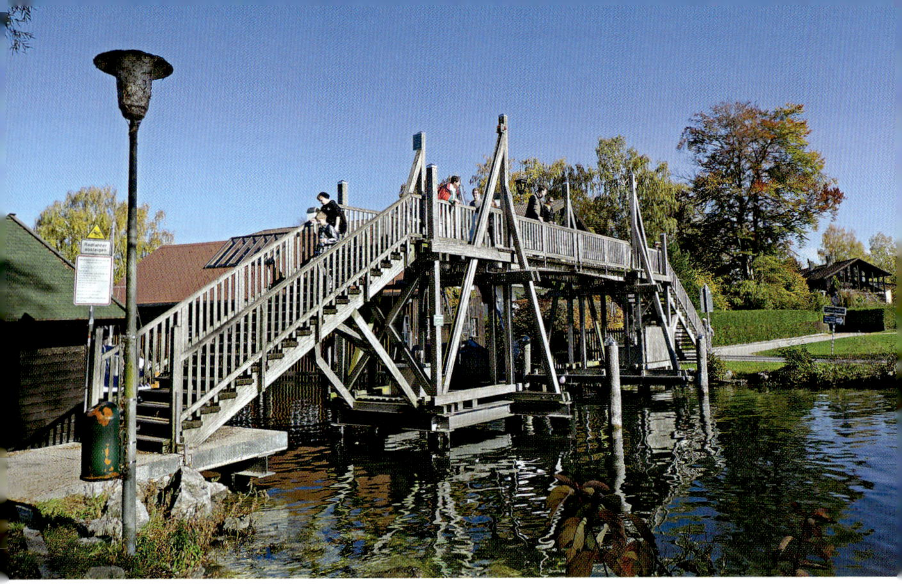

Die Brücke öffnet sich (Vorsicht!), wenn ein Boot mit hohem Mast vom/zum Hafen passieren möchte.

rum in den Nepomukweg ein, der hier seine Fortsetzung findet, gehen am Strandbad entlang und kommen zu einer Holzbrücke. Diese kann nach oben geklappt werden, wenn Schiffe mit hohen Masten den kleinen Hafen am Ende des Sees verlassen wollen. (Achtung, bei Einsetzen des akustischen und optischen Signals muss sofort der Mittelteil der Brücke verlassen werden, da die Brücke bereits zwei Sekunden später beginnt nach oben zu fahren!) Nach Überqueren der Brücke gehen wir geradeaus weiter, verlassen also das Erholungsgebiet, überqueren den Schiffbauerweg und setzen unsere Wanderung auf der kleinen Seestraße fort. Wir kommen zu der großen Berger Straße, wenden uns links und biegen nach 200 m rechts in den St.-Valentins-Weg ein, der uns nun an der gleichnamigen Kirche vorbei aufwärtsführt. Wir stoßen auf die Buchhofstraße, biegen rechts ein und verlassen diese in der kurz darauffolgenden Linkskurve geradeaus in die Harkirchner Straße. Wir wandern nun bergan und wählen auf Höhe des Altenheims, an einer Verzweigung, die rechts abwärtsführende, für den allgemeinen Verkehr gesperrte kleine Asphaltstraße (gelbes Schild: »Manthal«). 15 Minuten später stehen wir bereits an der Abzweigung zum **Gast-**

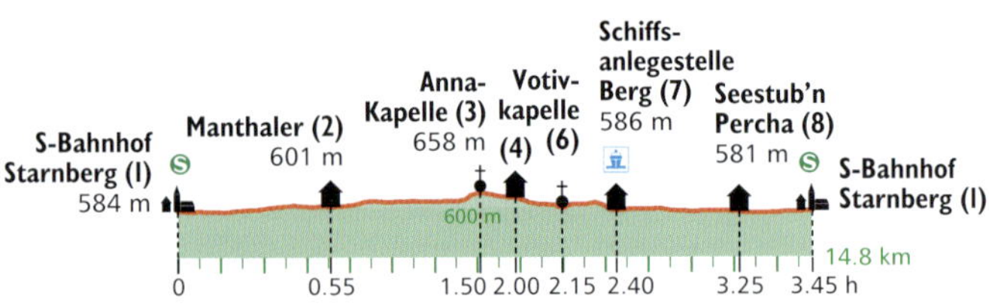

haus Manthaler (2) mit seinem Gastgarten und kleinem Spielplatz, das wir rechts über eine Brücke nach 50 m erreichen.
Nach einer eventuellen Einkehr gehen wir wieder über die Brücke zurück zur Harkirchner Straße und folgen ihr nun nach rechts. An der nächsten Verzweigung halten wir uns rechts in den Bachjägerweg und schwenken nach 600 m rechts in den Manthalhammerweg. An der nächsten Verzweigung folgen wir dem Manthalhammerweg nach links. Nach einem Weiher wandern wir an der Verzweigung geradeaus in den Wald, kommen bald wieder ins Licht und marschieren an einer Pferdeweide vorbei. Nach dem **Gehöft Martinsholzen** überqueren wir den **Lüßbach** und biegen in die Martinsholzer Straße nach rechts ein (zur Orientierung: von links kommt hier der Weg »An der Leiten«). Tatsächlich handelt es sich hierbei aber um keine Straße, sondern um einen Waldweg, der bald wunderschön oberhalb des Lüßbaches durch den Wald verläuft. Kurz darauf kommen wir wieder in die Sonne und biegen an der nächsten Verzweigung rechts ab – hier findet die Martinsholzer Straße ihre Fortsetzung (zur Orientierung: von links kommt hier der Weg Grabenfeld). Der Weg führt nun idyllisch an einem Weiher vorbei, wir überqueren zwei Bäche und spazieren dann wieder über offenes Feld, bis wir zu einem eingezäunten Anwesen mit einem weißen Gebäude, das von Weitem wie eine Kapelle aussieht (aber ein Brunnen ist), gelangen. Hier biegen wir rechts ein und wandern auf dem breiten Kiesweg bergan. Es handelt sich hierbei um den Bärenleitenweg (hier zunächst nicht so ausgeschildert), der am höchsten Punkt der Anhöhe in den Kapellenweg übergeht, hier besteht eine sehr schöne Rastmöglichkeit an der kleinen **Anna-Kapelle (3)**. Eine Tafel gibt uns Informationen über dieses kleine Wegkircherl.
Wir befinden uns nun in **Berg** und wandern Richtung Ortsmitte auf dem Kapellenweg. An dessen Ende biegen wir rechts in die Aufkirchner

Gemütliche Rast an der kleinen Anna-Kapelle bei Berg.

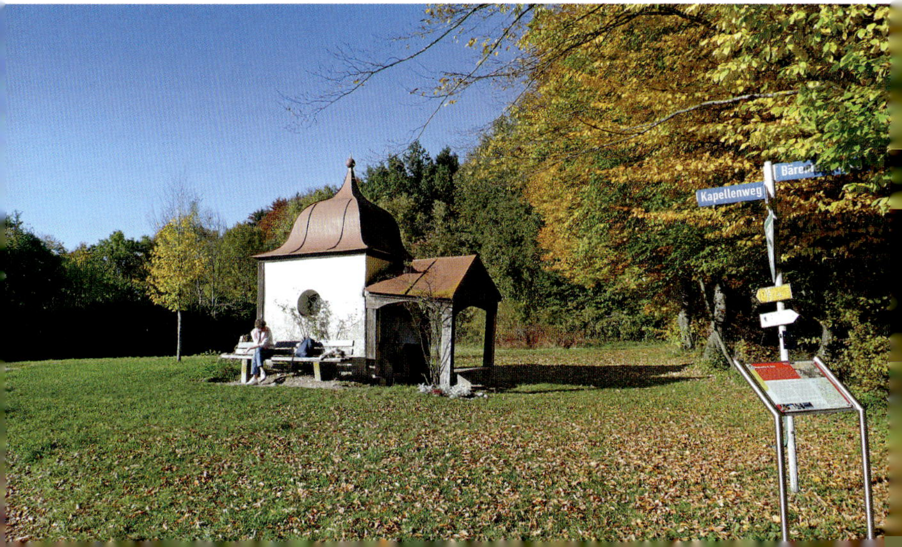

Votivkapelle

Die zu Ehren von König Ludwig II. errichtete Gedächtniskirche im frühromanischen Stil liegt erhöht im Wald oberhalb der Stelle, an der die Leiche des Monarchen am Pfingstsonntag, den 13. Juni 1886, im Starnberger See gefunden worden war. Ebenfalls tot aufgefunden wurde der Begleiter des Königs, der Arzt Professor von Gudden, der den König bei einem Spaziergang begleitet hatte. Über die Todesursache des beim Volk sehr beliebten und kurz vor seinem Ableben wegen angeblicher Geisteskrankheit entmündigten Königs gibt es bis heute wilde Spekulationen. Diese reichen von einem Selbstmord des Königs – den von Gudden verhindern wollte und dabei selbst zu Tode kam – bis hin zu einem Fluchtversuch des festgesetzten Königs und die daraus resultierende Erschießung. Die Gerüchteküche wird zudem dadurch genährt, dass das Haus Wittelsbach sich bis heute weigert, den Sarg des Königs zu öffnen und den Leichnam untersuchen zu lassen. Mit dem Bau der vom ehemaligen Architekten des Königs, Hofoberbaurat Julius Hofmann, als Kuppelbau entworfenen Votivkapelle wurde erst zehn Jahre nach dem Tod des Monarchen begonnen. Die Einweihung erfolgte im Jahr 1900 in Gegenwart von Prinzregent Luitpold, dem Onkel von König Ludwig II. Die Votivkapelle kann nur von außen besichtigt werden. Noch heute treffen sich »Königstreue« jährlich am Todestag des Königs zu einem Gedenkgottesdienst an der Votivkapelle.

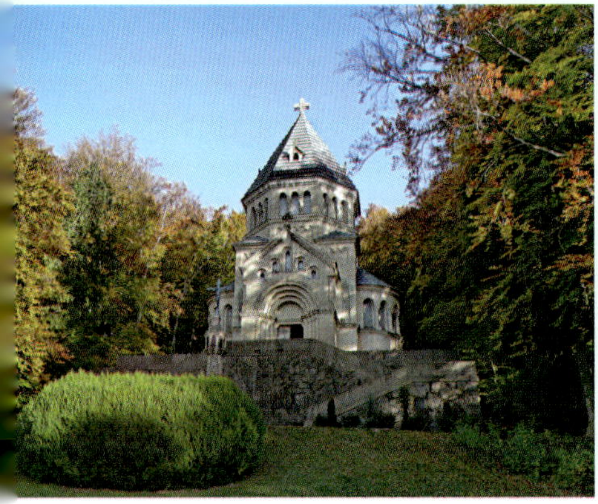

Die Kapelle liegt auf einer Lichtung.

Straße ein, überqueren die Perchastraße, setzen unseren Weg auf der Grafstraße fort und kommen zum Wirtshaus **Oskar-Maria-Graf-Stüberl (4)**, in dem man gut einkehren kann. Kurz darauf geht die Grafstraße in die Wittelsbacherstraße über. Bei einem herrlichen Blick auf den See geht es nun abwärts, etwa auf halber Höhe zum See zweigt links im spitzen Winkel der Weg »Am Hofgarten« mit einem Hinweisschild auf die König-Ludwig-Gedenkstätte und die Votivkapelle ab **(5)**. Zehn Minuten später stehen wir bereits an der **Votivkapelle (6)** und können das Gedenkkreuz für König Ludwig II. unterhalb im See besuchen. Wer möchte, kann nach der Votivkapelle auch noch ein Stück weitergehen und von der Schiffsanlegestelle Leoni (hier auch Einkehrmöglichkeit direkt am Wasser im Seehotel Leoni) nach Starnberg mit dem Schiff zurückfahren. Unterhalb der Votivkapelle in Richtung Leoni gibt es im Uferbereich auch naturbelassene Waldwege mit kleinen Bächen, ein Platz, an dem man mit Kindern schön eine Pause einlegen kann.

Weiter geht es aber auf der Hauptroute zurück zur **Wittelsbacherstraße (5)**, wir biegen links ein, und wandern noch ein kurzes Stück abwärts, um dann an der nächsten Abzweigung links in die Seestraße einzubiegen. Ein paar Minuten später stehen wir bereits an der **Schiffsanlegestelle Berg** (Rückfahrmöglichkeit nach Starnberg) mit dem direkt am Wasser (Gastgarten) liegenden großen Restaurant des **Schlosshotel Berg (7)**. Von hier ist der Weg zu Fuß zurück nach Starnberg nicht zu verfehlen. Wir wandern erst auf der Seestraße weiter und biegen 800 m nach der Schiffsanlegestelle links in den für Reiter gesperrten Rad-/Fußweg (Radfahrerschild: »Starnberg«) ein, der uns schnell direkt ans Seeufer bringt. Bei perfektem Seeblick spazieren wir durch das schöne Erholungsgebiet mit vielen Bademöglichkeiten, kommen an einem Kiosk und bald darauf am Restaurant **Seestub'n Percha (8)** vorbei und halten uns an der folgenden Verzweigung links. Über eine hochklappbare Brücke kommen wir bald zu einer zweiten Hochklappbrücke. Diese kennen wir bereits vom Hinweg und so marschieren wir auf dem bekannten Weg zum **S-Bahnhof Starnberg (1)** zurück. Tipp für Familien: Geht man auf Höhe der S-Bahn-Station noch etwa zehn Minuten auf der Uferpromenade am Undosa-Bad vorbei in Richtung Süden, kommt man zu einem tollen Spielplatz mit einem riesigen Piratenschiff.

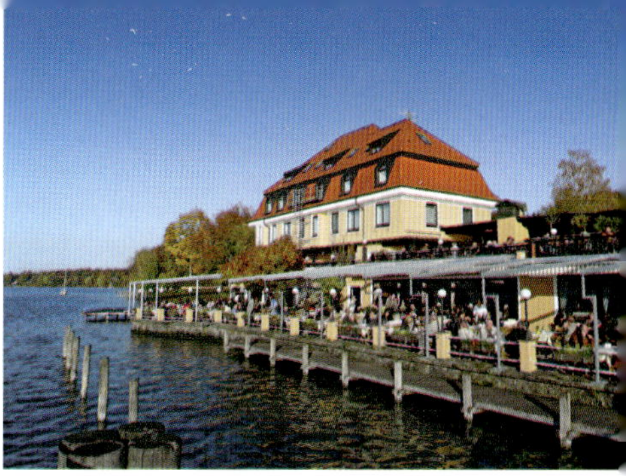

Das Schlosshotel Berg befindet sich direkt am Wasser.

Herbstfärbung am Uferweg im Erholungsgelände.

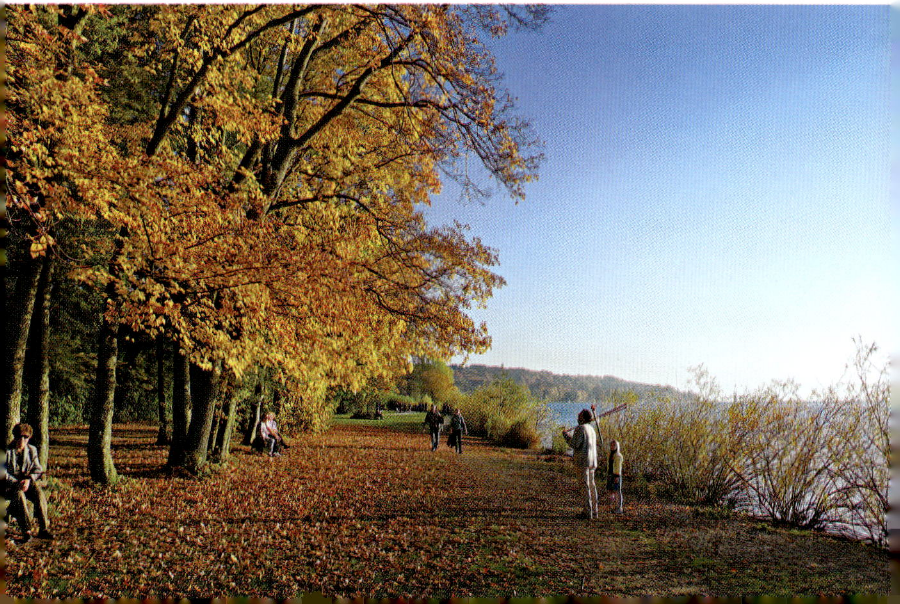

13 Schloss Blutenburg und Inselmühle

Von Lochham

★★★

Entlang der Würm zu einem großartigen Biergarten

Der einzige Abfluss aus dem Starnberger See erfolgt an dessen Nordende durch die relativ kleine Würm. Diese durchfließt erst das Würmtal und bahnt sich dann ihren Weg durch München, bevor sie bei Dachau in die Amper mündet. Von der S-Bahn-Station Lochham (S 6) aus folgen wir der Würm durch den Pasinger Stadtpark, weiter zur sehenswerten Blutenburg mit der Schlossschänke und schließlich zum wunderschön gelegenen Biergarten der Inselmühle. Die Rückfahrt erfolgt dann mit der S 2 vom Bahnhof Untermenzing. Wer die Tour etwas abkürzen möchte, kann auch nach der Blutenburg vom S-Bahnhof Obermenzing aus wieder nach München zurückfahren.

KURZINFO

Ausgangspunkt: S-Bahnhof Lochham (S 6 Richtung Tutzing); Fahrzeit 17 Min.
Endpunkt: S 2-Bahnhof Untermenzing; Fahrzeit 12 Min.
Günstigste Fahrkarte: Familien (mit 2 Erwachsenen): Für Eltern mit mindestens zwei Kindern ab 6 Jahren oder zwei (max. drei) Jugendlichen bis 20 Jahren Gruppen-Tageskarte M, sonst Streifenkarte (2 Streifen pro Elternteil, 1 Erwachsenen-Streifen pro Kind, 2 Streifen der U21-Streifenkarte für Jugendliche je einzelner Fahrt). Erwachsener/e: bis 2 Personen Streifenkarte (2 Streifen je Person und einfacher Fahrt), bei 3–5 Personen Gruppen-Tageskarte M. Jugendliche (15–20 Jahre): Hin- und Rückfahrt je 2 Streifen der U21-Streifenkarte (eigene Fahrkarte nicht nötig, wenn z. B. Eltern eine Gruppen-Tageskarte haben). Kinder (6–14 Jahre): Hin- und Rückfahrt je 1 (Erwachsenen-)Streifen (eigene Fahrkarte nicht nötig, wenn z. B. Eltern eine Gruppen-Tageskarte haben). Kinder unter 6 Jahren: frei.
Gehzeit: 2.30 Std.
Höhenunterschied: Unwesentlich.
Distanz: 9,6 km.
Anforderungen: Leichte Wanderung überwiegend über Kieswege ohne besondere Anforderungen. Für Kinderwagen geeignet.
Ausrüstung: Keine besondere Ausrüstung erforderlich.
Einkehr: Speisemeisterei »La Trattoria«, Restaurant Sidhartha, Gasthaus Weichandhof, Zum Alten Wirt von Obermenzing, Schlossschänke Blutenburg, Gasthof und Biergarten Inselmühle. An der Variante: Augustiner Biergarten »Zum grünen Baum«.
Variante: Um von der Blutenburg zum S-Bahnhof Obermenzing (Gehzeit von der Blutenburg 25 Min., 1,7 km) zu kommen, spazieren wir zur Liegewiese auf der anderen Seeseite zurück und schlagen dort den nach Osten führenden, nicht asphaltierten Fußweg am Waldrand ein. 5 Min. später überqueren wir die Grandlstraße und wandern nun rechts der Bäume auf einem breiten Asphaltweg weiter. Wir gehen über die Mayerbeerstraße, wandern geradeaus weiter und wenden uns nach der dritten Wegeinmündung von rechts nach links in einen Asphaltweg, überqueren bald die Sarasatestraße, gehen geradeaus weiter und stoßen auf die Pachenreiterstraße, in die wir nach rechts einbiegen. An der nächsten Kreuzung wenden wir uns links in die Frauenhoferstraße, kommen am Eingang des großen Augustiner Biergartens »Zum grünen Baum« mit kleinem Spielplatz vorbei und treffen auf die Verdistraße, auf der wir rechts in 2 Min. den S-Bahnhof Obermenzing erreichen.

Blutenburg

Schloss Blutenburg geht auf eine Wasserburg des 13. Jahrhunderts zurück. Es wird auch heute noch im Westen von der Würm umflossen, während im östlichen Bereich ein großer Weiher vorgelagert ist, sodass sich (fast) eine Insellage ergibt. Die Herkunft des Namens ist ungeklärt. Die Anlage besteht aus dem älteren Hauptschloss und der vorgelagerten geräumigen Vorburg des 15./16. Jahrhunderts und wurde über die Jahrhunderte von vielen Besitzern erweitert und verändert. Vom Burghof aus zugänglich ist die im Jahr 1488 erbaute spätgotische Schlosskapelle, deren mittelalterliche Bausubstanz (einschließlich Dachstuhl) bis heute größtenteils erhalten geblieben ist (Öffnungszeiten: 1. Oktober bis 31. März: 10–16 Uhr, 1. April bis 30. September: 9–17 Uhr). Auch Teile der Butzenscheiben und fast die komplette Ausstattung im Inneren sind noch original, von außen überraschen die Wandbilder und die bunte Verzierung.
In neuerer Zeit war die Anlage an das Institut der Englischen Fräulein (1866–1957) und die Schwestern

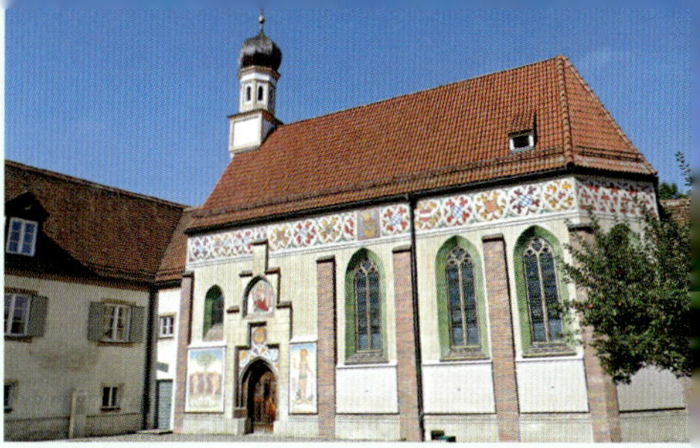

Schlosskapelle Hl. Dreifaltigkeit.

des Dritten Ordens (1957–1976) verpachtet. Zu dieser Zeit war Schloss Blutenburg nahe dem Verfall, konnte aber durch den 1974 ins Leben gerufenen Verein der Freunde von Schloss Blutenburg e. V., der binnen kurzer Zeit mehr als tausend Mitglieder zählte, umfangreich saniert werden. Heute ist im Schloss neben der Schlossschänke die Internationale Jugendbibliothek mit 500.000 Exemplaren untergebracht. In den Räumen des Schlosses wurden von der Jugendbibliothek verschiedene Museen (LeseMuseen) eingerichtet: das Erich-Kästner-Zimmer, das Michael-Ende-Museum, der James-Krüss-Turm und das Binette-Schroeder-Kabinett (Eintritt 1 €, Kinder frei; Öffnungszeiten siehe unter blutenburg.de).

Schloss Blutenburg mit der Schlossschänke (Bildmitte).

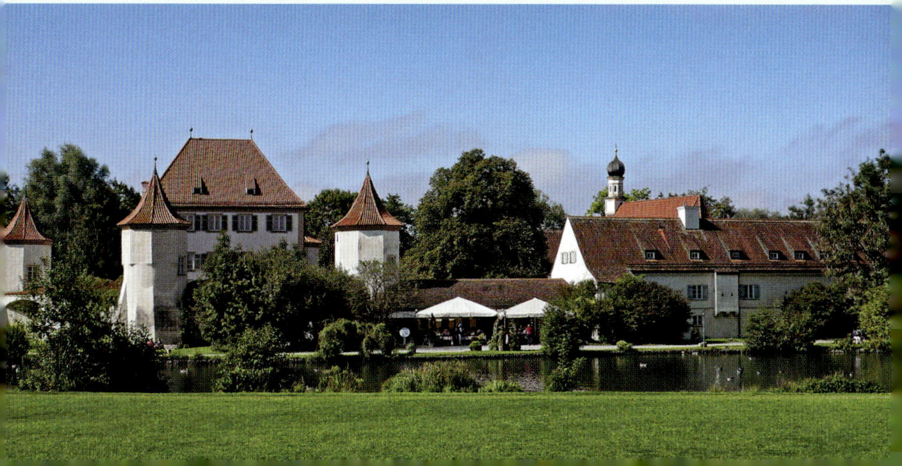

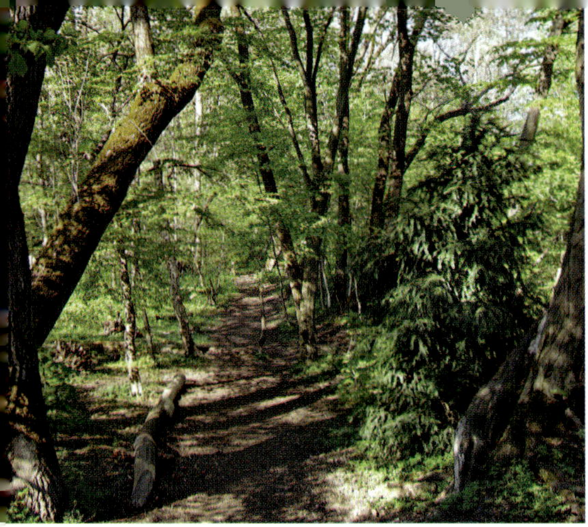

Herrlicher Waldpfad.

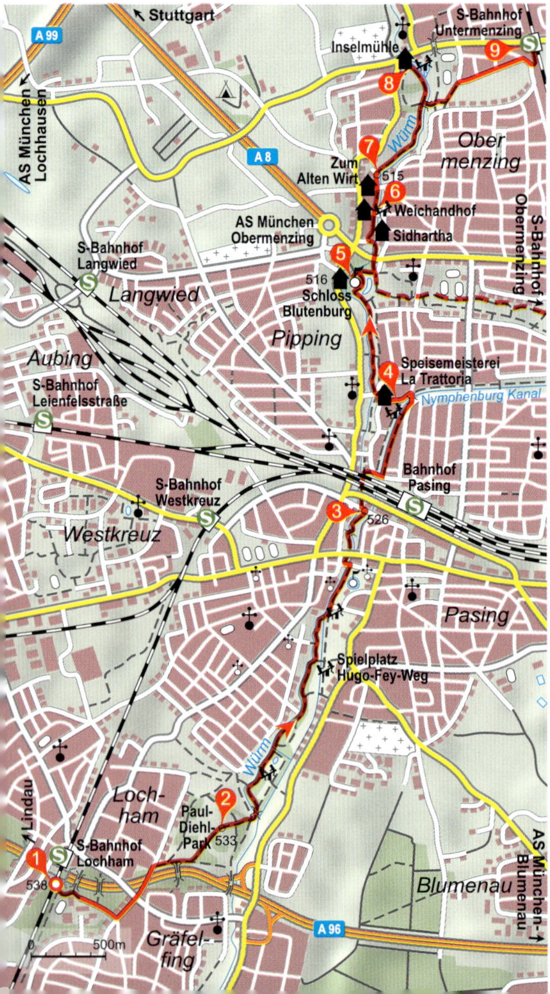

Von München kommend gehen wir an der **S-Bahn-Haltestelle Lochham (1)** auf dem Bahnsteig in Fahrtrichtung zu dem südseitigen Treppenabgang, wenden uns im Tunnel links und wandern auf einem asphaltierten Weg – einen links und rechts abgehenden Kiesweg ignorierend – bis zu einem weiteren Asphaltweg. Hier biegen wir links ein, gehen nun an einem Sportplatz vorbei und kommen am Kurt-Huber-Gymnasium auf die Adalbert-Stifter-Straße, der wir nun bis zur Rottenbucher Straße folgen. Hier biegen wir links ein, überqueren bald die Lochhamer Straße und gehen nun auf der Straße »Am Wasserbogen« über die Autobahn. Bei nächster Gelegenheit biegen wir (an einer Wertstoffinsel) nach rechts – Beschilderung auf der anderen Straßenseite (»München-Pasing 3 km«) – in einen asphaltierten Fußweg ein, der uns in den **Paul-Diehl-Park (2)** bringt. Dort schlagen wir den zweiten breiten Weg links ein und spazieren auf dem Kiesweg unmittelbar zu einer **Würmbrücke**. Hier folgen wir der Beschilderung »Blutenburg« über das Gewässer und halten uns an der nächsten Wegverzweigung links. Wir bleiben nun stets in Würmnähe auf der rechten Flussseite. Der Weg führt uns entlang einer schönen Auwaldland-

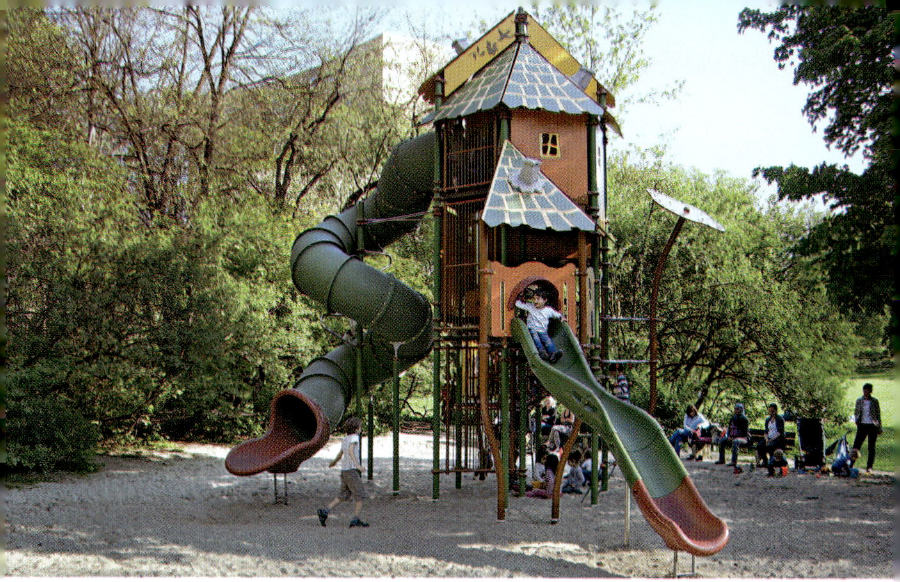

Spannender Spielplatz am Hugo-Fey-Weg.

schaft mit einigen flachen Zugängen zum Wasser. Im Sommer ist dies für Kinder und mitgeführte Hunde eine willkommene Abwechslung. Wir kommen an einem kleinen Spielplatz und an einem kleinen See vorbei und überqueren einen Verbindungskanal zwischen Würm und Würmkanal auf einer Brücke. Unmittelbar dahinter könnten wir halb rechts in einen Waldpfad einbiegen, der parallel zu dem breiten Weg entlang der Würm führt und uns 400 m später wieder auf diesen Weg bringt. An einer Verzweigung halten wir uns links zum Wasser hin und wandern nun idyllisch direkt an der Würm weiter. Wir stoßen auf einen Weg, halten uns links und stehen sogleich vor einer Brücke über den Würmkanal. Wer mit Kindern unterwegs ist, muss nun unbedingt über den Kanal zu dem direkt neben dem Kanal befindlichen Spielplatz am Hugo-Fey-Weg gehen, dort warten ein sechs Meter hohes Kletterhaus mit einer langen Röhrenrutsche, eine weitere Rutsche für die kleineren Kinder sowie ein Drehkarussell, Sandkasten und eine Spielwiese. Weiter geht es aber zwischen Würm und Würmkanal (also ohne Abstecher zum Spielplatz – geradeaus). An der übernächsten Brücke müssen wir den Würmkanal kurz vor dem Zusammenfluss von Würm und Würmkanal überqueren und folgen weiter der Fließrichtung des Wassers. Zur Freude der Kinder kommen wir an einem weiteren Spielplatz an der Engelbertstraße vorbei, dann passieren wir das kleine unscheinbare **Wasserschloss**, das man nur zwischen einem Zaun hindurch erahnen kann. Kurz darauf stoßen wir auf die Institutstraße, überqueren links haltend auf dieser die Würm und wenden uns unmittelbar danach rechts in den geteerten Rad-/Fußweg, der uns unter der Bodenseestraße hindurchführt. Bald geht es auf einer kleinen Brücke erneut über die Würm, wir wenden uns links und gehen kurz darauf

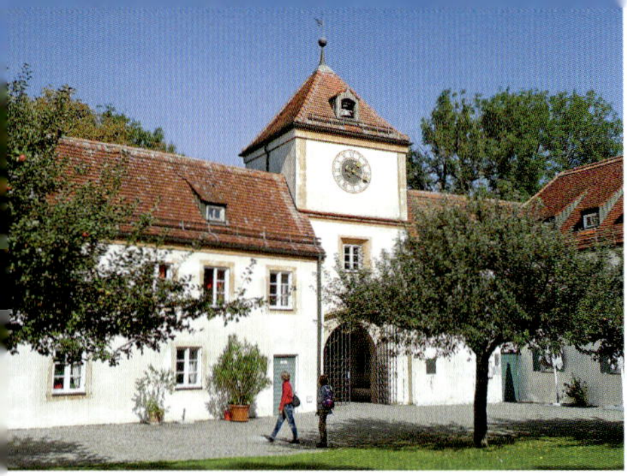

Im Innenhof des Schlosses.

nach rechts durch einen Spielplatz zu einem Weg, der uns links auf die Kaflerstraße bringt. Dort links und 50 m später rechts in den Hermann-Hesse-Weg. Wir gehen unter den Bahngleisen von **Pasing (3)** hindurch und biegen bei der nächsten Geegenheit nach rechts in den zur Theodor-Storm-Straße führenden Bergengruenweg ein. Wir überqueren die Theodor-Storm-Straße, wenden uns rechts, überqueren nach 50 m den Würmkanal (Würm und Würmkanal teilen sich auf Höhe der Bodenseestraße wieder) und biegen links in den kleinen Fußweg namens Windelbandweg unmittelbar am Würmkanal ein. Wir ignorieren zwei kleine Brücken, die über den Kanal führen, und überqueren das Wasser erst bei der dritten Möglichkeit, einer Straßenbrücke, die uns zur Westerholzstraße bringt. In diese biegen wir links ein und stehen nun fast schon vor der **Speisemeisterei »La Trattoria« (4)**, einem italienischen Restaurant mit sehr großem, biergartenähnlichem Wirtsgarten und einem Kinderspielplatz. Weiter geht es die kleine Westernholzstraße entlang, bis wir auf den Schirmerweg stoßen, in den wir nach rechts einbiegen. Kurz darauf wählen wir an einer Verzweigung den halb links abzweigenden Kiesweg, der uns direkt an der Würm entlang in zehn Minuten zum **Schloss Blutenburg (5)** mit seinem vorgelagerten kleinen See bringt. (Hinweis: Der Schirmerweg führt ebenfalls dorthin.) Hier befindet sich auch eine bis in die Abendstunden sonnige Liegewiese mit tollem Blick auf die sehenswerte Burganlage. Auf der gegenüberliegenden Seeseite wartet zudem mit der direkt in der Burganlage gelegenen **Schlossschänke Blutenburg** eine schöne Einkehrmöglichkeit. Um ins Innere der Burg zu gelangen, gehen wir entgegen dem Uhrzeigersinn an der Burgmauer entlang und erreichen schnell den Eingang. Sehenswert ist neben dem Burghof auch die spätgotische Schlosskapelle Hl. Dreifaltigkeit mit ihrer bunten Außenwand.

Wieder außerhalb der Blutenburg wenden wir uns rechts und wandern auf dem Seldweg am Nordende des Sees vorbei. 50 m nach dem See biegen wir links in einen Rad-/Fußweg ein und unterqueren die Verdistraße. Danach wenden wir uns links und gleich wieder rechts, gehen links auf einer Brücke über die Würm, halten uns rechts und biegen rechts in ein Asphaltsträßchen ein. Wir kommen am indischen **Restaurant Sidhartha** und am **Gasthaus Weichandhof (6)** vorbei, überqueren den Betzenweg, setzen unsere Wanderung geradeaus auf einem Weg, der uns an der Würm entlangführt fort,

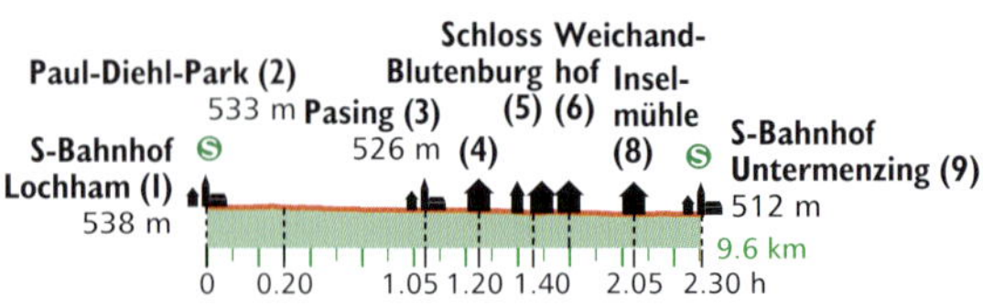

überqueren die Dorfstraße (links Gasthof »Zum Alten Wirt von Obermenzing«), gehen geradeaus auf dem Widweg weiter und biegen nach 80 m rechts in den Park ein **(7)**. Im Folgenden wandern wir nun sehr schön unmittelbar auf einem Kiesweg an der Würm entlang, spazieren nach 500 m an einer Brücke geradeaus vorbei (diese merken wir uns aber für den Rückweg) und kommen durch eine bezaubernde Aulandschaft. Wenige Minuten später erreichen wir die Gastwirtschaft und den Biergarten der **Inselmühle (8)** – ein wunderbarer Platz, den man unbedingt einmal besucht haben muss. Die Würm fließt hier zwischen dem Wirtsgarten der Gastwirtschaft und dem Biergarten hindurch, die Biergartentische stehen direkt am Wasser und man kann auf mehreren kleinen Brücken zwischen den Einkehrmöglichkeiten hin und her wechseln. Auf der Seite der Wirtschaft wartet ein sehr schön angelegter Weiher mit Enten, ein kleiner Pavillon lädt zum Verweilen am Wasser ein. Mitten im Biergarten hat man eine künstliche Ausbuchtung der Würm geschaffen, hier im flachen, ruhigen Wasser tummeln sich fast immer große Fische.

Um zum S-Bahnhof Untermenzing zu kommen, gehen wir auf dem Hinweg bis zu der letzten Brücke zurück, überqueren die Würm und können rechts noch einen Abstecher entlang eines sehr schön angelegten Seitenarms der Würm machen. Weiter geht es aber nach der Brücke geradeaus, wir stoßen kurz darauf auf den Inselmühlweg, überqueren diesen und gehen geradeaus auf einem Trampelpfad, der parallel zur Mergenthalerstraße verläuft, weiter. Wir stoßen auf einen Asphaltweg (Prof.-Eichmann-Straße) biegen links ein und 200 m später rechts in die Weinschenkstraße. Diese führt auf die Bauseweinallee, in die wir rechts einbiegen, um sie nach 100 m links zum Eingang der **S-Bahn-Station Untermenzing (9)** zu verlassen.

Im Biergarten der Inselmühle kann man direkt an der Würm sitzen.

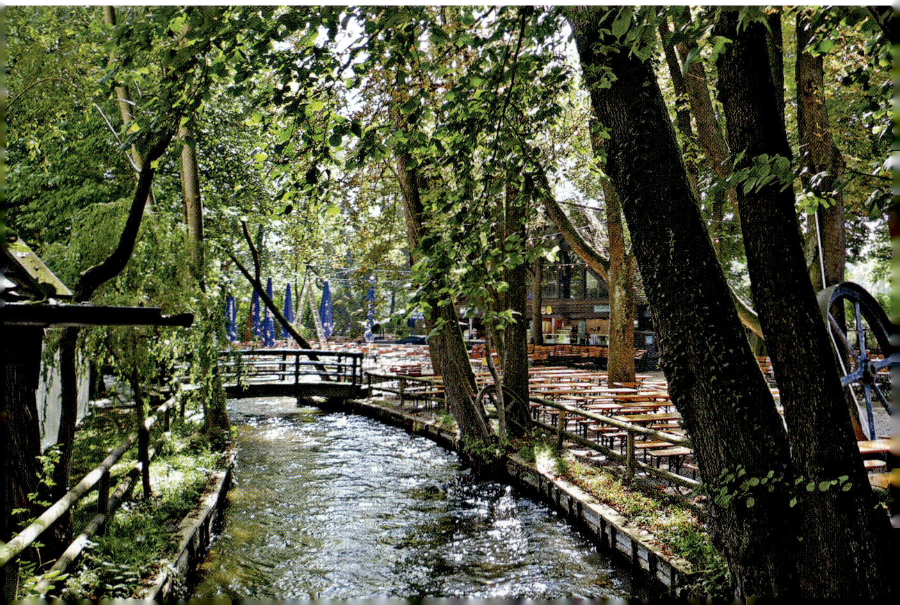

14 Wolfratshausen

Entlang der Loisach

★★

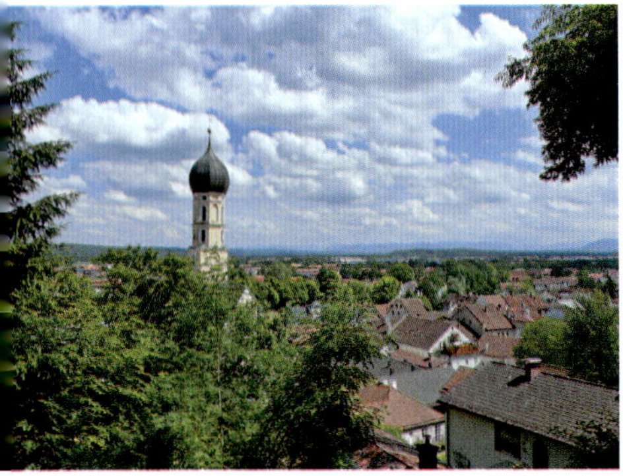

Blick über Wolfratshausen.

Altstadt und Walderlebnispfad

In der alten Flößerstadt Wolfratshausen spazieren wir vom S-Bahnhof mit einem Schlenker entlang der Loisach zur Altstadt, um dann oberhalb der Kirche St. Andreas eine schöne Runde durch den Bergwald auf dem nicht nur für Kinder interessanten Walderlebnispfad zu absolvieren. Nach einem steilen Auf und Ab erreichen wir wieder den Ausgangspunkt des Pfades und wandern nun auf dem Panoramaweg zum Loisachwehr. Dort überqueren wir den Fluss auf einer großen, sehenswerten Holzbrücke und kommen entlang der Loisach zur bereits vom Beginn der Wanderung bekannten Wirtschaft Flößerei, wo wir unsere kurze, aber abwechslungsreiche Runde schön ausklingen lassen können.

KURZINFO

Ausgangs- und Endpunkt: S 7-Endhaltestelle Wolfratshausen; Fahrzeit 41 Min.
Günstigste Fahrkarte: Familien (mit 2 Erwachsenen): Gruppen-Tageskarte M-3; Erwachsener/e: (Gruppen-)Tageskarte M-3. Jugendliche (15–20 Jahre): Hin- und Rückfahrt je 5 Streifen auf der separaten U21-Streifenkarte (eigene Fahrkarte nicht nötig, wenn z. B. Eltern eine Gruppen-Tageskarte haben). Ab 3 Jugendlichen ist die (Erwachsenen-)Gruppen-Tageskarte M-3 günstiger. Kinder (6–14 Jahre): Hin- und Rückfahrt je 1 (Erwachsenen-)Streifen (eigene Fahrkarte nicht nötig, wenn z. B. Eltern eine Gruppen-Tageskarte haben). Kinder unter 6 Jahren: frei.
Gehzeit: 1.45 Std. bei kurzer Verweildauer an den Walderlebnisstationen.
Höhenunterschied: 110 m im Auf- und Abstieg.
Distanz: 4,8 km.
Anforderungen: Der Weg verläuft abwechslungsreich auf Asphalt-, Kies-, Berg-, Wald- und Wiesenwegen. Auf dem Walderlebnispfad ist ein sehr steiler Anstieg mit über 100 Höhenmetern zu absolvieren. Nicht kinderwagengeeignet.
Ausrüstung: Gut profilierte Trekkingschuhe/-sandalen.
Einkehr: Gasthäuser in Wolfratshausen, z. B. Wirtschaft Flößerei und Rathaus-Café.
Tipp: In Wolfratshausen wartet Europas größter Märchenwald mit 20 Märchenstationen und vielen im Eintrittspreis inbegriffenen Karussells auf Familien. Entfernung vom Bahnhof zu Fuß ca. 25 Min. (vom Bahnhof links zur Sauerlacher Straße, in diese links einbiegen und nach 800 m rechts in den Eichenweg abbiegen, von dem die Kräuterstraße (hier Eingang) abgeht. Ab Bahnhof Wolfratshausen kann man auch mit Bus 370/376 fahren und ab Haltestelle Farchet noch 10 Min. zu Fuß gehen. Informationen unter maerchenwald-isartal.de.

Vom **S-Bahnhof Wolfratshausen (1)** gehen wir durch das Bahnhofsgebäude, wenden uns links und kurz darauf rechts in den Bürgermeister-Grünwald-Weg (Beschilderung »Fußweg zur Altstadt«). Wir überqueren die Straße »Am Floßkanal«, spazieren geradeaus auf dem Hammerschmiedweg weiter, gehen rechts an der Loisachhalle vorbei und halten uns danach links. Wir erreichen das **Wirtshaus Flößerei (2)** und gehen, vorbei am Gastgarten der Wirtschaft, auf dem Josef-Bromberger-Weg an der Loisach entlang flussaufwärts. Wir kommen an einer Bronzeplastik mit dem Motiv eines Flößers vorbei und befinden uns nun an einem schönen Wiesenplatz mit vielen Rastbänken und Blick auf eine Wasserfontäne in der Loisach. Über ein paar Stufen kommen wir hinauf zur Johannisgasse, gehen über die **Loisachbrücke**, wenden uns gleich wieder rechts und wandern nun auf der anderen Loisachseite wieder zurück. Auf Höhe des Wirtshauses Flößerei, schwenken

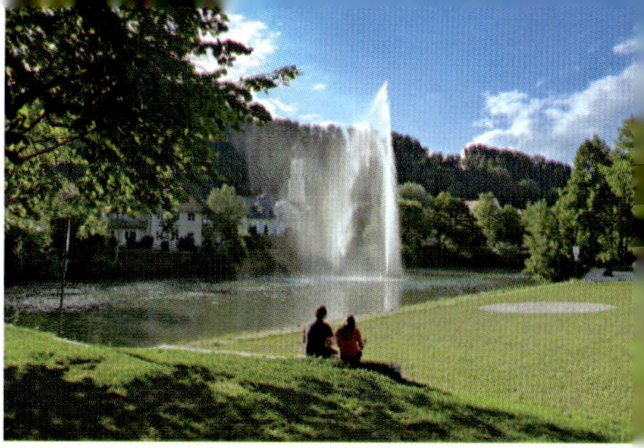

Wasserfontäne in der Loisach.

wir an der Brücke, dem Sebastiani Steg, links in die Rathauspassage, kommen am **Rathaus-Café (3)** vorbei und stoßen auf die Straße Untermarkt. Wir sind nun mitten in der Altstadt, wenden uns links, überqueren am Zebrastreifen die Straße und wandern rechts an der Längsseite der **Kirche St. Andreas (4)** entlang. Nach Passieren des Gotteshauses nimmt uns eine Treppe auf, es geht nun steil nach oben und wir erreichen fünf Minuten später den Eichheimweg, der auch in den Broschüren des örtlichen Tourismusbundes als »Panoramaweg« bezeich-

Schnell zur nächsten Station des Walderlebnispfades.

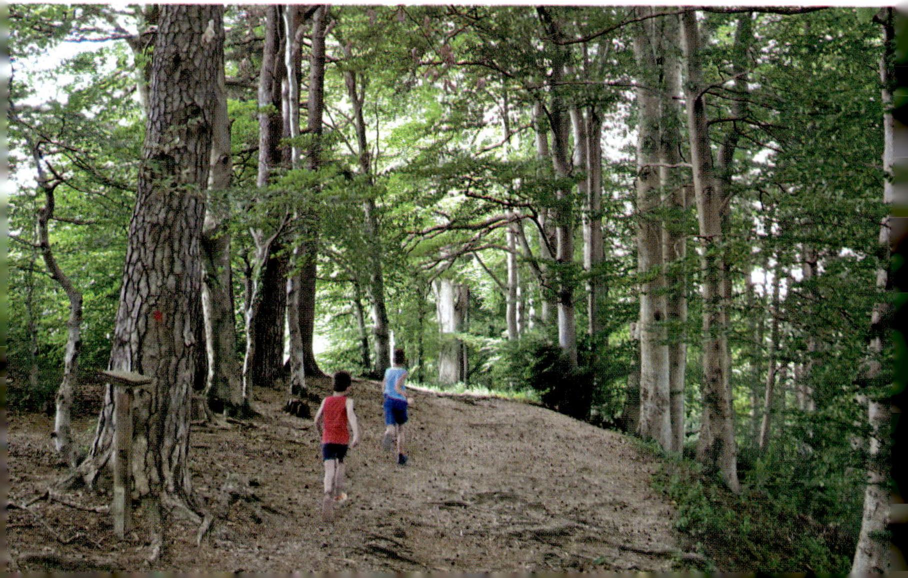

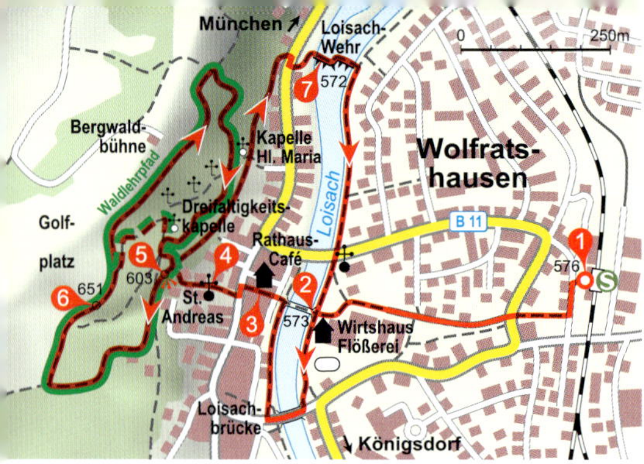

net wird. Links befindet sich der Beginn des Walderlebnispfades an einem **Aussichtspunkt (5)** mit einer großen Gipfelbestimmungstafel. Bei klarer Sicht hat man von hier einen schönen Blick über Wolfratshausen bis hin zu den nahen Bergen. Wir folgen der Beschilderung des Walderlebnispfades vom Aussichtspunkt nach links, nach wenigen Metern geht es rechts aufwärts in einen kleinen Bergweg. 15 Stationen (z. B. Sickerexperiment, Mini-Barfußpfad, Klanghölzer) warten auf dem ausgeschilderten **Walderlebnispfad (6)** auf uns, dank der schönen Wegführung und informativer Tafeln ist der Weg auch für Erwachsene interessant. Wir wandern erst durch schönen Bergwald, dann rechts schwenkend am Waldrand entlang auf einem Wiesenweg weiter. Nach der Station 5 (»Klatsch und Tratsch vom Wald«) könnte man rechts abbiegend den Walderlebnispfad abkürzen und vorbei an der Dreifaltigkeitskapelle und über Treppen hinunter zum Ausgangspunkt des Pfades zurückkommen. Wir bleiben aber auf dem Pfad und erreichen ein Bienenhaus, an dem man beobachten kann, wie die Insekten pfeilgerade in unglaublichem Tempo durch eine Einflugschneise am Bienenhaus starten und landen. Etwa 100 m nach der Station 8 (»Der Gänsewein«) weist uns ein Hinweisschild nach rechts hinunter. (Hinweis: Geradeaus ist hier der »Burgweg« ausgeschildert, der in 15 Minuten zu einem Gedenkstein an der Stelle der ehemaligen Burg Wolfratshausen führt. Der Weg verläuft über Waldpfade und ist sehr gut barfußgeeignet, die Aussicht am Gedenkstein lohnt aber den Abstecher dorthin nicht wirklich. Die in vielen Karten eingezeichneten, 300 m vor dem Gedenkstein nach links und rechts abgehenden Wege sind leider sehr verwachsen und werden nicht gepflegt, sodass man auf jeden Fall wieder auf demselben Weg zu dem Abzweig zurück müsste.)

Der Walderlebnispfad ist weiter gut ausgeschildert und wir erreichen nach etwa 15 Minuten wieder den Startpunkt. Wir biegen nun links in den Eichheimweg (»Panoramaweg«) ein, kommen bald an der **Kapelle Heilige Maria** vorbei und erreichen über Treppen die Münchner Straße (B 11), überqueren sie, wenden uns rechts und nach 20 m links (»Rundweg Loisach«). Auf einer großen, verwinkelten Holzbrücke gehen wir über das **Loisach-Wehr (7)**, halten uns danach rechts und wandern nun am Ufer entlang auf dem Josef-Bromberger-Weg zum **Wirtshaus Flößerei (2)**. Hier biegen wir links ein und spazieren auf dem Hinweg zum **S-Bahnhof Wolfratshausen (1)** zurück.

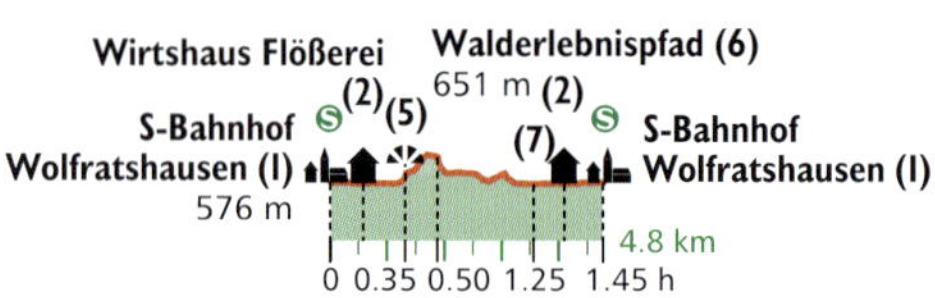

Wolfratshausen

Die an der Isar und an der Loisach gelegene Flößerstadt wurde bereits im Jahr 1003 als »Wolueradeshusun« in einer Urkunde von König Heinrich II. erstmals erwähnt. Neben dem Marktrecht und dem Brauereigewerbe mit zeitweise 13 Brauereien, war es besonders die Zwei-Flüsse-Lage und die damit verbundene Flößerei, die dem Ort Wohlstand und Bedeutung brachte. Wein und Rosinen aus Italien, Holzkohle und Baumaterialen aus dem Oberland, aber auch Getreide, Käse und sogar Tiere aus der näheren Umgebung wurden bis zum Ende des 19. Jahrhunderts auf Flößen nach München, Landshut, Deggendorf, Passau und sogar weiter auf der Donau bis Wien und Budapest transportiert. Weniger bekannt ist, dass die Flöße auch zur Personenbeförderung genutzt wurden. So transportierte Mitte des 19. Jahrhunderts ein Floß wöchentlich Fahrgäste nach Freising, Landshut und Plattling, während ein zweites über Passau und Linz in fünf Tagen nach Wien fuhr. Fahrgäste waren meist ärmere Leute, mit der Kutsche wurde nicht selten der zehnfache Preis für die Reise verlangt. Nachdem die 1891 fertiggestellte Isartalbahn schnell das Ende der Flöße als Transportmittel bedeutete, entwickelte sich bald der neue Unternehmenszweig der Vergnügungsfahrten. Heute fahren von der 18.000 Einwohner zählenden Stadt in schönen Sommern bis zu 1000 Flöße mit feuchtfröhlichen Gesellschaften hinunter zur Floßlände in München-Thalkirchen, wo die Flöße zerlegt und sofort wieder für den nächsten Einsatz mit dem Lastwagen nach Wolfratshausen zurückgefahren werden. Früher hingegen verwendete man das Holz der Flöße an der Ziellände als Bau- oder Brennholz.

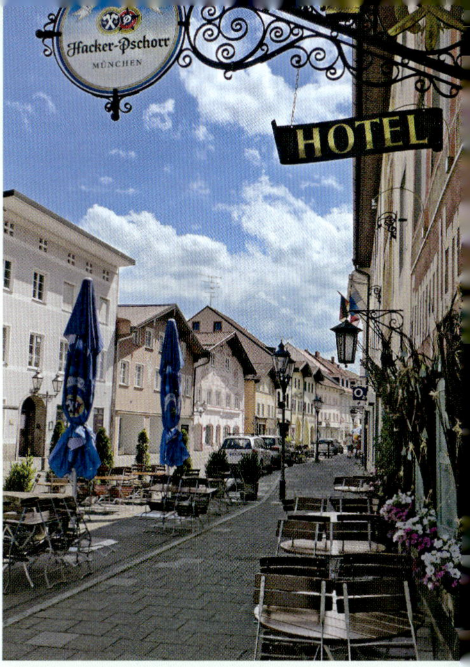

In der Wolfratshausener Altstadt.

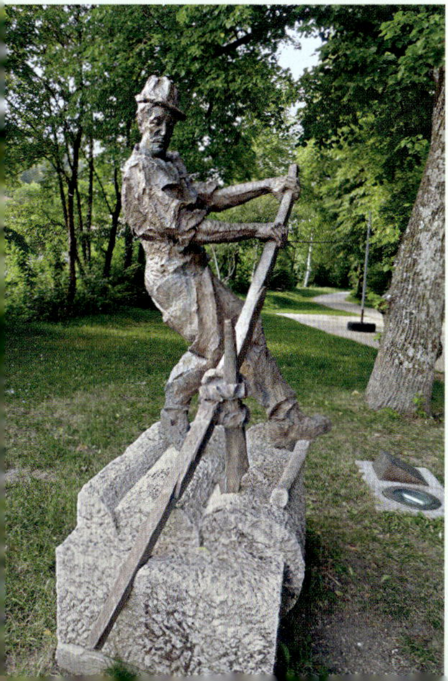

Flößer-Bronzestatue.

15 Pupplinger Au

Von Icking nach Wolfratshausen

★★★

Barfuß auf natürlichen Pfaden durchs Naturschutzgebiet

Besonders auch im zeitigen Frühling, wenn der Schnee im Alpenvorland gerade geschmolzen ist und es ein paar Tage sonnig und trocken war, bietet sich eine schöne Wanderung vom S-Bahnhof Icking durch das Naturschutzgebiet Pupplinger Au an. Über das Ickinger Wehr erreichen wir den Einstieg in einen kleinen Pfad, der uns über eine längere Strecke direkt an der weitgehend naturbelassenen Isar auf barfußtauglichem Untergrund entlangführt. Hier können wir auf den großen Kiesbänken zwischen der sich verzweigenden Isar ein Sonnenbad nehmen und später im Gasthaus Aujäger mit seinem Gastgarten gemütlich einkehren, bevor wir zum S-Bahnhof Wolfratshausen weiterwandern und von dort nach München zurückfahren.

KURZINFO

Ausgangspunkt: S-Bahnhof Icking (S 7 nach Wolfratshausen); Fahrzeit 36 Min.
Endpunkt: S 7-Endhaltestelle Wolfratshausen; Fahrzeit 41 Min.
Günstigste Fahrkarte: Familien (mit 2 Erwachsenen): Gruppen-Tageskarte M-3. Erwachsener/e: (Gruppen-)Tageskarte M-3. Jugendliche (15–20 Jahre): Hinfahrt 4 Streifen, Rückfahrt 5 Streifen auf der separaten U21-Streifenkarte (eigene Fahrkarte nicht nötig, wenn z. B. Eltern eine Gruppen-Tageskarte haben). Ab 3 Jugendlichen ist die (Erwachsenen-)Gruppen-Tageskarte M-3 günstiger. Kinder (6–14 Jahre): Hin- und Rückfahrt je 1 (Erwachsenen-)Streifen (eigene Fahrkarte nicht nötig, wenn z. B. Eltern eine Gruppen-Tageskarte haben). Kinder unter 6 Jahren: frei.
Gehzeit: 2.30 Std.
Höhenunterschied: 20 m im Aufstieg, 100 m im Abstieg.
Distanz: 7,8 km.
Anforderungen: Der Weg verläuft ab dem Ickinger Wehr bis zur Isarbrücke bei Wolfratshausen fast ausschließlich auf kleinen, naturbelassenen Pfaden, die sich größtenteils bestens zum Barfußlaufen eignen. Etwas Orientierungssinn erforderlich. Nicht kinderwagengeeignet.
Ausrüstung: Gut profilierte Trekkingschuhe/-sandalen, Badesachen.
Einkehr: Gasthaus Aujäger (Mo. und Di. Ruhetag), Gasthäuser in Wolfratshausen.

Unsere Wanderung führt uns über das Ickinger Wehr.

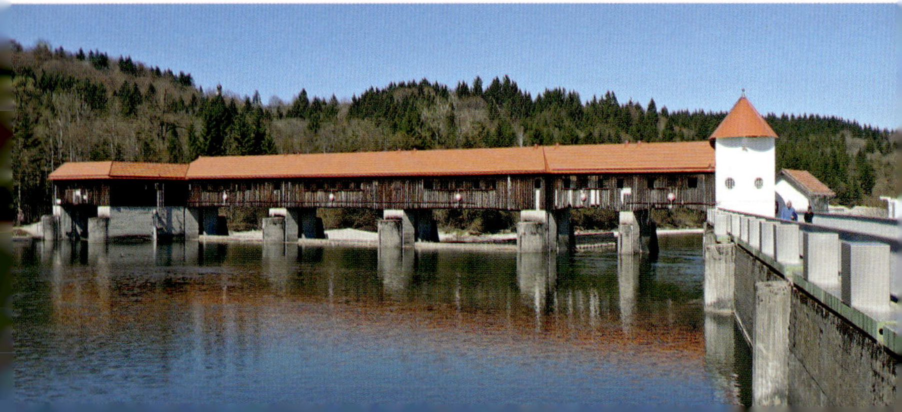

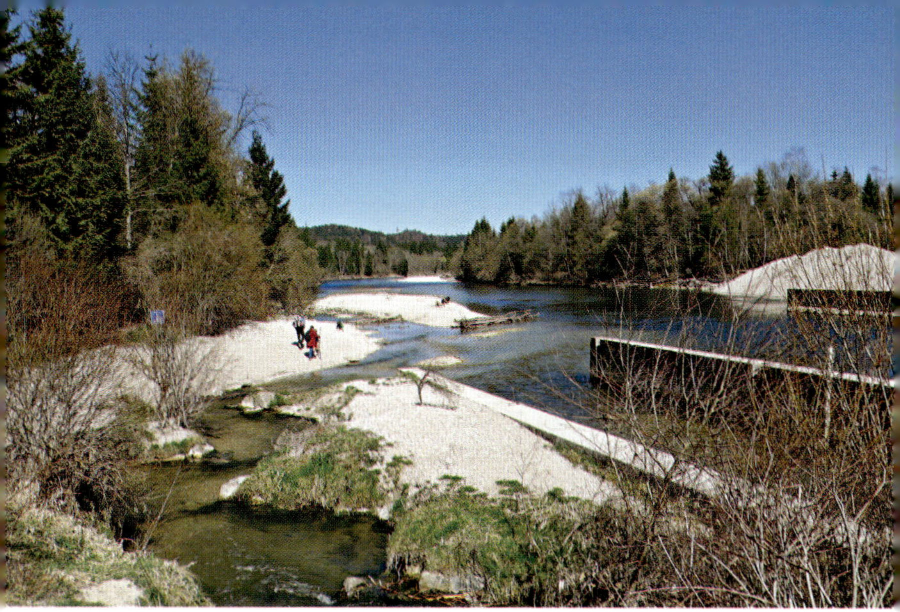

Eine Kiesbank lädt am Ickinger Wehr zu einer Rast ein.

Vom **S-Bahnhof Icking (1)** gehen wir in Fahrtrichtung (von München kommend) den Bahnsteig entlang, überqueren die Gleise und wandern die Straße »Wenzberg« hinunter. Wir kommen zur B 11, überqueren sie und folgen ihr ein Stück nach links. Nach etwa 150 m zweigt rechts die Straße »Isarweg« ab, der wir nun bergab folgen. Kurz nachdem diese in einen Kiesweg übergegangen ist, zweigt links ein unbeschildeter Pfad ab, der uns ein ganzes Stück auf dem Kiesweg erspart, uns unten aber wieder auf diesen breiten Weg führt. Wenige Minuten später spazieren wir auf einer Brücke über den künstlich angelegten Auenbach, der es unter anderem den Fischen ermöglicht, das Wehr zu überwinden, und erreichen schnell das **Ickinger Wehr (2)**, an dem der Isarkanal von der Isar abgeleitet wird. Wir gehen über die überdachte Wehranlage und können durch die kleinen rechteckigen Löcher in der Holzwand auf den aufgestauten Fluss blicken. Nach Verlassen der Wehranlage geht es rechts über eine weitere Brücke, die uns unmittelbar zu einem asphaltierten »Dammweg« bringt, der für den Verkehr gesperrten Wehrbaustraße. Diese führt schnurgerade durch die Pupplinger Au Richtung Wolfratshausen. Hier tummeln sich stets viele Fahrradfahrer, Inlineskater, aber auch die Wanderer, die den wunderschönen – im Folgenden beschriebenen – Pfad entlang der Isar nicht kennen oder lieber auf befestigten Wegen unterwegs sind. Auch wir schlagen den Dammweg erst einmal nach rechts ein, verlassen diesen aber bereits wieder nach etwa 30 m – sobald rechts der Wald beginnt – über ein paar Treppenstufen unbeschildert in einen natürlichen **Pfad (3)**. Hier kann man jedem nur empfehlen, bei geeigneten Temperaturen im Spätfrühling und Sommer die Schuhe an den Rucksack zu

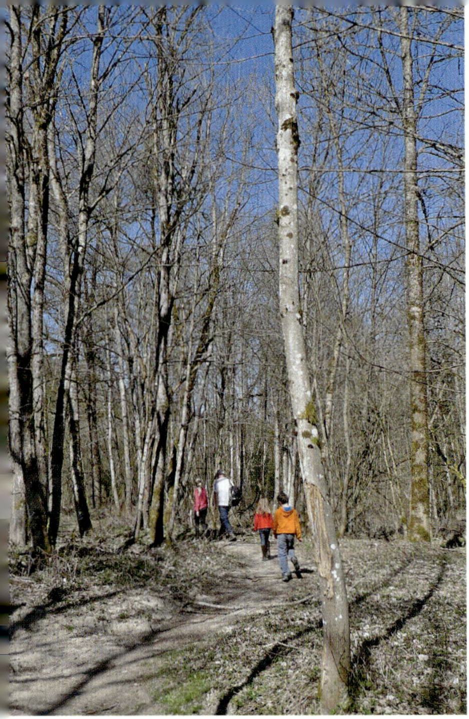

Im zeitigen Frühling sind auch die Wege durch den Auwald sonnig.

hängen und barfuß weiterzuwandern. Die folgenden Kilometer sind fußfreundlicher als jeder Barfußpfad. Wer sich traut, den erwartet die nächste Stunde ein wahres Feuerwerk der Sinne. Es dauert nicht lange, dann führt uns der Pfad unmittelbar an der Isar entlang, bald auf sandig-grasigem Untergrund, bald auf natürlichen Waldpfaden. An einigen Bäumen ist der Pfad mit grünen Punkten markiert, es finden sich auch immer wieder an Abzweigungen die kleinen gelben Dreiecke des Isartalvereins. Nach etwa 15 Minuten tut sich vor uns bereits die **Pupplinger Au (4)** mit ihren verzweigten Wasserarmen und den breiten Kiesbänken auf. Ein schöner Rastplatz, der besonders auch für Kinder durch angeschwemmte Baumstämme und Wurzeln interessant ist. Nach der Pause zweigt der Pfad bald beschildert vom Ufer ab und führt durch lichten, völlig naturbelassenen Auwald zu einem breiten Stichweg, der von der Wehrbaustraße kommt. Wir überqueren den Stichweg, können rechts an einer Holzbank rasten und wandern auf der anderen Seite des Stichwegs geradeaus weiter. An einer Verzweigung wählen wir den linken Weg und kommen an großen, vereinzelt stehenden Kiefern vorbei, die mit ihren hochgewachsenen astlosen Stämmen und dem »Blätterdach« an deren Spitze zwischen dem hohen Gras fast an eine Savanne in Afrika erinnern. Wir treffen auf einen Pfad, biegen rechts ein und stoßen auf einen weiteren Pfad, in den wir links einbiegen. 150 m später folgen wir dem Weg nach links und kommen schließlich wieder auf die

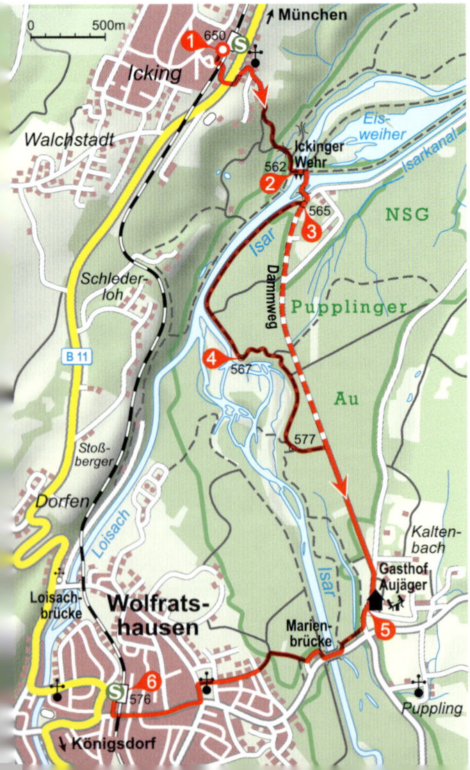

Pupplinger Au

Die Pupplinger Au ist ein Landschafts-, Naturschutz- und teilweise auch Vogelschutzgebiet im Norden von Wolfratshausen, dessen Ursprung ein See war, den der abschmelzende Loisachgletscher nach der letzten Eiszeit hinterlassen hatte. Als sich später die Isar ihren Weg nach Norden bahnte, floss das Seewasser über die Isar ab, sodass der See schließlich verschwand. Die Isar (Isaria bedeutet »die Reißende«) formte in der Folgezeit durch immer neue Hochwasser, bei denen sich die Kiesinseln und das in mehreren Armen verlaufende Flussbett immer wieder veränderten, diesen besonderen Lebensraum, der heute seltenen Vögeln (z. B. Flussuferläufer oder Flussregenpfeifer) und Pflanzen (z. B. Frauenschuh, Silberwurz und Graslilien) einen besonderen Lebensraum gibt. Im Bereich des namensgebenden Puppling umkurvt die Isar heute noch vielarmig die zahlreichen Kiesinseln. Hier vermittelt uns der Fluss, dessen Auen bis zu zwei Kilometer breit sind, eine kleine Ahnung davon, wie die Isar aussah, bevor der Mensch durch Eingriffe wie Begradigungen oder Bau des Sylvensteinstausees seine Finger ins Spiel brachte. Der Auwald umfasst ein Gebiet von 55 Hektar und besteht insbesondere aus Kiefern, Weißerlen, Fichten und Weiden.

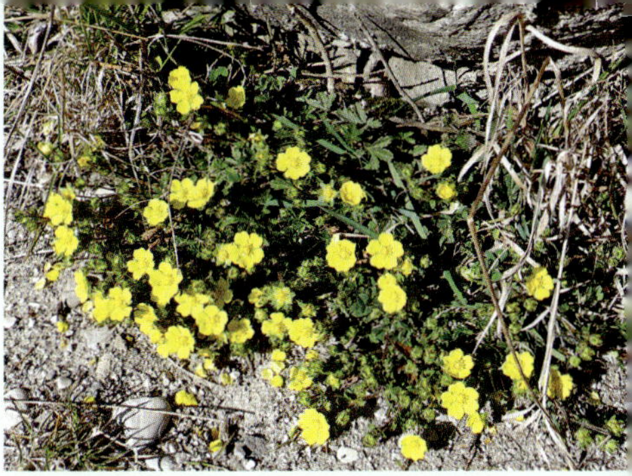

Frühlingsgruß vom Fingerkraut am Wegesrand.

Blick vom Uferpfad auf die Pupplinger Au.

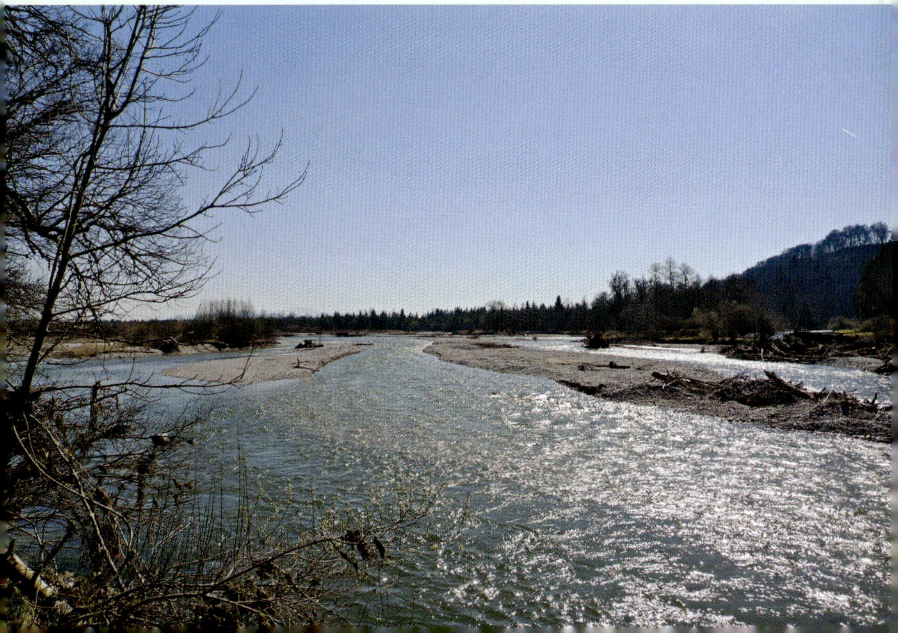

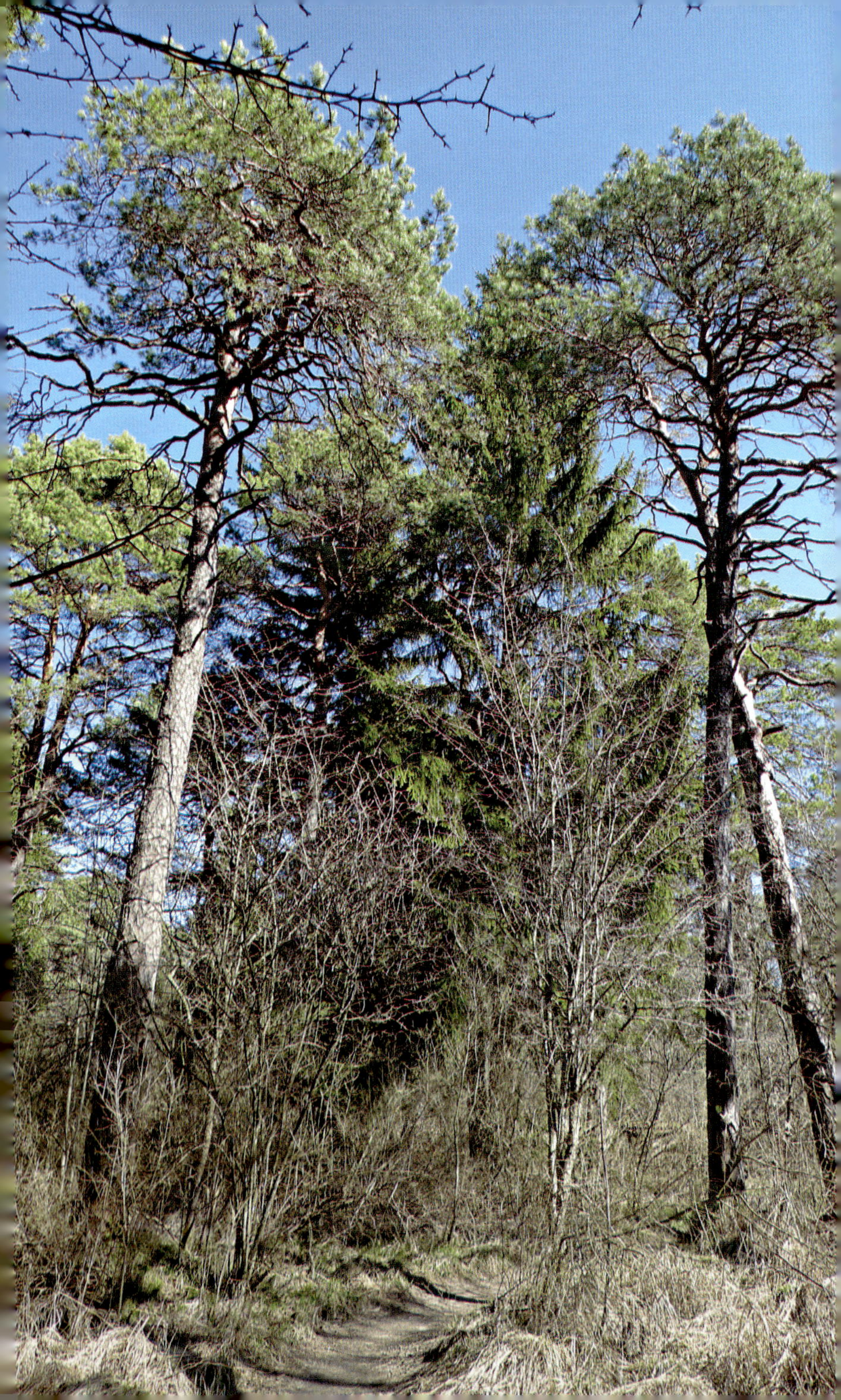

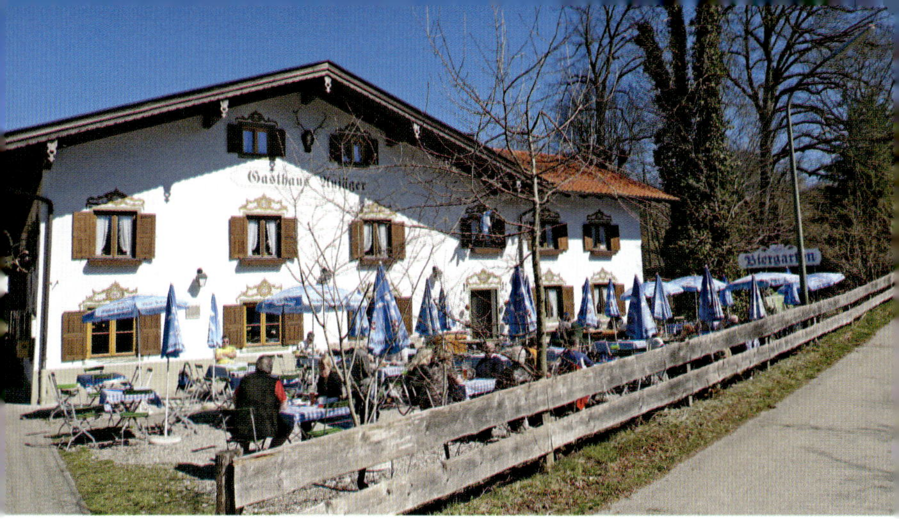

Einkehr im Gasthaus Aujäger.

Wehrbaustraße, in die wir rechts einbiegen. Nach gut 10 Minuten läuft die Wehrbaustraße in die Austraße und wenig später stehen wir bereits am **Gasthaus Aujäger (5)**, wo man auch sehr schön draußen sitzen kann. Die Kinder freuen sich dort über einen Spielplatz.

Für den Rückweg folgen wir noch ein Stück der Austraße am großen Parkplatz vorbei und biegen nach gut 100 Metern – kurz vor der Staatsstraße 2070 – in einen beschilderten Fußweg nach rechts ein. Wir überqueren im Wald eine kleine Brücke und wenden uns kurz vor der Isar im spitzen Winkel nach links, um anschließend über Treppenstufen zur Staatsstraße 2070 hinaufzusteigen. Wir wenden uns rechts, überqueren die Marienbrücke, biegen nach dieser halbrechts in einen abwärtsführenden Pfad ein und schwenken links in einen breiten Kiesweg. Nach 100 m, kurz vor einer Schranke, zweigt rechts ein unbeschildeter Waldweg ab, in den wir einbiegen. Wir ignorieren einen links abzweigenden Weg und einen kurz darauf rechts abzweigenden Pfad und überqueren wenig später einen Weg. Wir ignorieren nach 100 m nochmal einen Rechtsabzweig, halten uns an der nächsten Verzweigung links und kommen in die kleine Jordanstraße, die an Einfamilienhäusern vorbei geradeaus führt. Vorbei am Friedhof gehen wir an einer langen Mauer entlang und stoßen auf die Hauptstraße, in die wir links einbiegen. An der Sauerlacher Straße wenden wir uns rechts, folgen ihr auf einem Fußweg, überqueren nach zehn Minuten die Bahngleise und gehen rechts zum **S-Bahnhof Wolfratshausen (6)**, von dem wir die Rückfahrt antreten.

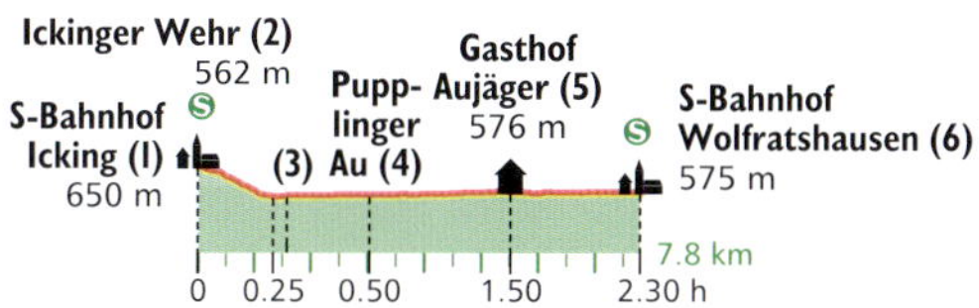

Der barfußgeeignete Weg führt vorbei an hochgewachsenen Kiefern.

16 Kloster Schäftlarn

Von Icking

★★

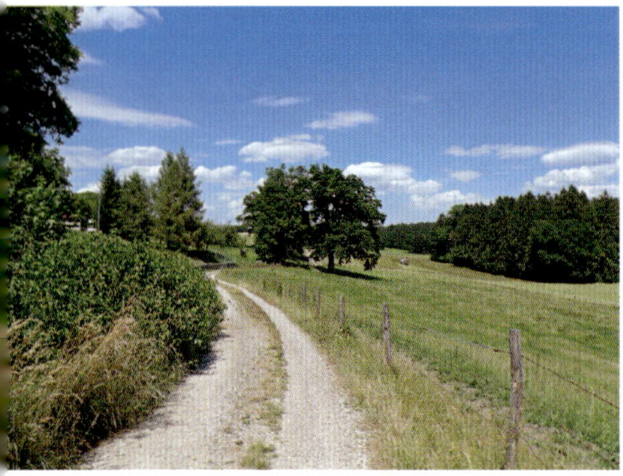

Unterwegs auf der Hauptroute.

Gemütliche Wanderung oder kleines Abenteuer

Wer von Icking zum Kloster Schäftlarn mit seinem schönen Prälatengarten und Einkehrmöglichkeit im Klosterbräustüberl wandern möchte, hat die Qual der Wahl zwischen der Hauptroute und zwei Wegvarianten, die etwa einen Kilometer vor dem Kloster wieder zusammenlaufen. Die Hauptroute führt ganz gemütlich, ausschließlich auf breiten Wegen erst über eine Weidelandschaft und dann durch Fichtenwald zum Kloster. Die erste Variante zweigt von diesem Weg ab und führt uns über einen kleinen Waldpfad hinunter ins Isartal. Die beiden anderen Varianten verlaufen auf kleinen bzw. sehr kleinen Pfaden durch den Auwald der Isar, wobei besonders die dritte, ufernahe Variante (mit Berührungspunkten zum Ufer) dem Wanderer schon etwas Abenteuer- und Orientierungssinn abverlangt. Unsere Rückfahrt treten wir dann vom S-Bahnhof Ebenhausen-Schäftlarn an, den wir über einen steilen Forstweg erreichen.

Die Wanderung startet im beschaulichen Icking.

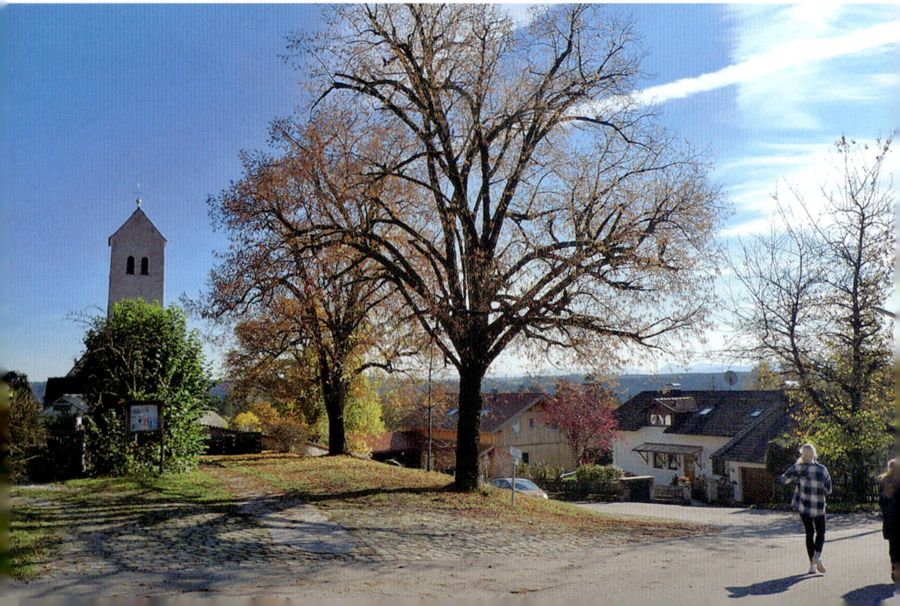

KURZINFO

Ausgangspunkt: S-Bahnhof Icking (S 7 Richtung Wolfratshausen); Fahrzeit 36 Min.
Endpunkt: S 7-Bahnhof Ebenhausen-Schäftlarn; Fahrzeit 35 Min.
Günstigste Fahrkarte: Familien (mit 2 Erwachsenen): Gruppen-Tageskarte M-2. Erwachsener/e: (Gruppen-)Tageskarte München M-2. Jugendliche (15–20 Jahre): Hinfahrt 4 Streifen, Rückfahrt 3 Streifen auf der separaten U21-Streifenkarte (eigene Fahrkarte nicht nötig, wenn z. B. Eltern eine Gruppen-Tageskarte haben). Bei vier oder fünf reisenden Jugendlichen ist die (Erwachsenen-)Gruppen-Tageskarte M-2 günstiger. Kinder (6–14 Jahre): Hin- und Rückfahrt je 1 (Erwachsenen-)Streifen (eigene Fahrkarte nicht nötig, wenn Eltern eine Gruppen-Tageskarte haben). Kinder unter 6 Jahren: frei.
Gehzeit: 1.45 Std.; Varianten 2 und 3 zusätzlich 30 Min.
Höhenunterschied: 130 m im Aufstieg, 120 m im Abstieg.
Distanz: 6,4 km.
Anforderungen: Die Hauptroute (bedingt kinderwagengeeignet, nicht barfußtauglich) folgt Kieswegen und Asphaltsträßchen im Bereich des Klosters. Steiler Abstieg ins Isartal, steiler Aufstieg zur Haltestelle Ebenhausen-Schäftlarn.

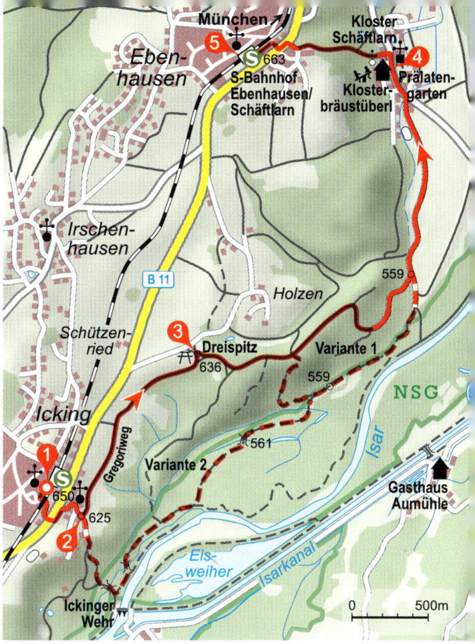

Die Varianten (3 Sterne, schwarze Touren) verlaufen auf sehr kleinen, barfußtauglichen, teilweise überwachsenen Pfaden; hier ist etwas Abenteuerlust und Orientierungssinn nötig.
Ausrüstung: Gut profilierte Schuhe.
Einkehr: Klosterbräustüberl (Mi Ruhetag).
Varianten: Varianten 1 und 2 siehe Ende der Hauptroute. Die Varianten sind nicht kinderwagentauglich.

Vom **S-Bahnhof Icking (1)** gehen wir in Fahrtrichtung (von München kommend) den Bahnsteig entlang, überqueren die Gleise und wandern die Straße »Wenzberg« hinunter. Wir kommen zur B 11, überqueren sie und folgen ihr ein Stück nach links. Nach etwa 150 m geht rechts die Straße »Isarweg« ab, der wir nun bergab folgen. Unmittelbar nach der Einfriedung der Kirche zweigt links ein Feldweg ab **(2)** (kleines gelbes Schild: »Ebenhausen (S) 4 km«). In einem leichten Auf und Ab schlängelt sich der sogenannte **Gregoriweg** nun durch die Landschaft an einer Kuhweide vorbei. Dreht man sich um, hat man bei guter Sicht einen schönen Blick auf die Berge. An der ersten Wegverzweigung gehen wir geradeaus weiter, marschieren nun bald am Rand eines Feldes auf einem erdigen Weg weiter und kommen zu einem Wegdreieck. Wir halten uns links und erreichen zwei gemütliche Sitzbänke, an denen wir eine kleine Rast einlegen können. Ein Schild am Baum weist darauf hin, dass wir uns hier am sogenannten **Dreispitz (3)** befinden. Unmittelbar dahinter stoßen wir auf einen Kiesweg. Wir biegen

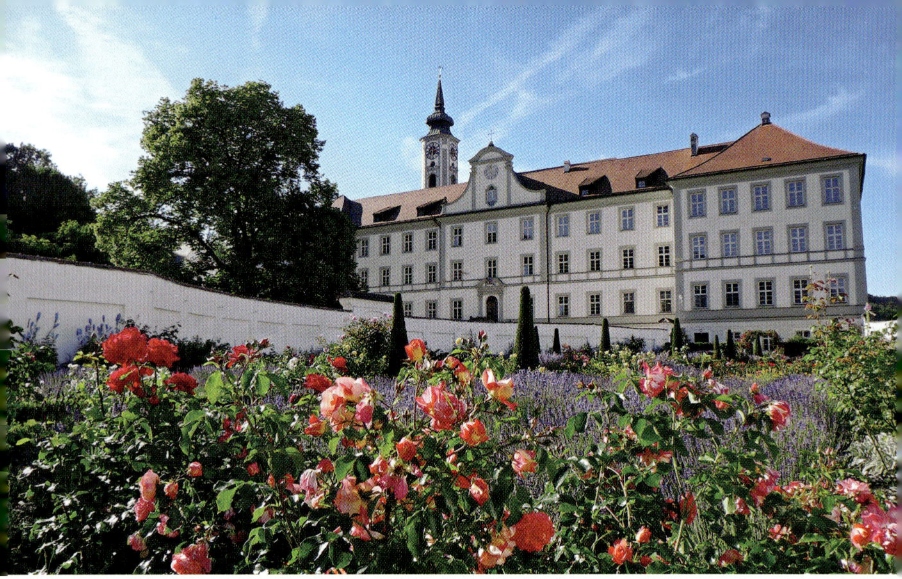

Blick vom üppig blühenden Prälatengarten auf das Kloster Schäftlarn.

rechts ein und erreichen zehn Minuten später ein weiteres Wegdreieck. Hier halten wir uns links, ignorieren zwei Wegabzweigungen nach rechts (die zweite muss man einschlagen, wenn man Variante 1 wählen möchte) und schwenken einige Minuten später mit dem Weg – eine Abzweigung geradeaus in eine Sackgasse ignorierend – durch eine Rechtskurve. Der Weg führt nun ziemlich steil abwärts. Hier ist gutes Profil, besonders wenn man mit dem Kinderwagen unterwegs sein sollte, vonnöten. Unser Weg mündet kurz darauf in einen von rechts kommenden Weg und wir erreichen ein asphaltiertes Sträßchen. Hier biegen wir links ein und wandern gemütlich über die Felder, bald auf das nun

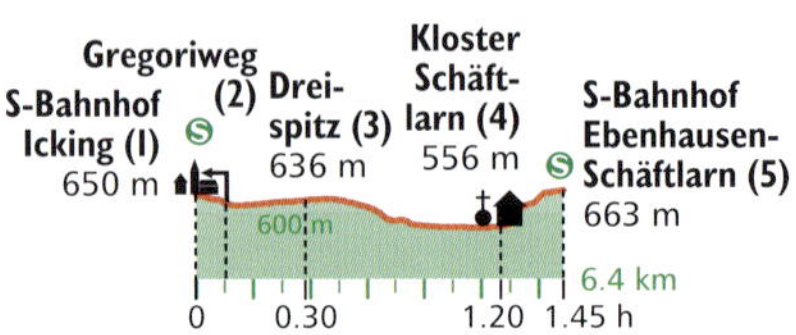

sichtbare Kloster Schäftlarn zu. Der Weg führt durch einen Holzablageplatz einer Schreinerei und stößt dann auf die Klosterstraße. Wir wenden uns links und haben 200 m später beim **Kloster Schäftlarn (4)** die Qual der Wahl, ob wir zuerst dem gemütlichen Biergarten des **Klosterbräustüberls** linker Hand oder rechter Hand dem besonders Ende Juni bis Anfang August üppig blühenden **Prälatengarten** (geöffnet von März bis Oktober 9–20 Uhr) mit seinen zum Verweilen einladenden Sitzbänken einen Besuch abstatten wollen. Viele Rosen in den unterschiedlichsten Farben bezaubern hier besonders zum Sommeranfang Wanderer und Besucher. Äußerst sehenswert ist auch die an der Klosterstraße gelegene Klosterkirche (siehe Kasten). Um zur S-Bahn zu kommen, folgen wir nach dem Besuch der Kirche der Klosterstraße noch etwa 50 m und biegen an einem Wegweiser (»Ebenhausen-S«) die Straße überquerend links ab.

Kloster Schäftlarn

Kloster Schäftlarn wurde bereits im Jahr 762 gegründet, ging allerdings im 10. Jahrhundert in den Ungarnwirren unter. Im Jahr 1140 von Bischof Otto von Freising wieder zum Leben erweckt, wurde im Kloster in den folgenden Jahrhunderten eine große Zahl von aufwendig gestalteten Handschriften geschaffen. Nachdem in den Jahren 1702 bis 1706 bereits die Klostergebäude unter Giovanni Antonio Viscardi als Barockbau neu errichtet worden waren, entstand in den Jahren 1733 bis 1760 auch die Klosterkirche unter der Leitung des Münchner Hofbaumeisters François de Cuvilliés der Ältere und später durch Johann Baptist Gunetzrhainer und seinem Schwager Johann Michael Fischer neu. Der Innenraum der Stiftskirche wurde von Johann Baptist Zimmermann (Stuckaturen, Fresken), der auch die Wieskirche gestaltete, und Johann Baptist Straub (Bildhauerarbeiten) geschaffen. 1803 endete das klösterliche Leben abrupt durch die Säkularisation und wurde erst wieder 1866 durch König Ludwig I. von Bayern in Form eines Benediktinerklosters mit der Verpflichtung zur Führung einer Lateinschule neu errichtet. Zum Kloster Schäftlarn gehörten früher große Ländereien im Isartal, auf denen später München entstand.

Besonders sehenswert ist heute neben der Klosterkirche der Prälatengarten mit seinem Blütenreichtum (u. a. über 80 Rosensorten) und seinem im Zentrum liegenden Brunnen. Dieser wird von einer Quelle im nahe gelegenen Berghang gespeist, die unaufhörlich fließt, sogar im Winter. Einen Besuch wert ist auch der Klosterladen (Mi. – Sa. und feiertags 14–17 Uhr, sonntags 11–17 Uhr), in dem ausschließlich Produkte verkauft werden, die von Nonnen und Mönchen (verschiedener Klöster) hergestellt wurden. Zu erwerben gibt es von Blumen (aus der Klostergärtnerei), Geschenkartikeln, Lebensmitteln (z. B. selbst gemachte Nudeln, hochwertige Öle und Essige, Honig aus der eigenen Imkerei) über Körperpflegeprodukte bis hin zu erlesenen Weinen, Spirituosen und Bieren alles, was Leib und Seele zusammenhält. Bekannt geworden ist Schäftlarn auch durch seine »Schäftlarner Konzerte«, die mehrmals jährlich mit renommierten Solisten und Musikern großer Orchester (z. B. Münchner Philharmoniker) in der Klosterkirche stattfinden. Im Klostergelände ist auch ein privates Gymnasium untergebracht.

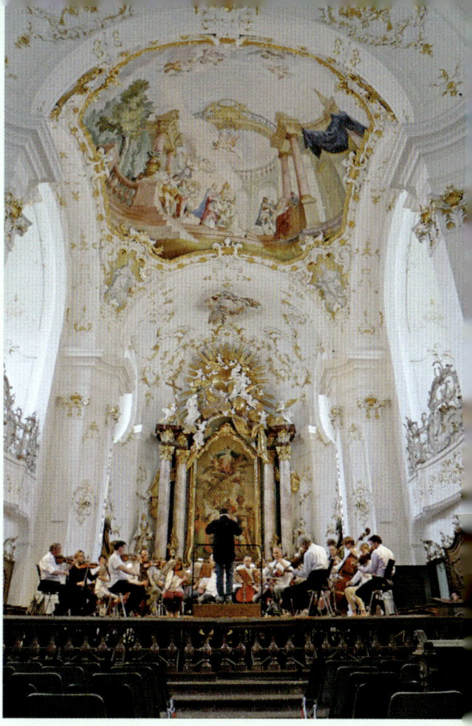

Konzertprobe in der Klosterkirche.

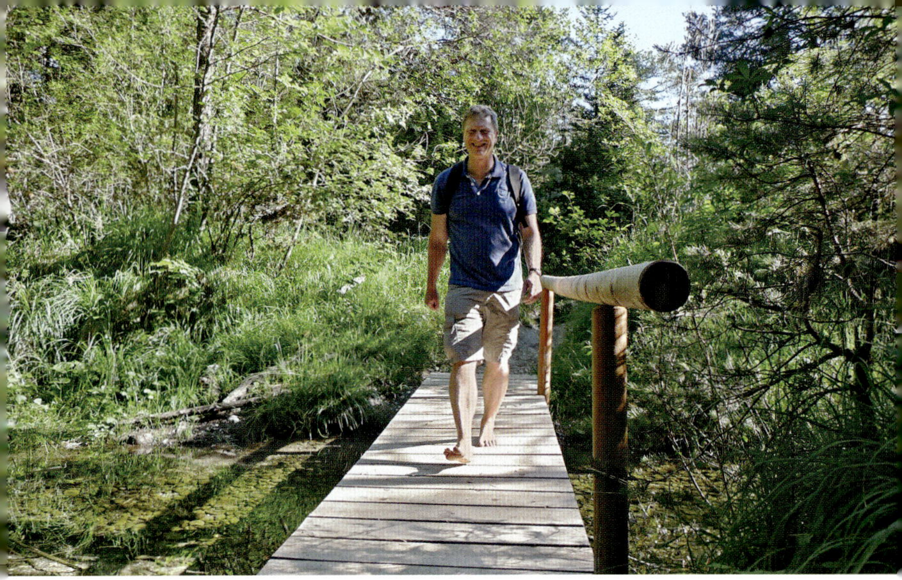

Auf der Wegvariante 2 lässt es sich gut barfuß laufen.

Nun geht es auf einem breiten Fußweg erst gemächlich, dann steiler aufwärts. Nach etwa fünf Minuten zweigt links ein kleinerer Weg ab, hier biegen wir ein (mit Kinderwagen bleiben wir auf dem breiteren Weg) und wandern nun unter Bäumen teilweise gestuft bergan. Nach zehn Minuten läuft unser Weg wieder auf den Hauptweg und wir kommen bald hinauf nach Ebenhausen. Wir gehen bis zur Wolfratshauser Straße, wenden uns links, überqueren an einer Ampel die Straße und gehen geradeaus auf einer kleinen Straße weiter. An der nächsten Abzweigung links biegen wir in die Prof.-Benjamin-Allee ein und stehen zwei Minuten später bereits am Zugang zum **S-Bahnhof Ebenhausen-Schäftlarn (5)**.

Variante 1: Abstieg über Waldpfad: Weg wie in der Hauptroute beschrieben, nach dem zweiten Wegdreieck die zweite Abzweigung rechts nehmen, an der nächsten wieder rechts und ein paar Meter steil hinunter. Genau an der Stelle, an der der Weg für ein, zwei Meter weniger steil verläuft (bevor er wieder steil abfällt), zweigt rechts ein Pfad in den Wald ab, dem wir durch ein Abholzgebiet folgen. Bald wird der Pfad viel deutlicher und verläuft spannend durch den Wald, geht als Karrenweg weiter und mündet in eine Lichtung. Wir spazieren in Gehrichtung auf Wegspuren über die lang gezogene Wiesenfläche (absolut barfußtauglich), bis unser Pfad nach etwa 500 m in einen Kiesweg und dann später in einen Asphaltweg übergeht, wo wir auf die Wanderer der Hauptroute treffen. Orientierungssinn und gut profiliertes Schuhwerk erforderlich.

Variante 2: Durch den Auwald: Wie bei Tour 15 beschrieben von Icking hinunter Richtung Ickinger Wehr. Etwa 100 m vor dem Wehr weist uns ein Schild nach links (»4,5 km Kloster Schäftlarn«) in den Auwald der Isar. Wir ignorieren zwei Abzweigungen nach rechts und gehen auf einer Brücke über den neu angelegten Auenbach. Der Weg wandelt sich schnell zu einem Pfad, wir wandern nun parallel zum Auenbach und zur Isar, jedoch ohne den Fluss zu Gesicht zu bekommen, durch eine urwaldartige Vegetation weiter. Der mindestens 25 bis 30 cm breite Pfad ist auch im Sommer nicht zugewachsen – es ragt höchstens an einigen wenigen Stellen Gras in den Weg. Immer mal wieder muss man allerdings den Kopf einziehen, um unter Sträuchern, die von rechts und links auf etwa 1,60 m Höhe über den Weg wachsen hindurchzukommen. Kinder lieben solche Pfade, Erwachsene sollten aber eine Portion Abenteuerlust mitbringen. Für Barfußläufer ist der Pfad ebenfalls ideal, da der Weg fast ausschließlich auf natürlichem Auwaldboden verläuft. Etwa 50 m bevor der Auenbach wieder in die Isar geleitet wird, halten wir uns an einer Verzweigung links. (Hinweis: Wenn wir auf die Isar treffen, haben wir 50 m vorher den falschen Weg eingeschlagen!) Etwa 10 Minuten später kommen wir zu einer malerischen Holzbrücke, die uns über einen glasklaren Bach führt. Jetzt ist der größte Teil des spannenden Pfades geschafft. Eine kurz darauffolgende Brücke bringt uns trockenen Fußes über eine feuchte, batzige Stelle. Dahinter folgen wir dem Weg nach rechts und kommen überraschenderweise auf eine Lichtung (dieselbe wie bei Variante 1). Hier ist es einfach herrlich auf der Pfadspur barfuß über das weiche Gras zu laufen. Mehrere Hundert Meter dürfen wir dieses Vergnügen genießen, dann geht der Weg in einen Kiesweg und später in einen Asphaltweg über, wo wir auf die Wanderer der Hauptroute treffen.

Im Klosterbräustüberl lockt gegen Ende der Tour eine gemütliche Einkehr.

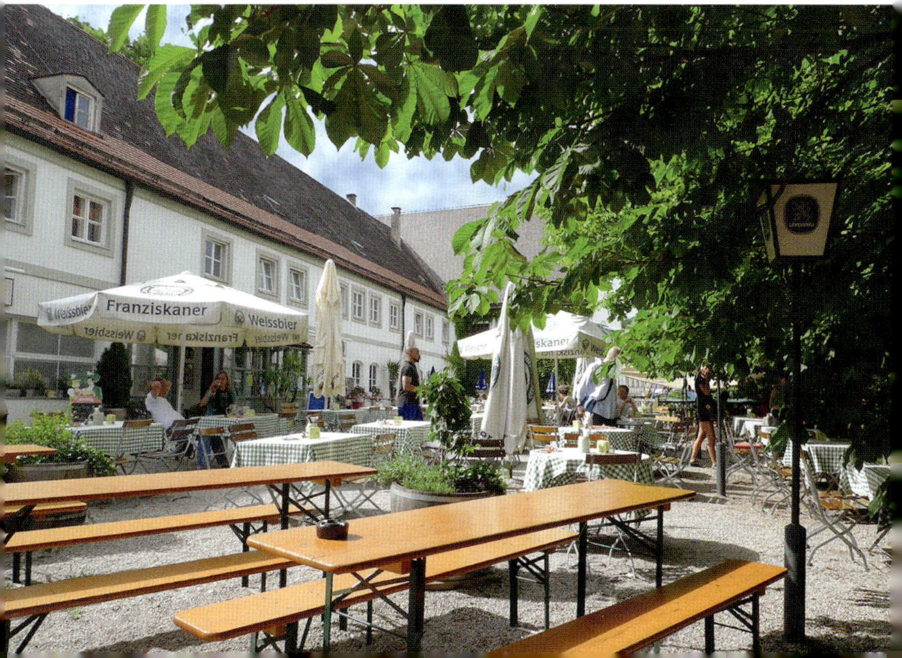

17 Isar-Erlebnispfad Natur

Von Ebenhausen-Schäftlarn ★★

Zwischen Isarkanal und Isar
Am Gasthaus zum Bruckenfischer startet der Erlebnispfad Natur, der uns an Stationen mit Schautafeln (einige davon interaktiv) am Isarkanal entlang mit Einkehrmöglichkeit im Gasthaus Aumühle zum Ickinger Wehr bringt. An einer Station gilt es, die in der Isar vorkommenden Fische zu bestimmen und sich dabei nicht von Fantasienamen in die Irre leiten zu lassen. Der Rückweg führt uns zu einer schönen Stelle an der Isar mit breiten Kiesbänken und vorbei an einer Tierstimmenstation wieder zum Isarkanal. Über den Bruckenfischer und das Kloster Schäftlarn mit seinem Klosterbräustüberl gelangen wir schließlich wieder zum Ausgangspunkt an der S-Bahn-Station Ebenhausen-Schäftlarn zurück.

KURZINFO

Ausgangs- und Endpunkt: S-Bahnhof Ebenhausen-Schäftlarn (S 7 Richtung Wolfratshausen); Fahrzeit 33 Min.
Günstigste Fahrkarte: Familien (mit 2 Erwachsenen): Gruppen-Tageskarte M-1. Erwachsener/e: ab 2 Personen (Gruppen-)Tageskarte M-1. Für eine Person ist die Streifenkarte (je 3 Streifen) günstiger. Jugendliche (15–20 Jahre): Hin- und Rückfahrt je 3 Streifen auf der U21-Streifenkarte (eigene Fahrkarte nicht nötig, wenn z. B. Eltern eine Gruppen-Tageskarte haben). Bei vier oder fünf reisenden Jugendlichen ist die (Erwachsenen-)Gruppen-Tageskarte M-1 günstiger. Kinder (6–14 Jahre): Hin- und Rückfahrt je 1 (Erwachsenen-)Streifen (eigene Fahrkarte nicht nötig, wenn z. B. Eltern eine Gruppen-Tageskarte haben). Kinder unter 6 Jahren: frei.
Gehzeit: 3.45 Std.
Höhenunterschied: 130 m im Auf- und Abstieg.
Distanz: 13,9 km.
Anforderungen: Die Wanderung verläuft nicht wie der Name »Erlebnispfad« vermuten lässt auf Pfaden, sondern auf breiten Kieswegen, teils auf dem Damm des Isarkanals. Steiler Ab- und Aufstieg vom/zur S-Bahn-Station Ebenhausen-Schäftlarn. Die Tour ist deshalb nur bedingt kinderwagengeeignet. Der Erlebnispfad ist (auch) auf Kinder ausgerichtet, wegen der Weglänge eignet sich die Tour aber erst für Kinder ab 10 Jahren.
Ausrüstung: Gut profilierte Trekkingschuhe/-sandalen.
Einkehr: Klosterbräustüberl (Mi. Ruhetag), Gasthaus zum Bruckenfischer (Do. Ruhetag, außer Feiertag), Gasthaus Aumühle (Ruhetage So. und Mo.).

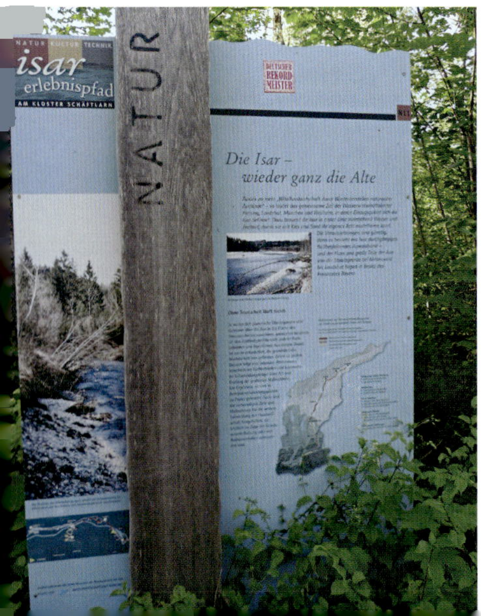

Auf dem Erlebnispfad warten einige interessante Schautafeln.

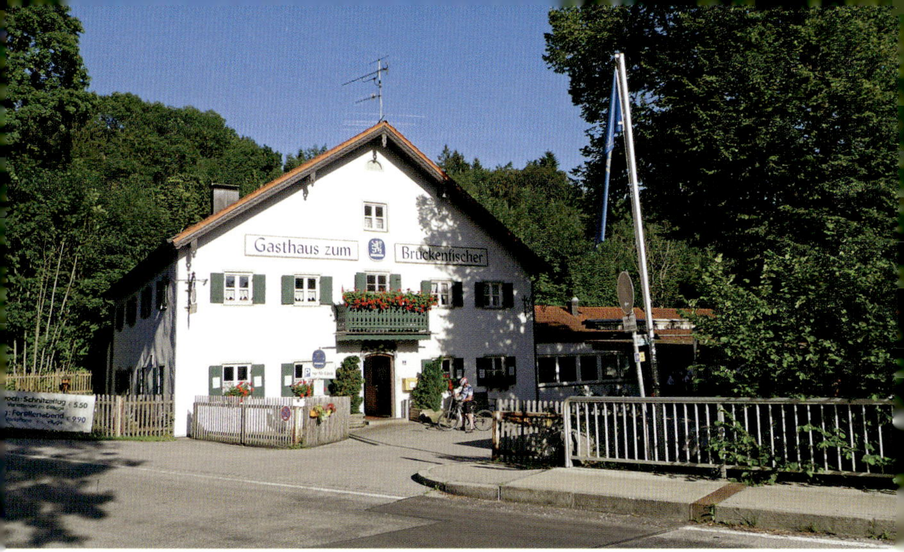

Das Gasthaus zum Bruckenfischer liegt zwischen Isar und Isarkanal.

Vom **S-Bahnhof Ebenhausen-Schäftlarn (1)** halten wir uns nach dem Treppenabgang rechts und gehen oben links auf der Prof.-Benjamin-Allee weiter. Die nächste Straße rechts führt uns zur Wolfratshauser Straße, die wir an der Ampel überqueren. Wir wenden uns links und biegen nach 50 m rechts in den Rodelweg und nach weiteren 50 m links in einen Kiesweg ein (großes Schild »Zum Kloster Schäftlarn«). Nach einer Fahrrad-Wegsperre geht es auf dem Weg nun steil abwärts. Kurz darauf zweigt rechts ein unbeschildeter Weg ab, hier biegen wir ein (mit dem Kinderwagen bleiben wir auf dem breiten Weg) und wandern nun parallel zu dem breiten Kiesweg teilweise über Stufen auf einem kleinen Weg abwärts. Der Weg läuft einige Minuten später wieder auf den Hauptweg. Kurz bevor wir auf die Klosterstraße in Schäftlarn treffen, kann man rechts einen Abstecher zu einer 50 m vom Weg entfernten Kapelle machen. An der Straße wenden wir uns rechts, kommen an der **Klosterkirche (2)** und dem **Klosterbräustüberl** vorbei und folgen der Klosterstraße weiter. Nach einer Rechtskurve beginnt ein Rad-Fußweg – abgetrennt durch einen Grünstreifen von der Straße –, der uns zur Isarbrücke mit dem **Gasthaus zum Bruckenfischer (3)** führt. Wir wenden uns rechts (Beschilderung »Isar-Erlebnispfad Natur«), gehen auf der Asphaltstraße zwischen den Biergartentischen hin-

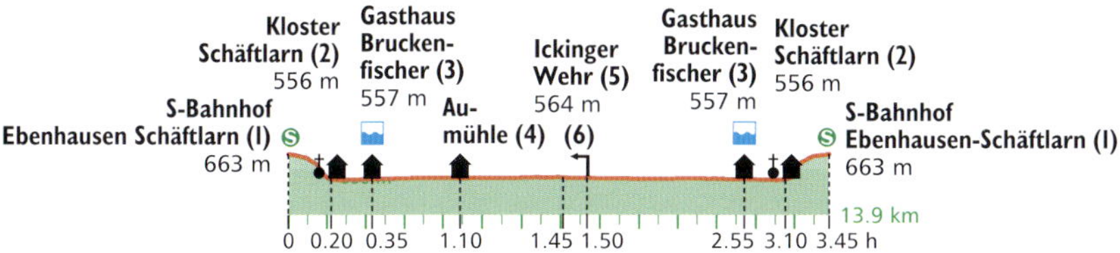

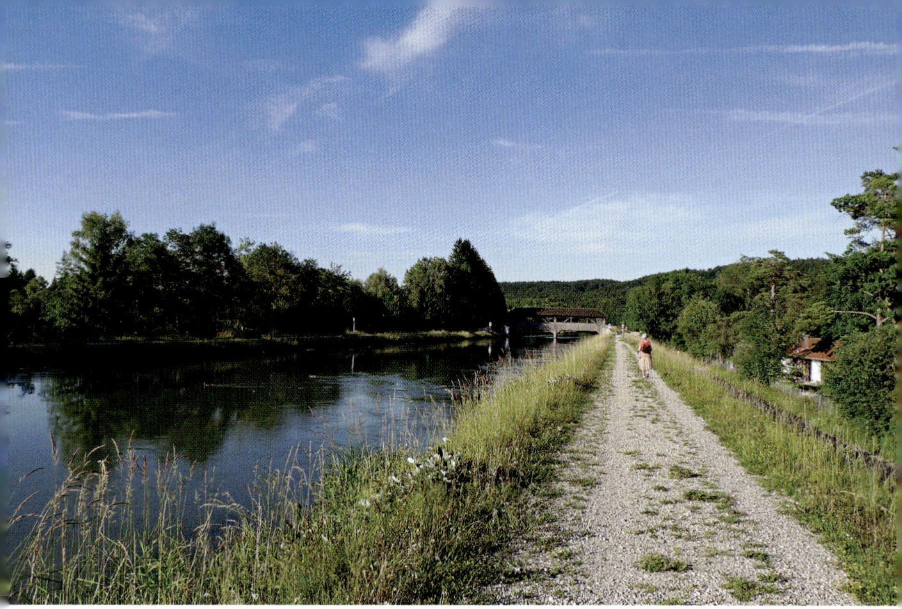

Die Wanderung verläuft zu großen Teilen auf dem Damm des Isarkanals.

durch und müssen uns kurz darauf entscheiden, ob wir dem Isar-Erlebnispfad direkt folgen, indem wir unterhalb des Dammes geradeaus auf einem Kiesweg weiterwandern, oder ob wir den Erlebnisweg für 20 Minuten verlassen, um nach links über viele Treppenstufen zum Isarkanal mit seinem Dammweg aufzusteigen (dabei aber drei Informationstafeln – eine davon interaktiv – verpassen). Dieser Weg verläuft parallel zum Erlebnisweg. Sind wir unten geblieben, besteht nach etwa 100 m die Möglichkeit, auch mit dem Kinderwagen über einen Verbindungsweg zum Dammweg zu gelangen. Nach 2 km werden auch die Wanderer, die auf dem Erlebnisweg geblieben sind, durch ein Schild hinauf zum Damm gewiesen. Kurz darauf kommen wir unmittelbar vor einer Brücke zu einer Station, an der es gilt, mittels Drehelementen Fische zusammenzusetzen und auf der anderen Seite der Station zu raten oder zu wissen, welche der Fische mit allesamt kuriosen Namen in der Isar vorkommen und welche frei erfunden sind. Die Lösung befindet sich unterhalb der drehbaren Plättchen. Ein Wegweiser führt uns über die Holzbrücke und ein nächster weist unmittelbar dahinter nach rechts. Geht man hier vom Damm hinunter, kann man im **Gasthaus Aumühle (4)** mit seinem Gastgarten einkehren.

Auch hier verläuft nun der Erlebnisweg unterhalb des Dammweges auf einer für den Verkehr gesperrten Straße. Wir bleiben aber oben auf dem viel schöneren Dammweg entlang des Isarkanals, wobei wir auf die vielen Fischzuchtbecken der Aumühle hinunterblicken können. Nach etwa 2 km laufen die beiden Wege zusammen, der Isarkanal wird breiter und wir kommen zum **Ickinger Wehr (5)**. Wir folgen der Beschilderung des Isar-Erlebnispfades nach rechts, gehen über den Isar-

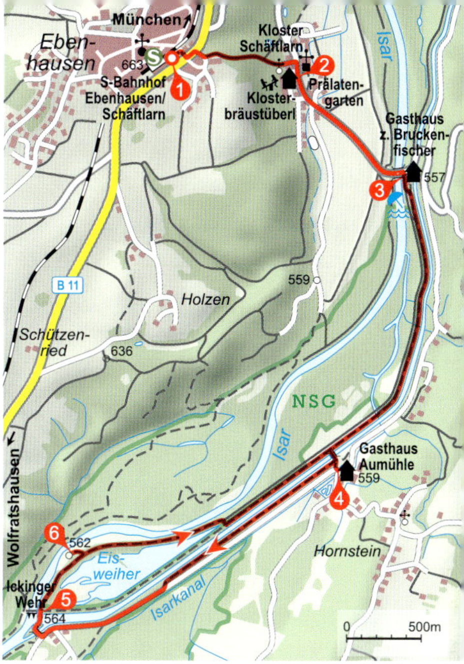

kanal (aber nicht über die Isar) und wenden uns sodann halb rechts (wiederum der Beschilderung des Isar-Erlebnispfades folgend) in einen Weg, der uns – was erst später zu sehen ist – bald an der rechten Seite der Isar entlangführt. Nach etwa 500 m weist die Beschilderung auf einen möglichen Abstecher (Stichweg) zur Isar hin **(6)**. Das sollten wir uns nicht entgehen lassen. Nach 50 m wartet dort eine Station zur Renaturierung der Isar, mit direktem Zugang zum Wasser über eine breite Kiesbank, auf der man gut rasten kann und es für Kinder viel zu entdecken gibt (z. B. große Mengen angeschwemmtes Treibholz). Wieder auf dem Hauptweg erreichen wir nach etwa 15 Minuten eine Station, an der man per Knopfdruck Vogelstimmen hören und erraten kann. Der Erlebnisweg führt hier geradeaus weiter, wir gehen aber die paar Meter hinauf zum Isarkanal, wenden uns links und wandern nun auf dem Damm wieder zum **Gasthaus zum Bruckenfischer (3)** (hier Bademöglichkeit) und auf dem Hinweg an der **Klosterkirche (2)** vorbei wieder zum **S-Bahnhof Ebenhausen-Schäftlarn (1)** zurück.

Welchen Fisch gibt es wirklich: Frauennerfling oder Männerzirzling?

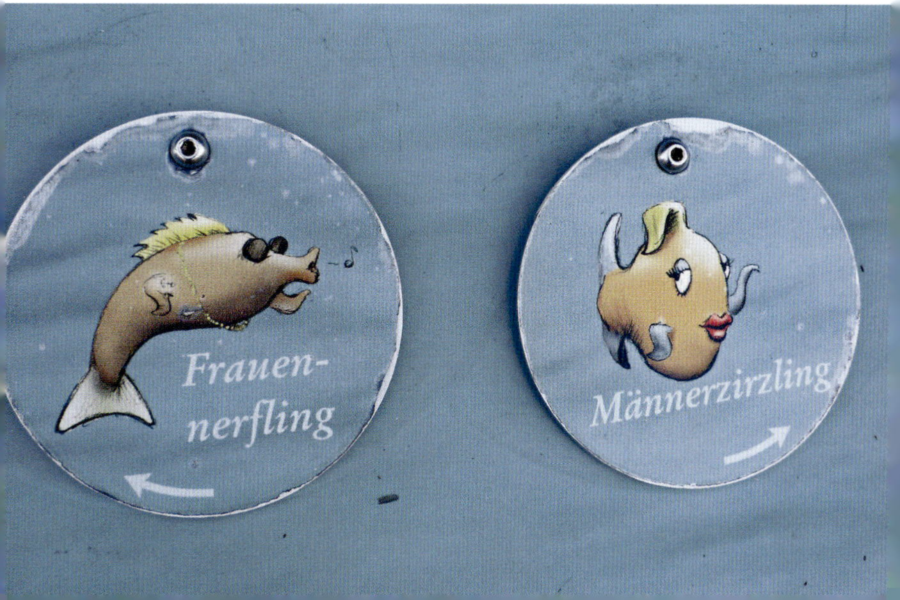

18 Zur Marienklause

Über die Großhesseloher Brücke

★★★

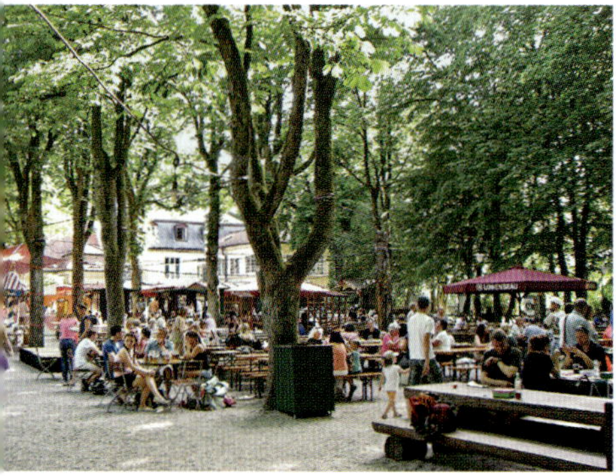

Biergarten Menterschwaige.

Paradetour durchs Isartal

Eine spannende Runde durchs Isartal mit Einkehrmöglichkeiten in gleich drei großen Biergärten erwartet uns vom S-Bahnhof Großhesselohe aus. Nach der Überquerung der Isar auf der 30 Meter hohen Großhesseloher Brücke wandern wir über die Menterschwaige zur Marienklause (Bademöglichkeit) und auf der anderen Isarseite über den idyllischen Hinterbrühler See mit Einkehrmöglichkeit im Gasthaus Hinterbrühl und seinem Biergarten hinauf zur Waldwirtschaft. Dabei führt unser Weg auch ein ganzes Stück am Isarkanal entlang, auf dem uns im Sommer (an Wochenenden nachmittags ab ca. 15 Uhr) die in Wolfratshausen startenden Flöße mit ihren meist feuchtfröhlichen Mitfahrern entgegenkommen.

Der Fußweg über die Großhesseloher Brücke verläuft eine Ebene unter der Bahnstrecke.

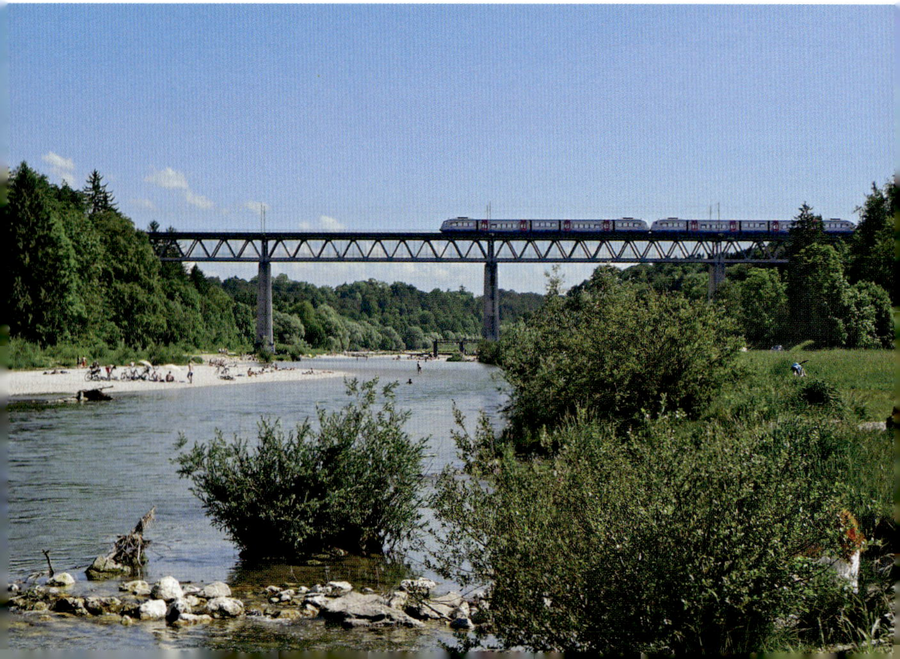

KURZINFO

Ausgangs- und Endpunkt: S-Bahnhof Großhesselohe (S 7 Richtung Wolfratshausen); Fahrzeit 17 Min.
Günstigste Fahrkarte: Familien (mit 2 Erwachsenen): Für Eltern mit mindestens 2 Kindern ab 6 Jahren oder 2 (maximal 3) Jugendlichen bis 20 Jahren Gruppen-Tageskarte M, sonst Streifenkarte (2 Streifen pro Elternteil , 1 Erwachsenen-Streifen pro Kind, 2 Streifen der U21-Streifenkarte für Jugendliche je einzelner Fahrt). Erwachsener/e: bis 2 Personen Streifenkarte (2 Streifen je Person und einfacher Fahrt), bei 3–5 Personen Gruppen-Tageskarte. Jugendliche (15–20 Jahre): Hin- und Rückfahrt je 2 Streifen der U21-Streifekarte (eigene Fahrkarte nicht nötig, wenn z. B. Eltern eine Gruppen-Tageskarte haben). Kinder (6–14 Jahre): Hin- und Rückfahrt je 1 (Erwachsenen-) Streifen (eigene Fahrkarte nicht nötig, wenn z. B. Eltern eine Gruppen-Tageskarte haben). Kinder unter 6 Jahre: frei.
Gehzeit: 2.15 Std.
Höhenunterschied: 90 m im Auf- und Abstieg.
Distanz: 7,9 km.
Anforderungen: Die Tour verläuft auf breiten Kieswegen von der Großhesseloher Brücke bis kurz vor die Marienklause am Isarhochufer und anschließend im Isartal entlang des Isarkanals und der Isar zurück nach Großhesselohe, wo ein kurzer steiler Anstieg auf einer kleinen Teerstraße zu absolvieren ist. Bedingt kinderwagengeeignet (steiler Weg abwärts zur Marienklause, steiler Weg aufwärts zur Waldwirtschaft, Stufen bei Überquerung des Isarkanals – hier aber Umgehungsmöglichkeit über den Gasthof Hinterbrühl).

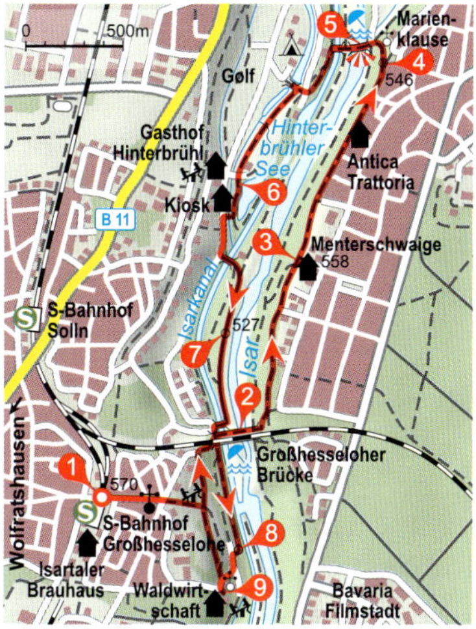

Ausrüstung: Badesachen; kein besonderes Schuhwerk erforderlich.
Einkehr: Isartaler Brauhaus, Menterschwaige (Biergarten, 2023 im Umbau, voraussichtliche Wiedereröffnung 2024), Antica Trattoria, Gasthof Hinterbrühl (Biergarten), Kiosk Hinterbrühler See, Waldwirtschaft.
Variante: Wer die Tour abkürzen möchte, kann sich unmittelbar nach Überqueren der Marienklausenbrücke rechts wenden und auf dem Damm bis zur Tierparkbrücke wandern. Über Treppenstufen (!) geht es auf die Brücke, an deren Geländer in den letzten Jahren mehr als 1000 Vorhängeschlösser von verliebten Paaren mit den eingravierten Namen der Liebenden angebracht wurden. Links kommen wir in wenigen Minuten zur U-Bahn-Station Thalkirchen (Tierpark) U 3, von der wir in die Stadtmitte (Marienplatz) zurückfahren können.

Am **S-Bahnhof Großhesselohe (1)** gehen wir (von München kommend) entgegen der Fahrtrichtung zum Treppenabgang, wenden uns unten in der Unterführung rechts und wandern auf der Sollner Straße zur Pullacher Straße. Wir gehen über die Kreuzung und setzen unseren Weg auf dem geradeausführenden Fußweg fort. An einem Spielplatz stoßen wir auf einen querenden Weg, hier wenden wir uns links und spazieren auf diesem Weg geradeaus weiter. Nach wenigen Minuten biegen wir rechts in einen asphaltierten Weg ein und folgen dem Wegweiser

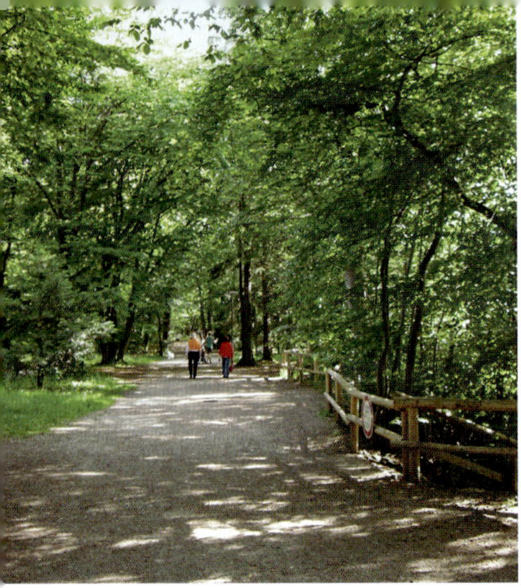

Vorne rechts im Bild zweigt der Weg vom Hochufer zur Marienklause ab.

zur **Großhesseloher Brücke (2)**. Wir spazieren nun auf der Brücke, die nur von Fußgängern, Radlern und dem eine Ebene höher fahrenden Zug benutzt werden kann, über die Isar und genießen den tollen Blick hinunter auf den Fluss mit seinen Kiesbänken. Von der Brücke wenden wir uns links und noch zweimal links und wandern nun auf einem Fußweg unter Bäumen am Isarhochufer entlang Richtung München. Nach 15 Minuten kommen wir direkt an dem riesigen Biergarten der **Menterschwaige (3)** vorbei (voraussichtliche Wiedereröffnung 2024), folgen weiter dem schönen Weg am Isarhochufer entlang und kommen am Zugang zu der Einkehrmöglichkeit **Antica Trattoria** vorbei. 400 m später biegen wir links in den zur Isar abwärtsführenden Fußweg ein **(4)** (mit dem Kinderwagen geht es 100 m weiter links hinunter) und kommen fast unten an der kleinen hölzernen Marienklause-Kapelle vorbei. Kurz darauf spazieren wir über die große Brücke an der **Marienklause (5)**, die nach einer Renovierung nun auch mit einem Aussichtspunkt direkt über der Isar aufwartet. Nach der Überquerung des Flusses gehen wir geradeaus weiter, überqueren auf einer zweiten Brücke den **Isarkanal** und biegen unmittelbar dahinter links ein. (Rechts ginge es zur Floßlände, dem Endpunkt der beliebten Floßfahrten von Wolfratshausen nach Thalkirchen.) Wir wandern nun gemütlich am Isarkanal entlang, bleiben an einer Verzweigung am Wasser und schwenken bald darauf mit dem Weg nach rechts. An einer Wegkreuzung gehen wir geradeaus weiter und kommen zu einer Brücke, von der man den Wellensurfern bei ihren immer neuen Versuchen, sich mehr als ein paar Sekunden auf dem Brett auf der stehenden Welle des kleinen Kanals zu halten, zusehen kann. Hier befindet sich auch eine schöne Liegewiese, die zum Picknicken oder Sonnenbaden einlädt. Noch vor der Brücke (vom großen Isarkanal kommend) zweigt links ein kleiner Kiesweg ein, der uns nun sehr schön an dem kleinen Isarkanal entlang, direkt nach **Hinterbrühl** führt. Im Sommer an Wochenenden ab ca. 15 Uhr kann man hier die vielen Flöße bei ihrer Fahrt durch das schnell fließende Wasser bestaunen.

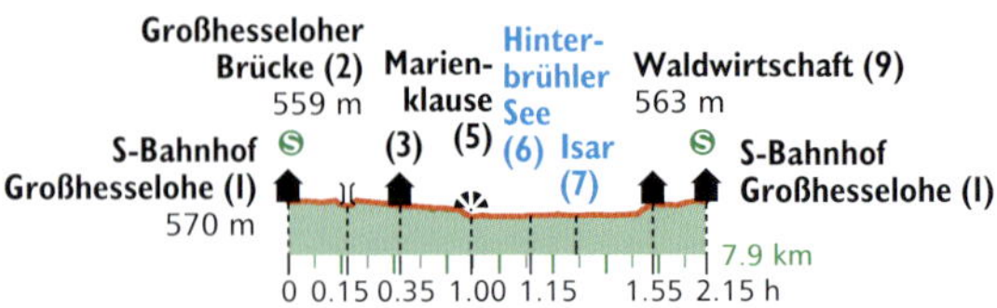

An den Floßrutschen (hier in Hinterbrühl) heißt es »Alle hinhocken«.

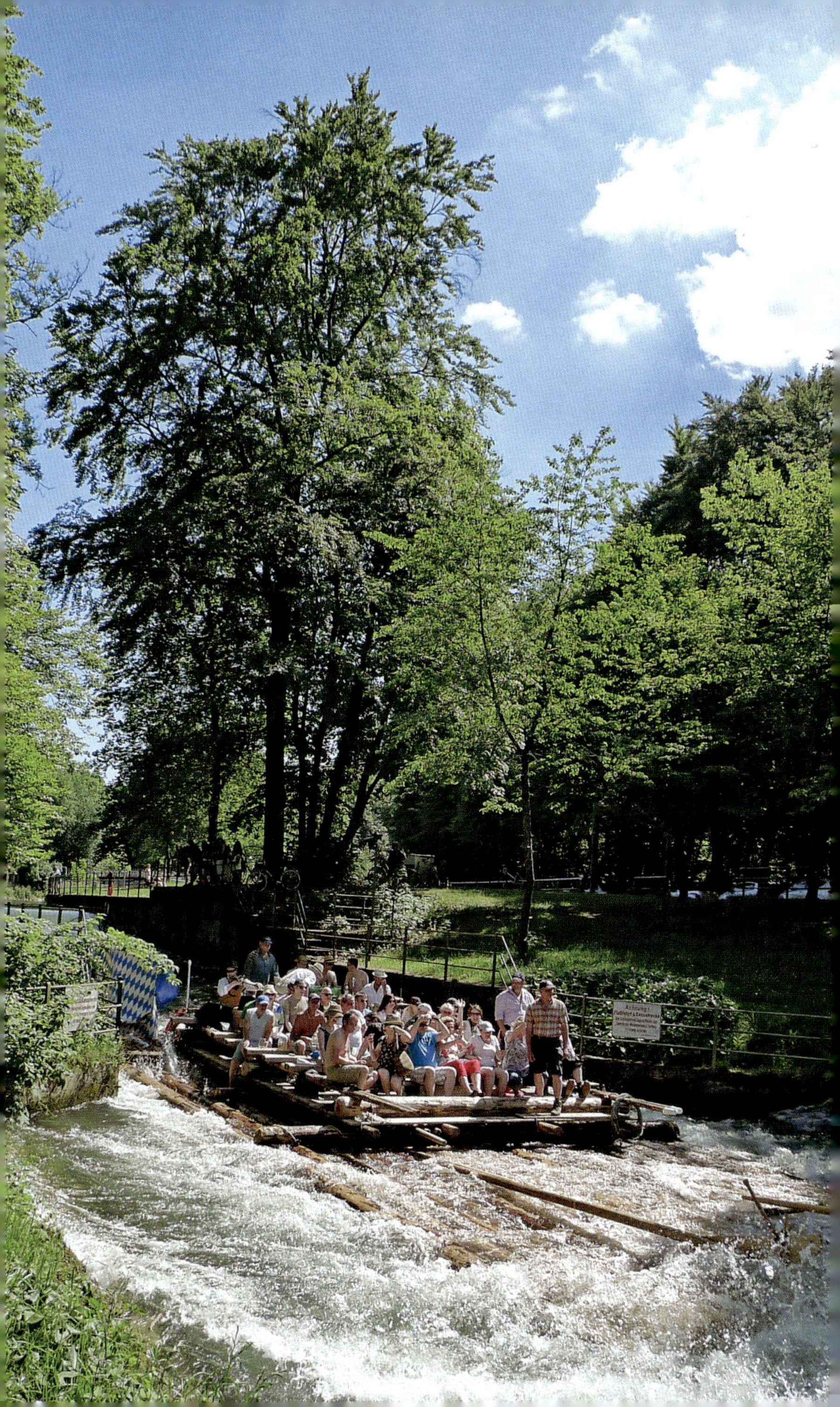

Hinterbrühler See

Der idyllische, als Landschaftsschutzgebiet ausgewiesene Hinterbrühler See liegt im Münchner Stadtteil Thalkirchen zwischen dem Isarwerkkanal und dem kurz vorher abzweigenden Floßkanal, auf dem die von Wolfratshausen kommenden Ausflugsflöße das letzte Stück bis zur Floßlände fahren. Der See entstand erst Anfang des 20. Jahrhunderts beim Bau der beiden Isarkanäle, als ein Altwasser der Isar vom Hauptfluss getrennt, im Südteil zugeschüttet und der entstehende See durch Ausbaggerungen für die Kanaldämme vergrößert wurde. Das Gewässer hat durch ein Betonrohr einen Zulauf aus dem Isarkanal und im Westen und Norden zwei kleine Abflüsse.

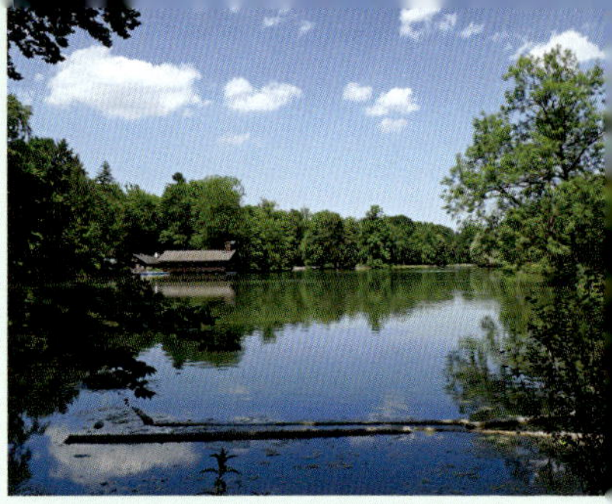

Malerischer Hinterbrühler See.

Rechts wartet mit dem **Gasthaus Hinterbrühl** ein bayerisches Wirtshaus und ein großer Biergarten. Links geht es zum idyllischen **Hinterbrühler See (6)**, an dem wir nun entgegen dem Uhrzeigersinn entlangwandern. Wir kommen zu einem **Kiosk** mit Tischen und Bänken, hier kann man sich auch ein Ruderboot ausleihen. Wir gehen nun noch ein Stück weiter, kommen an den Kanal und gehen rechts über die kleine Brücke. *(Tipp: Der kleine See lässt sich auch in 20 Minuten geradeausgehend sehr schön umrunden.)* Danach halten wir uns links und wandern auf der Conwentzstraße bis zur nächsten Brücke weiter. Wir überqueren den Isarkanal und erreichen auf einem breiten Weg die **Isar (7)**, an der wir auf den Steinen am Ufer eine Rast einlegen können. Wir wandern nun flussaufwärts, wenden uns kurz vor der Großhesseloher Brücke rechts, überqueren den Isarkanal, schwenken unmittelbar dahinter links und gehen unter der **Großhesseloher Brücke (2)** hindurch. Nach 600 m zweigt rechts ein asphaltierter Weg ab **(8)**, der uns steil aufwärtsführt. Oben weist ein Schild nach rechts zur S-Bahn-Station Großhesselohe, wir wollen aber erst noch der **Waldwirtschaft (9)** einen Besuch abstatten und wenden uns daher links, um zwei Minuten später bereits am Eingang des großen Biergartens zu stehen. Sonntags wird hier Jazz gespielt, auf die Kinder wartet neben einem kleinen Spielplatz und einer Schiffschaukel eine Trampolinanlage. Am Ende des Parkplatzes befindet sich zudem eine Minigolfanlage. Für den Rückweg gehen wir wieder zu dem Wegweiser mit dem Hinweisschild zur S-Bahn zurück, folgen dem nicht allzu breiten Kiesweg an einer Verzweigung geradeaus und kommen wieder an den Spielplatz, den wir bereits vom Beginn unserer Wanderung kennen. Wir wenden uns vor dem Spielplatz links und kommen in zehn Minuten wieder zurück zum **S-Bahnhof Großhesselohe (1)**, wo wir noch gemütlich im **Isartaler Brauhaus** einkehren können.

Von Deisenhofen ins Isartal

Durch das Gleißental

★★

Schöne Streckenwanderung über den Deininger Weiher

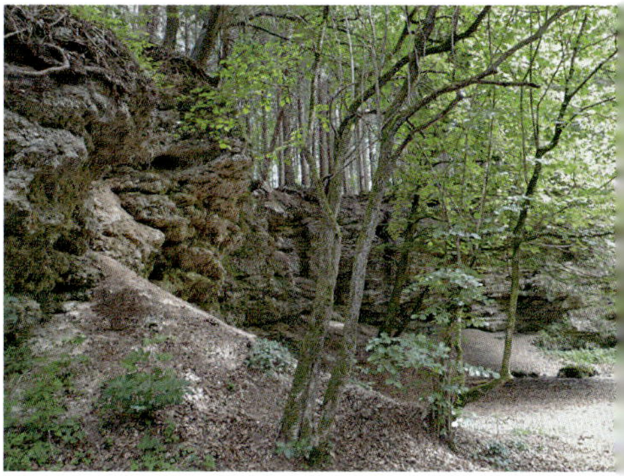

Nagelfluhformationen im Gleißental.

Vom Bahnhof Deisenhofen (S 3) führt eine abwechslungsreiche Wanderung über das beschauliche Gleißental ins Isartal, wo man sich dann entscheiden kann, ob man lieber von Ebenhausen-Schäftlarn oder von Icking die Heimfahrt mit der S 7 antreten möchte. Etwa nach der Hälfte des Weges lockt eine Badepause am Deininger Weiher, einem eiszeitlichen Moorsee, der sich dank des leicht braunen Wassers und seiner geringen Tiefe bereits im Mai sehr schnell erwärmt. Dort wartet auch mit dem Waldhaus Deininger Weiher eine gemütliche Einkehrmöglichkeit direkt am Wasser, bevor wir dann über Deining und das kleine Hornstein zum Gasthof Aumühle an der Isar kommen. Für diejenigen, die lieber vom Deininger Weiher nach Deisenhofen zurückkehren wollen, stellen wir eine ausführlich beschriebene Variante über Kreuzpullach vor, für die man allerdings etwas Orientierungssinn mitbringen muss.

Der Deininger Weiher ist ein Moorsee mit leicht bräunlichem Wasser.

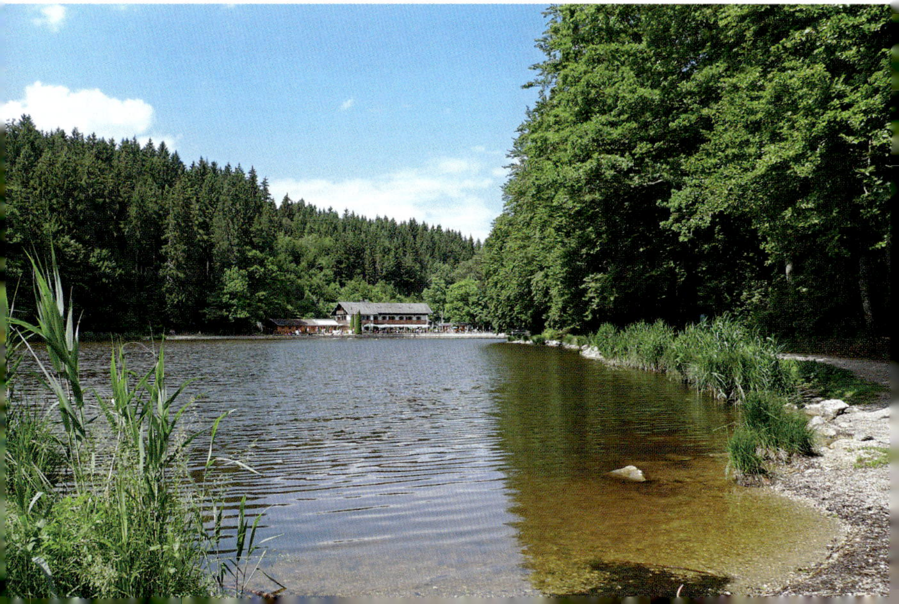

KURZINFO

Ausgangspunkt: S-Bahnhof Deisenhofen (S 3 Richtung Holzkirchen); Fahrzeit 28 Min. Deisenhofen ist auch Haltestelle der Bayerischen Regiobahn. In deren Zügen sind die MVV-Tickets bis Deisenhofen gültig.
Endpunkt: S-Bahnhof Icking (S 7); Fahrzeit 38 Min.; oder S-Bahnhof Ebenhausen-Schäftlarn (S 7); Fahrzeit 35 Min.
Günstigste Fahrkarte: Familien (mit 2 Erwachsenen): Endpunkt Icking: Gruppentageskarte M-2; Endpunkt Ebenhausen-Schaäftlarn: Für Eltern mit mindestens einem Kind ab 6 Jahren oder einem (max. drei) Jugendlichen bis 20 Jahren Gruppen-Tageskarte M-1, sonst 2 Streifen für Hinfahrt und 3 Streifen für Rückfahrt pro Elternteil. Erwachsener/e: Endpunkt Icking: 1 Person Streifenkarte (2 Streifen Hinfahrt, 4 Streifen Rückfahrt), ab 2 Personen Gruppen-Tageskarte M-2. Endpunkt Ebenhausen-Schäftlarn: ab 3 Personen Gruppen-Tageskarte M-1, sonst Streifenkarte, je Person für Hinfahrt 2 Streifen, für Rückfahrt 3 Streifen. Jugendliche (15–20 Jahre): Endpunkt Icking: für 4 oder 5 Jugendliche Gruppentageskarte M-2, sonst je Jugendlichem 2 Streifen von der U21-Streifenkarte für Hinfahrt und 4 Streifen für Rückfahrt. Endpunkt Ebenhausen-Schäftlarn: 5 Jugendliche Gruppentageskarte M-1, sonst von U21-Streifenkarte je Jugendlichem 2 Streifen für Hinfahrt und 3 Streifen für Rückfahrt (eigene Fahrkarte nicht nötig, wenn z. B. Eltern eine Gruppen-Tageskarte haben). Kinder (6–14 Jahre): Hin- und Rückfahrt je 1 (Erwachsenen-) Streifen (eigene Fahrkarte nicht nötig, wenn z. B. Eltern eine Gruppen-Tageskarte haben). Kinder unter 6 Jahren: frei.
Gehzeit: 5 Std.
Höhenunterschied: 220 m im Aufstieg, 150 m im Abstieg.
Distanz: 19,6 km.
Anforderungen: Lange, abwechslungsreiche Wanderung mit Auf- und Abstiegen auf gut ausgebauten Kies- und Asphaltwegen. Vor Deining besteht die Möglichkeit, bei trockenem Boden auf einen Wiesenpfad auszuweichen. Die Hauptroute ist für geländegängige Kinderwagen zwar möglich, wegen der Länge der Tour und aufgrund der An- und Abstiege allerdings nur bedingt empfehlenswert.
Ausrüstung: Gut profilierte Trekkingschuhe/-sandalen.
Einkehr: Waldhaus Deininger Weiher (Montag Ruhetag), Angerstuben in Deining, Gasthaus Aumühle, Gasthaus zum Bruckenfischer, Klosterbräustüberl am Kloster Schäftlarn.
Variante: Rückweg nach Deisenhofen vom Waldhaus am Deininger Weiher über Jettenhausen und Kreuzpullach (siehe Haupttext). Die Variante ist etwas kürzer, für Kinderwagen allerdings nicht geeignet.

In **Deisenhofen (1)** wenden wir uns nach dem Treppenabgang vom Bahnsteig links zur Westseite des Bahnhofs und folgen hier dem Wegweiser »Wanderweg Gleißental, Deininger Weiher« nach links die Treppen hinauf (Umgehungsmöglichkeit für Kinderwagen vorhanden). Wir folgen nun der Sauerlacher Straße entlang der Gleise, überqueren bald die Jägerstraße und biegen bei der nächsten Kreuzung rechts in die Stefanienstraße ein, der wir nun geradeaus folgen. Nach 300 m geht die

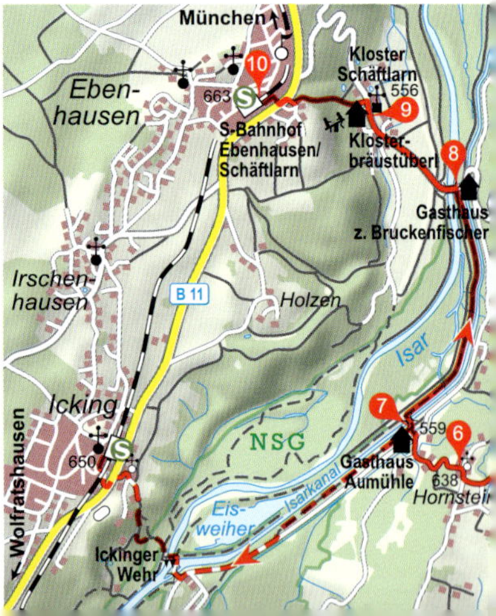

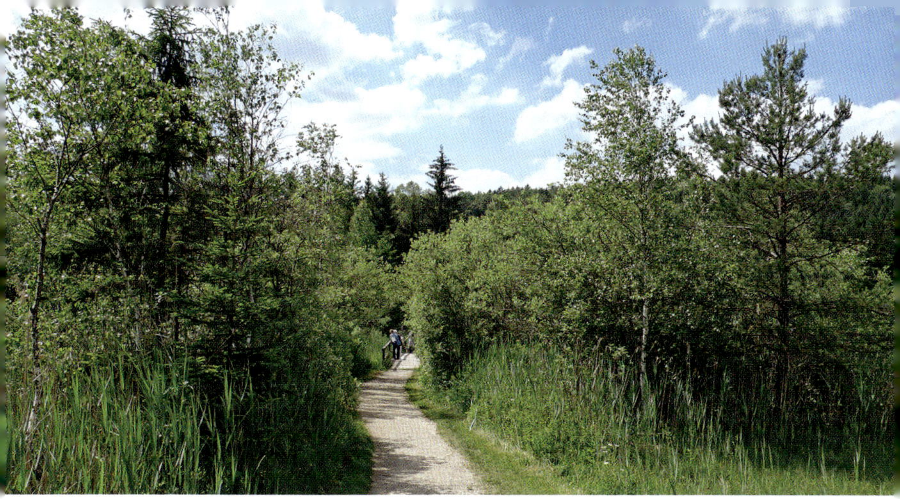

Typischer Verlandungsbewuchs am Südende des Deininger Weihers.

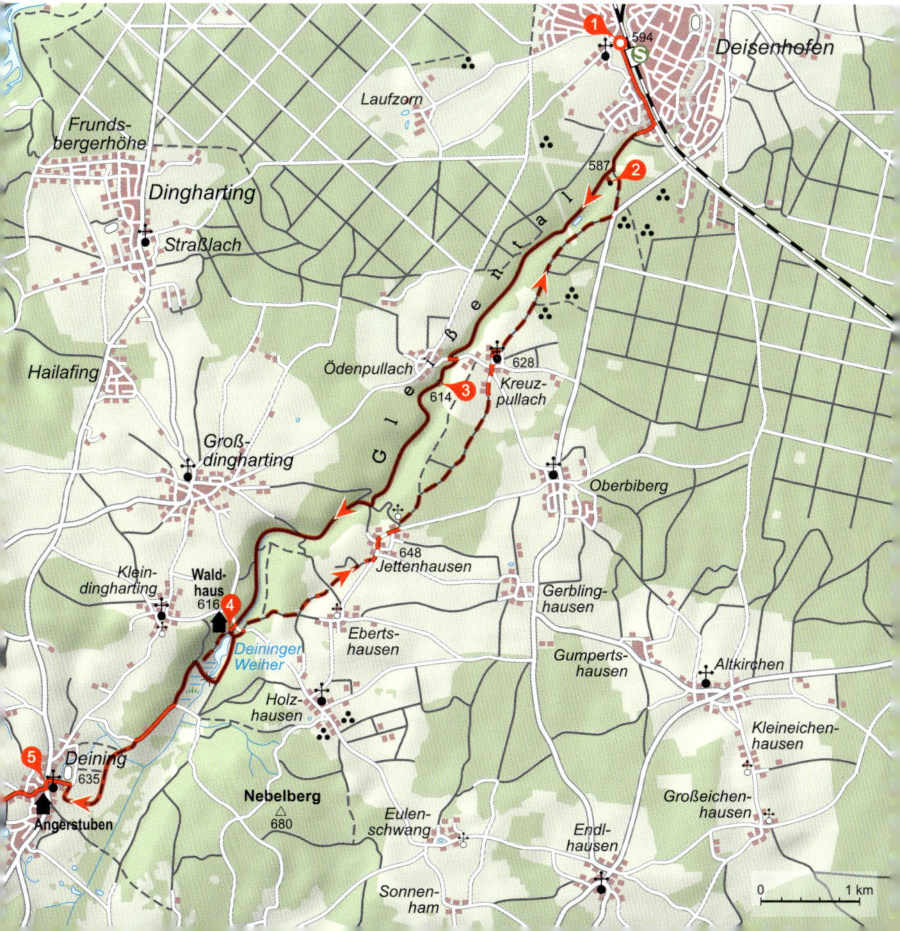

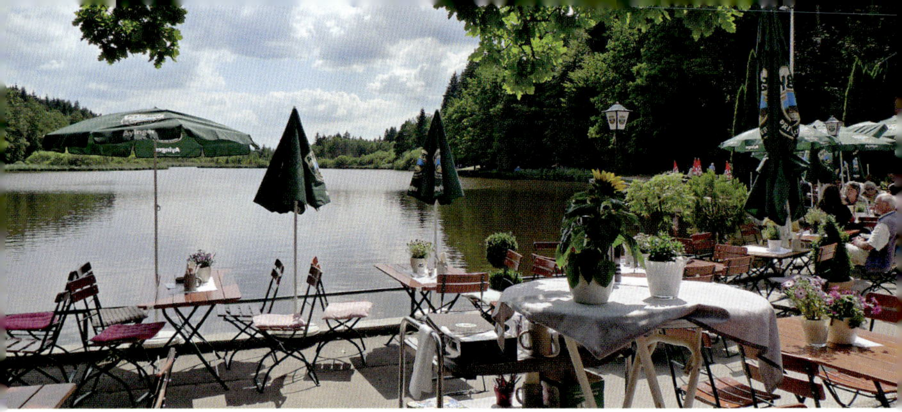

Die Terrasse des Waldhaus Deininger Weiher liegt direkt am Wasser.

Straße nach zwei Pfosten geradeaus in einen gekiesten Waldweg über. 500 m später erreichen wir eine Wegverzweigung. Hier wenden wir uns links, um etwa 20 m später gleich wieder rechts abzubiegen. Kurz darauf kann man nach links einen Abstecher auf einem Kiesweg machen und erreicht nach ein paar Metern einen eigentümlichen Platz mit senkrecht vor uns aufsteigenden **Steinformationen (2)**. Wir gehen wieder zurück und wandern nun auf gutem Weg (mit Kinderwagen holprig) durch das beschauliche **Gleißental**, kommen an einem Marterl mit Rastbank vorbei und folgen weiter dem überwiegend schattigen Weg, bis wir auf eine Asphaltstraße stoßen. Hier wenden wir uns links, gehen etwa 50 m auf der Straße und biegen sodann gleich wieder rechts in den Kiesweg ab. Wir befinden uns nun etwa in der **Mitte des Gleißentales (3)**. An einer Stelle geht es auf einem weichen Waldweg 50 m über Wurzeln, dann führt der Weg auf Kies weiter. Nach gut zwei Stunden Gesamtgehzeit erreichen wir den **Deininger Weiher (4)** mit dem bewirtschafteten, direkt am See gelegenen **Waldhaus Deininger Weiher**.

Wir gehen nun im Uhrzeigersinn (teilweise) um den idyllischen, kleinen Waldsee. Hierzu wenden wir uns vor dem Gasthaus links und kommen schnell zu einer Badestelle – von hier führt ein Uferweg direkt am See entlang. Nach etwa 500 m zweigt dann rechts ein Weg ab, der uns direkt durchs Schilf und über eine Holzbrücke mit tollem Blick auf den verschilften vorderen Seeteil führt. An der nächsten Abzweigung müssen wir uns nun entscheiden, ob wir nach Icking bzw. Schäftlarn oder nach Deisenhofen zurückwandern wollen. (Anmerkung: Auch wenn wir uns für erstere Option entscheiden, lohnt es sich dennoch, den See vollständig zu umrunden und dann später wieder zu der Verzweigung zurückzukehren.)

Weg nach Schäftlarn/Icking

Wir wenden uns an der Abzweigung nach der Brücke unbeschildert links aufwärts, stoßen kurz darauf auf einen Weg und wenden uns links. Der recht schmale Wirtschaftsweg führt zu einer Verzweigung, hier schwenken wir rechts und wandern auf einem Kiesweg weiter, der bald zu einem kleinen Asphaltsträßchen wird. Am Ende einer lang gezogenen

Deininger Weiher

Der Deininger Weiher ist ein kleiner, flacher Moorsee mit einer durchschnittlichen Tiefe von nur 1,80 Metern, einer Länge von 260 Metern und einer Breite von knapp 100 Metern. Er ist ein Überbleibsel der letzten Eiszeit (Toteissee) und entstand aus der Egling-Deininger Gletscherzunge (Teil des Wolfratshausener Glazialbeckens). Während der nördliche Teil des Weihers am Ost- und besonders am Westufer schöne Badeplätze bereithält, findet im südlichen, unter Naturschutz stehenden Bereich ein starker Verlandungsprozess statt. In diesem schilfreichen Biotop leben Ringelnattern, Blindschleichen und Wasserschildkröten. Ein kleiner Bach (sogenannter Zulaufgraben) speist den Weiher im Süden, der nördliche Abfluss (Gleißenbach) versickert schnell im Geröllbett des Gleißentales.

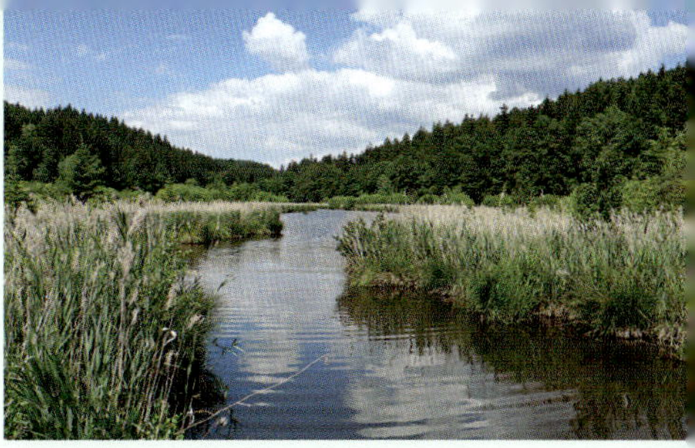

Zufluss am Südende des Weihers.

Rechtskurve zweigt links ein unbeschildeter Kiesweg ab. Wer etwas Orientierungssinn mitbringt, biegt hier bei trockenen Bodenverhältnissen ein (alternativ geht man auf dem Asphaltweg – der Weiherstraße – weiter und biegt an dessen Ende links in die Talstraße ein, die wiederum links in die Münchner Straße führt; auf dieser dann bis zur Kirche, wo wir auf die Wanderer treffen, die in den Kiesweg eingebogen sind) und wandert nach ein paar Metern auf einem Wiesenweg weiter.
Nach dem Überqueren eines kleinen Baches wählen wir an der Verzweigung den linken Weg und wandern nun auf einem (je nach Jahreszeit) mehr oder weniger deutlichen Wiesenweg (absolut barfußtauglich!) geradeaus weiter. An einer undeutlichen Einmündung eines von rechts kommenden Weges gehen wir geradeaus weiter und schwenken erst etwa auf Höhe der Deininger Kirche mit dem Weg nach rechts aufwärts. Oben dreht der Weg nach rechts und wir kommen schnell zu einem Sportplatz, vor dem wir links aufwärts abbiegen. Nach wenigen Minuten erreichen wir die Münchner/Tölzer Straße in **Deining (5)** und wenden uns links, um kurz nach der Kirche gegenüber dem seit dem Jahr 2014 geschlossenen Gasthaus Deininger Post, rechts in die Hornsteiner Straße einzubiegen (Radfahrerbeschilderung »Aumühle«). (Hinweis: Geht man die Münchner Straße noch ein Stück weiter, kommt man zur bewirtschafteten **Angerstuben** mit ihrem großen Gastgarten.)

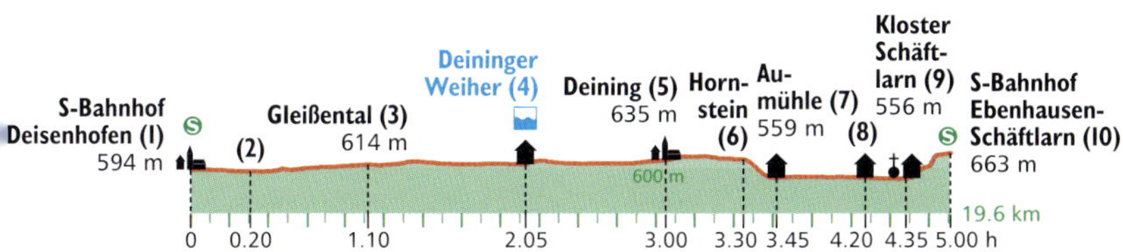

An einer Verzweigung wenden wir uns links und verlassen die Hornsteiner Straße 400 m später nach rechts in einen Kiesweg, der uns schön durch die offene Landschaft führt. Nach 15 Minuten trifft der Weg wieder auf die Hornsteiner Straße, wir gehen rechts, kommen schnell in das verschlafene **Hornstein (6)** und stoßen auf eine Straße. Hier biegen wir rechts ein und wenden uns gegenüber der kleinen **Kirche** in den links steil abwärtsführenden Kiesweg (Beschilderung »1,0 km Aumühle«), der uns in zehn Minuten hinunter zur Aumühle – Abzweigungen ignorierend – mit der großen Fischzuchtanlage bringt. An der Verzweigung gehen wir rechts und stehen kurz darauf vor dem Wirtschaft **Aumühle (7)** mit ihrem Gastgarten. Unmittelbar dahinter führt links ein Weg hinauf zum Isarkanal.
Um nach Schäftlarn zu kommen, wenden wir uns rechts und marschieren links über die Holzbrücke, um gleich darauf rechts etwa 2 km am Kanal entlangzuwandern. Kurz vor dem **Gasthaus zum Bruckenfischer (8)** gehen wir die Treppen hinunter (ein Stück vorher führt ein Weg für diejenigen, die mit dem Kinderwagen unterwegs sind, nach unten) und kommen rechts zu dem Gasthaus mit dem Biergarten über der Isar. Wir biegen danach links in die Klosterstraße ein, spazieren über die Isar und wandern nun auf dem Fußweg rechts der Straße zum **Kloster Schäftlarn (9)** mit dem **Klosterbräustüberl** und dem sehenswerten **Prälatengarten** (siehe Tour 16, Seite 99). Wir gehen weiter zur Klosterkirche (Eingang direkt an der Klosterstraße) und folgen etwa 50 m danach dem Wegweiser nach links zum **S-Bahnhof Ebenhausen-Schäftlarn (10)** – genaue Beschreibung des letzten Wegstücks siehe Tour 16.
Wollen wir hingegen von der **Aumühle (7)** nach Icking wandern, wenden wir uns nach der Aumühle oben am Isarkanal links und erreichen nach gut 2 km entlang des Kanals das **Ickinger Wehr**. Hier überqueren wir den Kanal und die Isar (letztere zuerst durch eine Tür, die uns in das Wehr führt) und wenden uns danach rechts (»Icking 0,8 km«). Ein Kiesweg führt uns nun das Isarhochufer hinauf, geht auf halber Höhe in den asphaltierten Isarweg über und stößt auf die B 11. Hier wenden wir uns links, überqueren nach 100 m die Straße und kommen über die Straße »Wenzberg« in zwei Minuten zur **S-Bahn-Station Icking**.

Variante: Weg zurück nach Deisenhofen über Kreuzpullach (9 km, Gehzeit 2.15 Std., etwas Orientierungssinn erforderlich): Hierzu wenden wir uns an der Abzweigung nach der Brücke am **Deininger Weiher** rechts und wandern nun erst durch Wald, um bald darauf zu einer schönen Badestelle mit Liegewiese zu kommen. Ab dort führt der Weg wieder direkt am See entlang, schließlich durch die Seeterrasse der Gaststätte, sodass sich diese schöne Seerunde schließt. Für den Rückweg nach Deisenhofen gehen wir nochmal ein ganz kleines Stück im Uhrzeigersinn weiter, um dann kurz vor der ersten Badestelle links aufwärts in einen breiten Kiesweg einzubiegen, der uns hinauf zur Straße bringt, die nach Großdingharting führt. Wir überqueren die Straße und wandern auf der gegenüberliegenden Straßenseite geradeaus weiter auf einem Kiesweg in den Wald. An einer Abzweigung halten wir uns

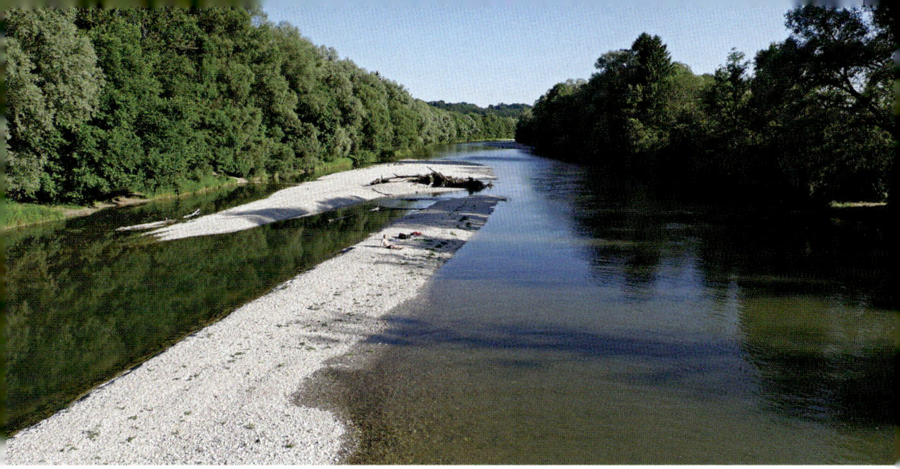

Isar-Kiesbank beim Gasthaus zum Bruckenfischer.

rechts und folgen dem Weg bergan zum Waldrand. Der jetzt zweispurige Weg ist hier besonders im Sommer etwas verwachsen, bleibt aber stets erkennbar. Nun ist etwas Vorsicht geboten, um die undeutliche Abzweigung, die wir einschlagen müssen, nicht zu verpassen. Genau an der Stelle, an der der Weg, der geradeaus nach Ebertshausen führen würde, beginnt stark anzusteigen, zweigen wir links in einen meist nur zu erahnenden Wiesenweg ab, der erst über die Wiese, dann am Waldrand entlangführt. Nach etwa fünf Minuten stoßen wir an einem frei stehenden Baum auf einen querenden Karrenweg und wandern geradeaus auf einem ebenfalls schlecht zu erkennenden Weg auf einen ca. 500 m weit entfernten Hof zu. An diesem treffen wir auf die Straße, die von Ebertshausen kommt, wenden uns links und wandern nach **Jettenhausen** hinein. Wir gehen an einer von rechts kommenden Straßeneinmündung geradeaus weiter und wenden uns an der nächsten Verzweigung mit der Straße nach rechts. Kurz vor dem Ortsende weist uns nun ein altes Schild nach links Richtung Kreuz- und Ödenpullach. Hier biegen wir ein, halten uns an der kurz darauf folgenden Verzweigung rechts und wandern an einer winzigen Kapelle vorbei durch den Wald. Nach zehn Minuten kommen wir auf freies Feld, bald darauf geht der Weg in eine Straße über. Wir ignorieren einen Abzweig nach Oberbiberg und spazieren nun nach **Kreuzpullach** hinein. Dort wenden wir uns rechts (Beschilderung »Deisenhofen«) und gleich wieder links, gehen an der erst jetzt zu sehenden Ortskirche vorbei, schwenken rechts und entdecken am Ende der asphaltierten Fläche einen nach links über die Felder führenden Karrenweg. Hier biegen wir ein, halten uns an der nächsten Verzweigung links, wandern nun durch Wald und kommen zu einer Straße. Wir biegen links in den Rad-/Fußweg ein und schwenken 10 m später gleich wieder links in einen Kiesweg, der uns nach zehn Minuten wieder auf den Hinweg bringt. Auf dem bereits bekannten Weg wandern wir nun in einer Viertelstunde zum **Bahnhof Deisenhofen (1)** zurück.

20 Nach Grünwald

Von Deisenhofen

★★

Einkehrfreuden und Burg(museums)besichtigung

Die Wanderung führt uns von der Linie S 3 in Deisenhofen über den großen, sehr kinderfreundlichen Biergarten Kugler Alm, den Grünwalder Forst, das Forsthaus Wörnbrunn und die Burg Grünwald zur S 7. Die Burg Grünwald beherbergt ein interessantes Museum (geöffnet von Karsamstag bis Allerheiligen Mi.–So. und feiertags 10–17 Uhr, Tel. +49 89 6413218), in dem man nicht nur etwas über die Burg (großes Burgmodell, das die Anlage im Mittelalter darstellt) erfährt, sondern auch z. B. eine römische Küche bestaunen kann. Ein Blick in die Burganlage und auf die Isar vom Burgturm aus (nur mit Museumseintrittskarte möglich) rundet den schönen Ausflug ab, bevor wir von der S-Bahn-Station Höllriegelskreuth wieder unsere Heimfahrt antreten.

KURZINFO

Ausgangspunkt: S-Bahnhof Deisenhofen (S 3 Richtung Holzkirchen); Fahrzeit 28 Min. Deisenhofen ist auch Haltestelle der Bayerischen Regiobahn. In deren Zügen sind die MVV-Tickets bis Deisenhofen gültig.
Endpunkt: S-Bahnhof Höllriegelskreuth (S 7); Fahrzeit 23 Min.
Günstigste Fahrkarte: Familien (mit 2 Erwachsenen): Für Eltern mit mindestens zwei Kindern ab 6 Jahren oder zwei (max. drei) Jugendlichen bis 20 Jahren Gruppen-Tageskarte M, sonst Streifenkarte (2 Streifen pro Elternteil, 1 Erwachsenen-Streifen pro Kind, 2 Streifen der U21-Streifenkarte für Jugendliche jeweils je einzelner Fahrt). Erwachsener/e: bis 2 Personen Streifenkarte (2 Streifen je Person und einfacher Fahrt), bei 3–5 Personen Gruppen-Tageskarte M. Jugendliche (15–20 Jahre): Hin- und Rückfahrt je 2 Streifen der U21-Streifenkarte (eigene Fahrkarte nicht nötig, wenn z. B. Eltern eine Gruppen-Tageskarte haben). Kinder (6–14 Jahre): Hin- und Rückfahrt je 1 (Erwachsenen-)Streifen (eigene Fahrkarte nicht nötig, wenn z. B. Eltern eine Gruppen-Tageskarte haben). Kinder unter 6 Jahren: frei.
Gehzeit: 2.15 Std.
Höhenunterschied: 70 m im Auf- und Abstieg.
Distanz: 8,5 km.
Anforderungen: Leichte Wanderung auf breiten Asphalt- und Kieswegen. Ein kurzes Stück verläuft auf einem kleinen Waldpfad. Nicht kinderwagengeeignet (wegen Waldpfad und vieler Treppenstufen hinauf nach Höllriegelskreuth).
Ausrüstung: Kein besonderes Schuhwerk erforderlich; eventuell Handtuch/Badesachen (Badestelle an der Isar unterhalb der Burg Grünwald).
Einkehr: Kugler Alm, Forsthaus Wörnbrunn, Schlosshotel Grünwald, Café in der Burg Grünwald, Brückenwirt an der Grünwalder Brücke.

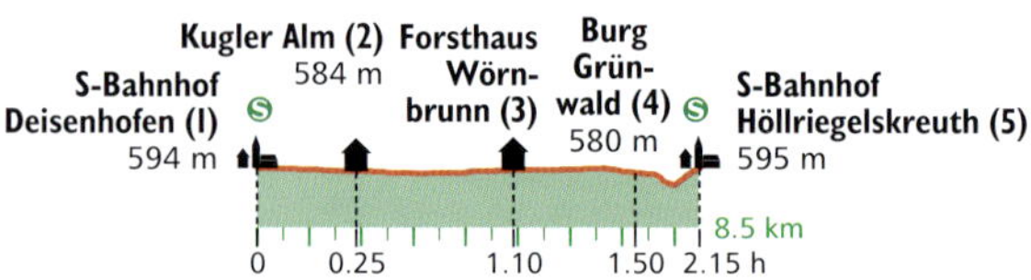

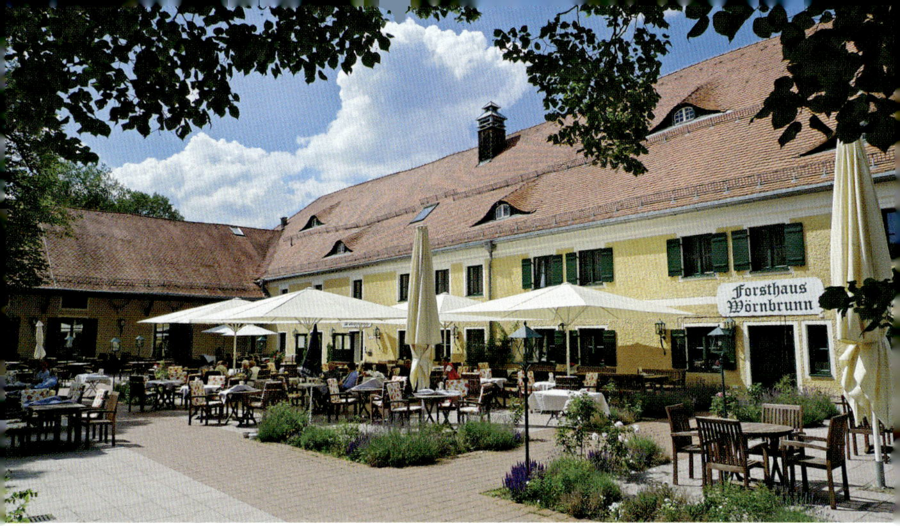

Das Forsthaus Wörnbrunn verfügt über einen schönen Gastgarten.

In **Deisenhofen (1)** wenden wir uns nach dem Treppenabgang vom Bahnsteig links zur Westseite des Bahnhofs, gehen rechts den lang gezogenen Aufgang hinauf und wandern auf einem Fuß-/Radweg (später nur Fußweg) neben den Gleisen erst parallel zur Sauerlacher Straße, später parallel zur Linienstraße Richtung München. Wir überqueren auf einer Brücke die breite Straße »Grünwalder Weg«, kommen an einem Spielplatz vorbei und überqueren kurz darauf den Bereich der M 11 (Verbindungsstraße zwischen Taufkirchen und Grünwald), die hier unter uns in einem kleinen Tunnel verläuft. Wenn wir zum großen Biergarten der **Kugler Alm (2)** mit seinem tollen Kinderspielplatz wollen (hier auch im Sommer sonntags 12–16 Uhr Reitmöglichkeit für Kinder), gehen wir an dem links abzweigenden Weg (hier müssen wir nachher einbiegen) vorbei und wenden uns ein paar Meter dahinter links zum Eingang des Biergartens. Unser Wanderweg führt uns nach der Einkehr etwas zurückgesetzt im Grünen parallel zur M 11 weiter. Bei der ersten Gelegenheit biegen wir an einem Marterl mit einem Brunnen und zwei Rastbänken rechts in einen ebenfalls asphaltierten Weg ein, der uns zum Waldrand bringt. Dort ignorieren wir einen nach links abzweigenden Pfad, gehen also geradeaus weiter und biegen etwa 100 m später in einen nicht allzu gut zu sehenden, unbeschilderten Pfad ein, der uns sehr schön auf weichem Waldboden durch die ganz dicht am Pfad wachsenden Bäume führt. Wir stoßen auf einen teilweise mit Gras überwachsenen Kiesweg, biegen rechts ein und treffen zehn Minuten später auf eine Asphaltstraße. Hier gehen wir geradeaus weiter, kommen an einem Parkplatz vorbei und wenden uns links in den hier nicht so ausgeschilderten Taufkirchner Weg (etwas zurückgesetzt befindet sich hier eine große Wandertafel). Immer geradeaus wandern wir nun auf einem breiten Weg durch den Grünwalder Forst, kommen nach 20 Minuten aus dem Wald und spazieren auf ei-

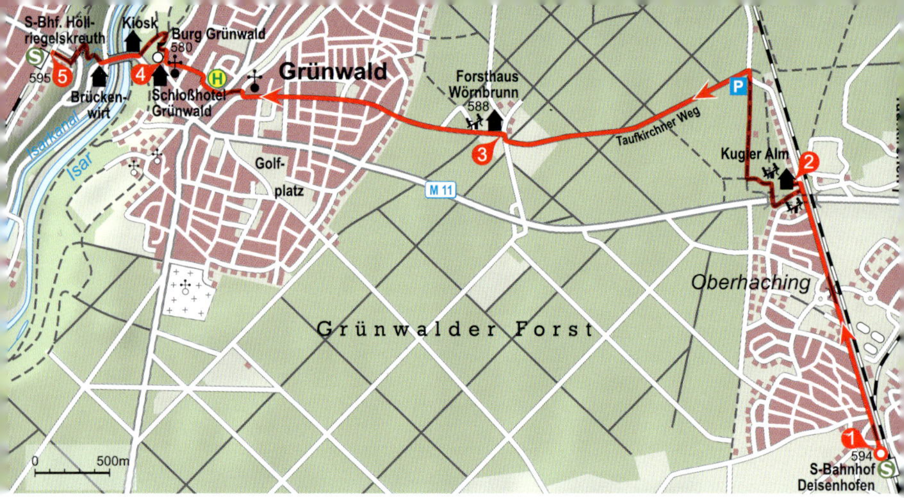

nem Kiesweg über freies Feld bis zu einer Asphaltstraße, die uns rechts zum **Forsthaus Wörnbrunn (3)** mit schönem Gastgarten und Spielplatz führt. Weiter geht es auf der Wörnbrunner Straße an einem Wildgehege vorbei und immer geradeaus, bald ein langes Stück an Einfamilienhäusern vorbei, bis wir schließlich zum Franz-Rieger-Weg (Fußweg) kommen, der uns hinunter zur Südlichen Münchner Straße führt. Wir überqueren diese und marschieren auf der Schloßstraße weiter zum Derbolfinger Platz. Hier ist die Endhaltestelle der Straßenbahnlinie 25, mit der man nach München zurückfahren könnte. Wir wollen aber weiter zur Burg und biegen deshalb links ab. Hier findet die Schloßstraße ihre Fortsetzung und führt uns direkt zur **Burg Grünwald (4)** (Café im Innenhof). Wendet man sich vor der Burg links, sieht man bereits die Fassade des Schlosshotels Grünwald, in dem wir einkehren können. Um zur S-Bahn zu kommen, wenden wir uns aber (vom Derbolfinger Platz kommend) rechts in die Zeillerstraße (»Höllriegelskreuth S-Bahn 2 km«), gehen an der Burg entlang und biegen direkt nach der Burg links in einen abwärtsführenden, unbeschilderten kleinen Kiesweg ein. An der Verzweigung auf halber Höhe halten wir uns rechts, stoßen auf eine Wegkreuzung und wenden uns dort links (»Höllriegelskreuth 1,5 km«) in einen breiten Kiesweg, der uns am **Kiosk »Mini Brückenwirt«** vorbei zur Grünwalder Brücke führt. (Tipp: Schwenkt man etwa 100 m vorher nach rechts in den Wald, kann man auf einem der Pfade zu einer schönen Kiesbank der Isar gelangen.) Wir spazieren über die **Grünwalder Brücke** (links der **Brückenwirt** mit Biergarten) und biegen direkt nach Überqueren der Isar am Wegweiser »Höllriegelskreuth S-Bahn 0,5 km« in einen rechts aufwärtsführenden Asphaltweg ein, gehen an der nächsten Verzweigung links und steigen kurz darauf über viele Treppenstufen zum Isarhochufer auf. Dort hat man an dem Schilderbaum einen Wegweiser zur S-Bahn-Station Höllriegelskreuth schlichtweg vergessen. Wir gehen links, überqueren auf einer Brücke die Dr.-Carl-von-Linde-Straße, wenden uns rechts und erreichen, uns an einer Einmündung links haltend, den **S-Bahnhof Höllriegelskreuth (5)**.

Burg Grünwald

Die Burg Grünwald geht auf eine Römerschanze (Straßenstation) zurück. Eine Nachfolgeburg existierte schon vor dem Jahr 1000, urkundlich ist die Burg erstmals im 12. Jahrhundert als Besitz des Grafen von Andechs erwähnt. Im Jahr 1272 wurde sie von Herzog Ludwig II. der Strenge erworben und diente fortan den Wittelsbachern als Jagdschloss. In den Jahren 1486/87 wurde die Burg anlässlich der Hochzeit Albrechts IV. ausgebaut. Die originale Baurechnung befindet sich heute noch im Bayerischen Staatsarchiv. Vor mehr als dreihundert Jahren wurde der Burgberg von der Isar bei einem gewaltigen Hochwasser unterspült. Dabei rutschte ein Stück des Berges in die Tiefe und mit ihm Teile der Burg Grünwald. Wegen Einsturzgefahr musste damals auch teilweise die stehen gebliebene Burg abgerissen werden, der Rest wurde zu einem Gefängnis umgebaut und diente später als Pulvermagazin. Nachdem im Jahr 1879 die Burg in nichtadeligen Privatbesitz übergegangen war, erwarb Anfang der 1970er-Jahre ein Münchner Bauträger das heruntergekommene Baudenkmal, um nach Abriss großer Teile der Burg (nur die Türme sollten stehen bleiben) eine hochpreisige Wohnanlage mit Burgflair darauf zu errichten. Einer Bürgerinitiative gelang es jedoch, das Projekt zu verhindern, im weiteren Verlauf wurde die Burg 1976 an den Freistaat Bayern verkauft.

Heute ist in der Burg neben einem kleinen Café das Burgmuseum (mit Museumsshop) untergebracht. Im Sommer gibt es Burgfeste, Open-Air-Konzerte und Familienveranstaltungen.

Bekannt wurde die Burg über die Grenzen Münchens und Bayerns hinaus durch den Münchner Komiker Karl Valentin (1882–1948), der die Burg zum Schauplatz seiner »Oiden Rittersleut« werden ließ. Das derbe Lied wird auch heute noch immer wieder nachgesungen und darf auf keiner Isarfloßfahrt fehlen.

Blick vom Burgturm der Burg Grünwald auf die Isar und den Isarkanal.

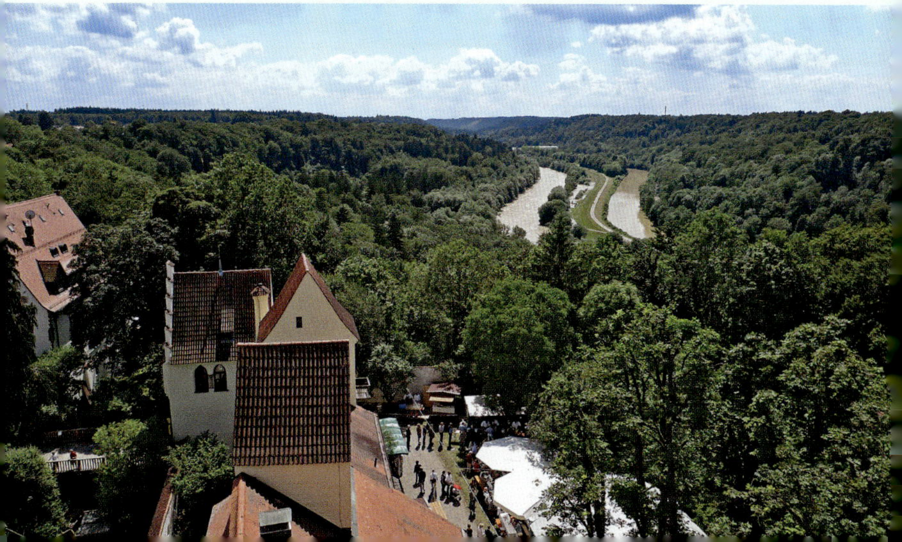

21 Durch das Mangfalltal

Rundweg von der Kreuzstraße ★★★

Kurzweilige Flusswanderung mit Badeplätzen

Mit der Münchner S-Bahn kommt man (fast) überall hin – sogar ins schöne Mangfalltal mit seinen teilweise noch als Geheimtipp gehandelten Badeplätzen. Wir starten an der Endstation der S7 an der Kreuzstraße, kommen beinahe (kleiner Abstecher möglich) an der Kamelfarm der Bayern-Kamele vorbei (Ausrittsrunde nach Voranmeldung; siehe Tipp) und wandern dann nach einem Abstecher zu einer Kiesbank mit einer zum Baden einladenden Vertiefung im Flussbett erst oberhalb, dann direkt an der munter neben uns plätschernden Mangfall mit weiteren Bade- und Picknickplätzen flussaufwärts bis Valley, wo wir die Flussseite wechseln und über Hohendilching mit einer Einkehrmöglichkeit (Getränke, Brotzeiten) im Gasthof Vordermaier zur Kreuzstraße zurückkehren.

Unterhalb von Grub fließt die Mangfall über schön angelegte Terrassen.

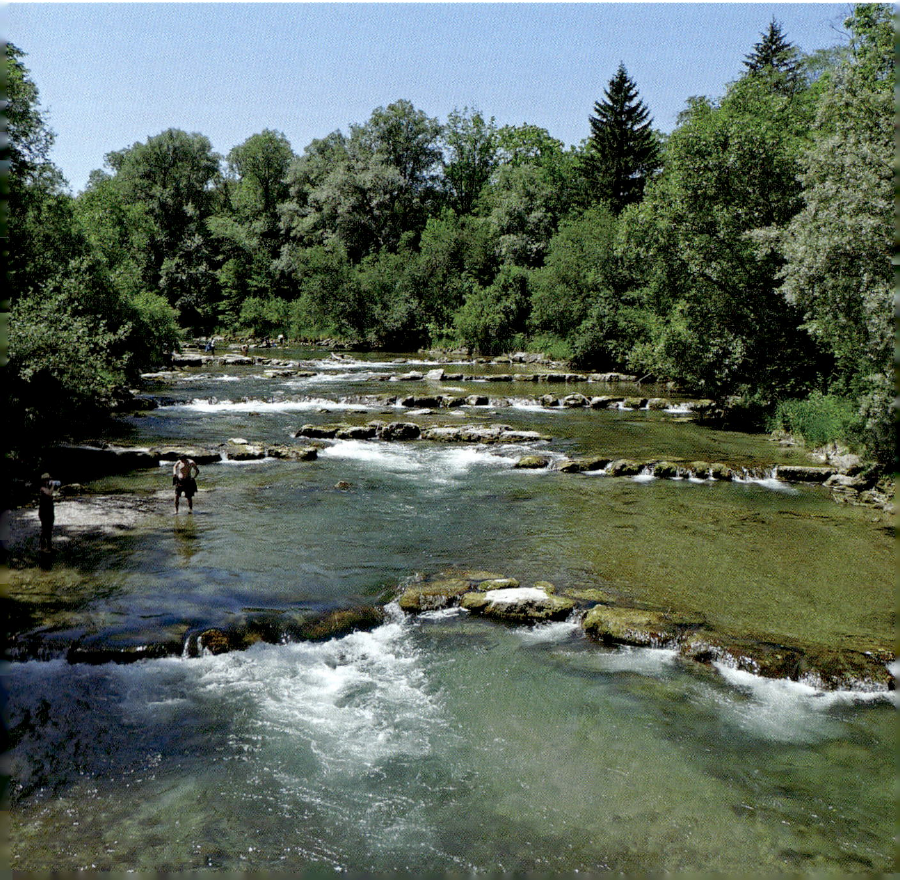

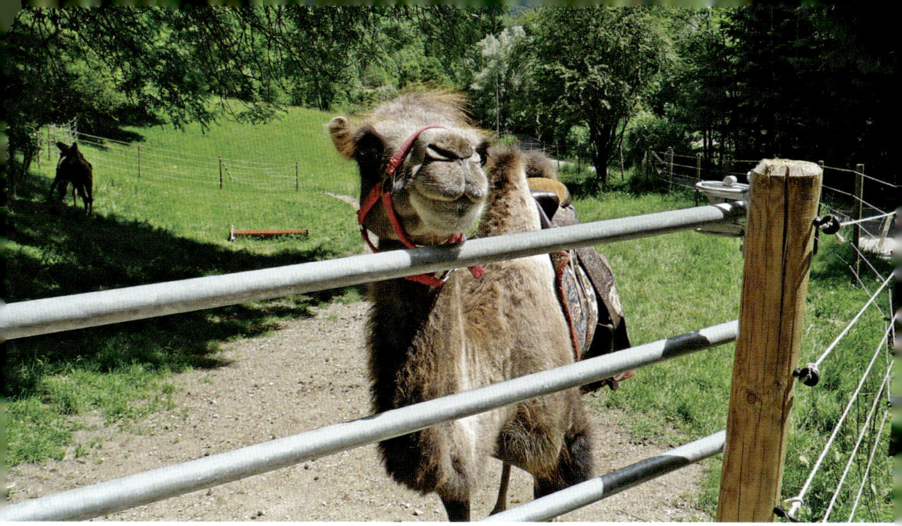

Neugieriges »Bayern-Kamel«.

KURZINFO

Ausgangs- und Endpunkt: S 7-Endhaltestelle Kreuzstraße; Fahrzeit 51 Min. Kreuzstraße ist auch Haltestelle der Bayerischen Regiobahn (alternative Anfahrt: von München Hauptbahnhof mit der Bayerischen Regiobahn mit Umsteigen in Holzkirchen; MVV-Tickets in deren Zügen gültig).
Günstigste Fahrkarte: Familien (mit 2 Erwachsenen): Gruppen-Tageskarte M-3. Erwachsener/e: (Gruppen-)Tageskarte M-3. Jugendliche (15–20 Jahre): Hin- und Rückfahrt je 5 Streifen auf der U21-Streifenkarte (eigene Fahrkarte nicht nötig, wenn z. B. Eltern eine Gruppen-Tageskarte haben). Ab 3 Jugendlichen ist die (Erwachsenen-)Gruppen-Tageskarte M-3 günstiger. Kinder (6–14 Jahre): Hin- und Rückfahrt je 1 (Erwachsenen-)Streifen (eigene Fahrkarte nicht nötig, wenn z. B. Eltern eine Gruppen-Tageskarte haben). Kinder unter 6 Jahren: frei.
Gehzeit: 3.00 Std.
Höhenunterschied: 190 m im Auf- und Abstieg.
Distanz: 10,5 km.
Anforderungen: Der nur teilweise ausgeschilderte Weg verläuft überwiegend oberhalb und an der Mangfall entlang auf Kieswegen und kleinen barfußgeeigneten Pfaden. Nicht kinderwagengeeignet.
Ausrüstung: Gut profilierte Trekkingsandalen, Badesachen.
Einkehr: Gasthaus Vordermaier (nur am Wochenende warme Küche, sonst Brotzeiten, Mi. Ruhetag) in Hohendilching. Weitere Einkehrmöglichkeiten im Ort Kreuzstraße im Bartewirt (kein Ruhetag, 5 Min. vom Bahnhof) und im Gasthof Wurmsam in Grub (Mi. Ruhetag).
Tipp: Auf den Bayern-Kamelen durchs Mangfalltal: Das Kamelgut Breitmoos in Grub bietet geführte Wanderungen auf den Wüstenschiffen durch das Mangfalltal an. Voranmeldung erforderlich. Auf Wunsch erfolgt Abholung mit den Kamelen direkt an der S-Bahn-Station Kreuzstraße. Infos und Preise unter Tel. +49 8063 9966, bayern-kamele.de.

Am eingleisigen **Bahnhof Kreuzstraße (1)** wenden wir uns rechts (Beschilderung »Rundweg Valley«) und gehen dann nach einem Stück auf der Zufahrtsstraße geradeaus auf einem Fußweg zur Römerstraße. Wir biegen rechts ein, überqueren am Bahnübergang die Gleise und

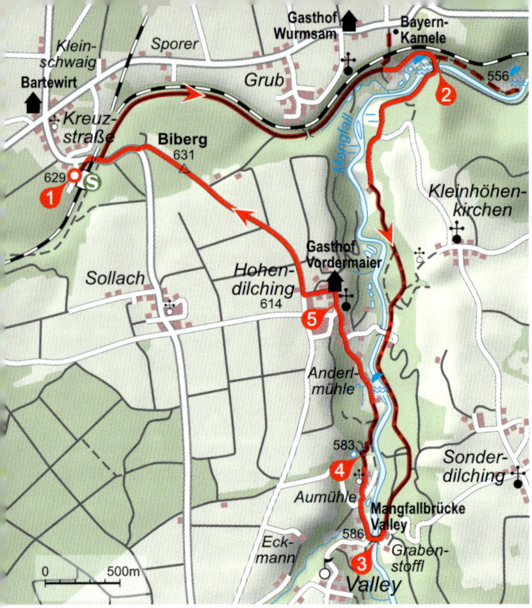

wenden uns gleich dahinter links in einen Kiesweg, der uns überwiegend unter Bäumen an der Bahnlinie entlangführt. Nach 25 Minuten gehen wir unter einem **Aquädukt** hindurch und wandern an einer Abzweigung geradeaus (»Grub«) weiter. 250 m später stoßen wir auf eine asphaltierte Straße, auf der gegenüberliegenden Seite befindet sich hier ein Kamelgehege der Bayern-Kamele. Hier wenden wir uns rechts (Hinweis: Den Eingang zur Kamelfarm erreicht man, wenn man hier halb links nach Grub hinaufgeht und sich oben rechts hält; geht man dort oben links, erreicht man nach 100 m das Gasthaus Wurmsam mit seinem Biergarten) und wandern die Straße 600 m abwärts bis zur **Mangfallbrücke (2)**. Nach dem Überqueren der Mangfallbrücke folgen wir der Straße nach rechts und wenden uns nach 800 m an der Verzweigung rechts. Wir befinden uns nun auf der Straße Breitmoos, blicken bald auf die Mangfall hinunter, gehen aufwärts und halten uns an einer Verzweigung links an der Bronzestatue eines Schwimmers vorbei. Kurz darauf nimmt uns ein Karrenweg auf, wir gehen an der nächsten Wegteilung links aufwärts und folgen fortan dem Weg, sämtliche Abzweigungen ignorierend. Wir kommen zu einer Weggabelung mit Hinweisschildern (links nach Kleinhöhenkirchen und Grub in die Gegenrichtung). Hier wenden wir uns in den unverständlicherweise unbeschilderten Weg nach halb rechts abwärts und kommen – eine Abzweigung nach rechts außer Acht lassend – auf einen schmalen Uferpfad, der uns direkt zwischen der **Mangfall** und einer Weide zu einer hölzernen Brücke führt. Wir gehen hier nicht über den Fluss, sondern folgen dem Wegweiser »Valley« geradeaus weiter. Der Uferpfad führt an zwei, drei Badeplätzen vorbei, dann leitet uns der Pfad etwas aufwärts. Hier wählen wir den linken Weg (gelber und roter Punkt am Baum), der auf einen etwas breiteren Weg führt. Hier kann man nur links aufwärtsgehen. Bald stoßen wir wiederum auf einen breiten Weg, hier wenden wir uns rechts. Wir ignorieren bald darauf einen Weg, der von rechts kommt, und wandern abwärts, bis wir auf eine

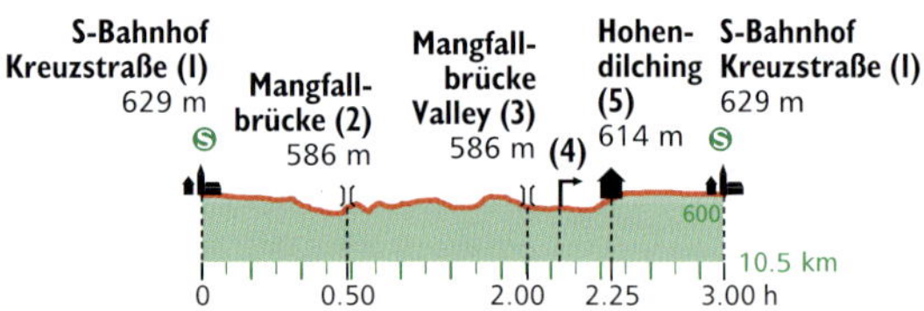

Badetipp

Wendet man sich 100 Meter vor der Mangfallbrücke (2) links aufwärts in einen Kiesweg und hält sich an der nächsten Verzweigung rechts abwärts, kommt man auf einen Karrenweg, der an einer Weide entlangführt. Ist man auf dem Weg etwa in der Mitte der Weide angelangt, kommt man rechts auf einem kleinen Pfad direkt zu einer Kiesbank der Mangfall mit einer Vertiefung im Wasser, die zum Schwimmen im meist eiskalten Nass einlädt (siehe Foto unten). Man könnte aber auch die Mangfall auf der Straße überqueren und auf der anderen Flussseite nach links auf einem wunderschönen Waldpfad weitere (allerdings meist schattige und nicht so gut zugängliche) Badeplätze erreichen. Gute Bademöglichkeiten bestehen auch links an der Brücke sowie rechts der Brücke etwa 100 Meter bachabwärts – zu erreichen, wenn man der Straße folgt und über einen Trampelpfad abwärtsgeht.

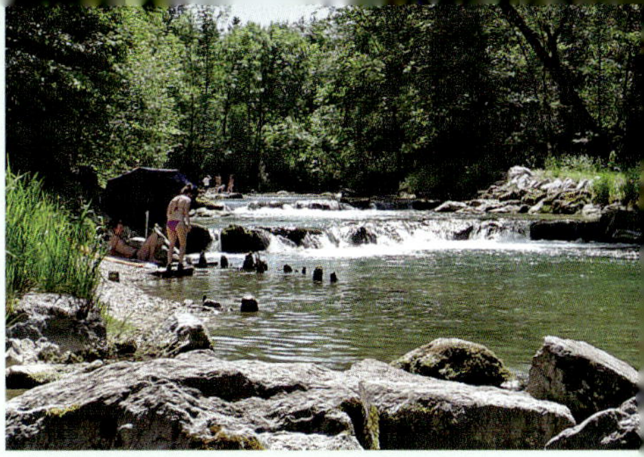

An der Mangfallbrücke bei Grub.

Wunderschöner Badeplatz Richtung Altenburg.

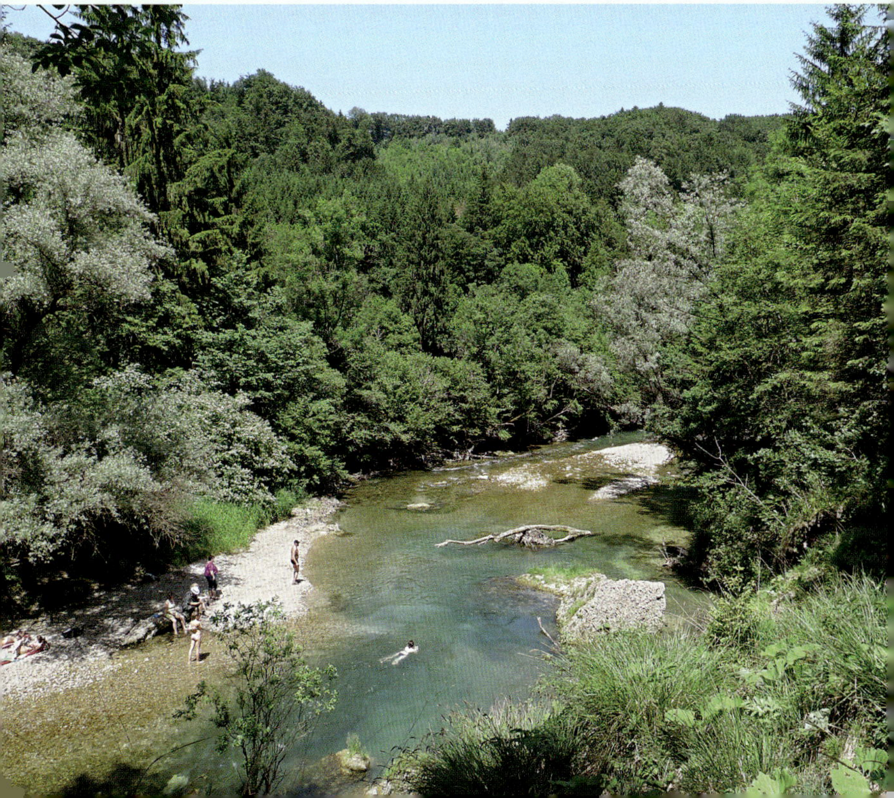

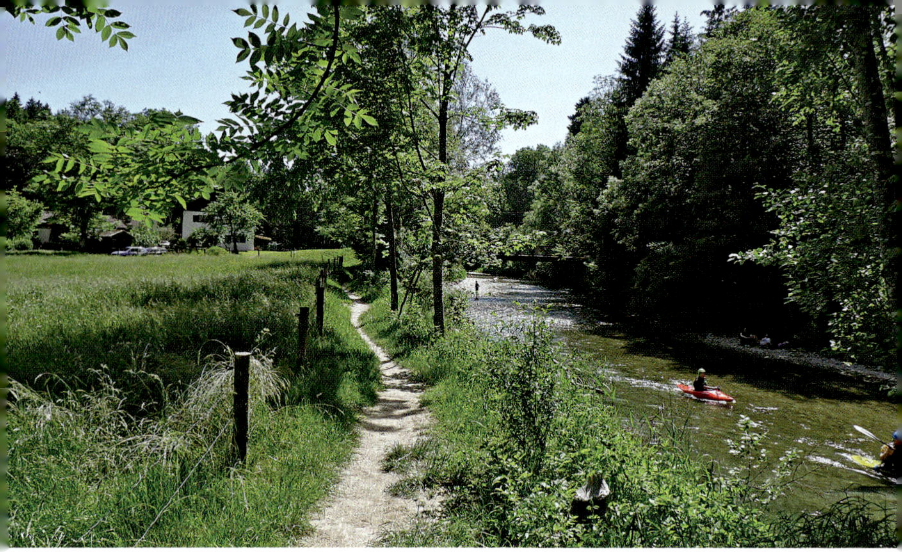

Die Mangfall ist auch bei Kajakfahrern sehr beliebt.

asphaltierte Straße treffen, in die wir rechts einbiegen. Wenige Minuten später spazieren wir über die **Mangfallbrücke (3)** unterhalb **Valley**, passieren das Ortsschild von Valley und biegen gleich rechts in den Aumühler Weg ein (Beschilderung: »Kreuzstraße 1¼ h«), um nun auf der anderen Flussseite zurückzuwandern. Fünf Minuten später kommen wir an eine Abzweigung, hier gehen wir geradeaus weiter, gemäß Beschilderung ist es jetzt nur noch eine Stunde bis zur Kreuzstraße. An der kurz darauffolgenden Verzweigung wählen wir den linken Weg und kommen bald zu einer längst überfälligen Sitzbank vor einer kleinen **Kapelle**. Ein Stück später führt der asphaltierte Weg zum Wald und geht dort in einen Kiesweg über. Wir passieren eine Fahrzeugsperre und folgen bald darauf dem Wegweiser »Kreuzstraße 50 min« nach rechts in einen **Waldpfad (4)**, der uns wieder nah an die Mangfall heranführt. Nach fünf Minuten kommen wir auf eine kleine Asphaltstraße und wandern diese nun hinauf nach **Hohendilching (5)**, kommen an der Kirche St. Andreas und dem **Gasthof Vordermaier** (Brotzeiten) vorbei und folgen in einer Linkskurve weiter dem Wegweiser zur Kreuzstraße. Wir stoßen auf eine breitere Straße, wenden uns rechts und wandern nun am linken Rand dieser wenig befahrenen Straße weiter. Nach 1,5 km stoßen wir auf eine andere Straße, halten uns rechts und wandern nun auf einem Gehweg neben der Straße in fünf Minuten zum **Bahnhof Kreuzstraße (1)** zurück.

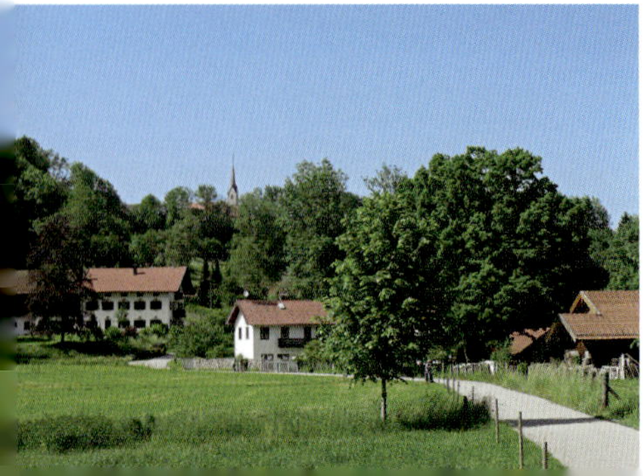

Der Weg führt uns hinauf nach Hohendilching.

Zum Flaucher

Vom Isartor zum Harras

★★★

Entlang der renaturierten Isar
Die Isar mit ihren Auen durchzieht München wie ein grünes Band. Vom Deutschen Museum in der Nähe der S-Bahn-Haltestelle Isartorplatz kann man, seitdem der Fluss vor ein paar Jahren aufwendig renaturiert wurde, besonders schön direkt am Wasser entlang zum weit über die Grenzen Münchens bekannten Flaucher wandern, dort eine Badepause einlegen, auf dem Flauchersteg die Isar überqueren und im namensgebenden Restaurant und Biergarten »Zum Flaucher« gut einkehren. In lauen Sommernächten finden am Flaucher nebeneinander Dutzende von zum Teil großen Isargrillpartys statt. Badegäste müssen hier aufpassen, sich nicht an Bruchglas zu verletzen. Schließlich wandern wir – am Schluss durch einen kleinen Park – zum neu gestalteten Harras weiter, um von dort mit der S-Bahn in die Stadtmitte zurückzufahren.

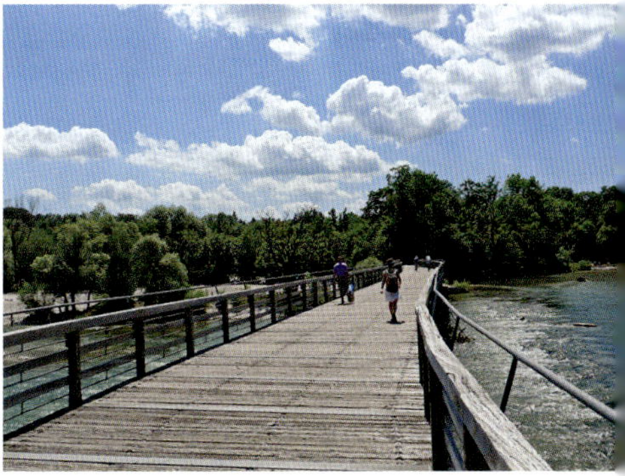

Vom Flauchersteg kann man auch zum Badestrand der Isar absteigen.

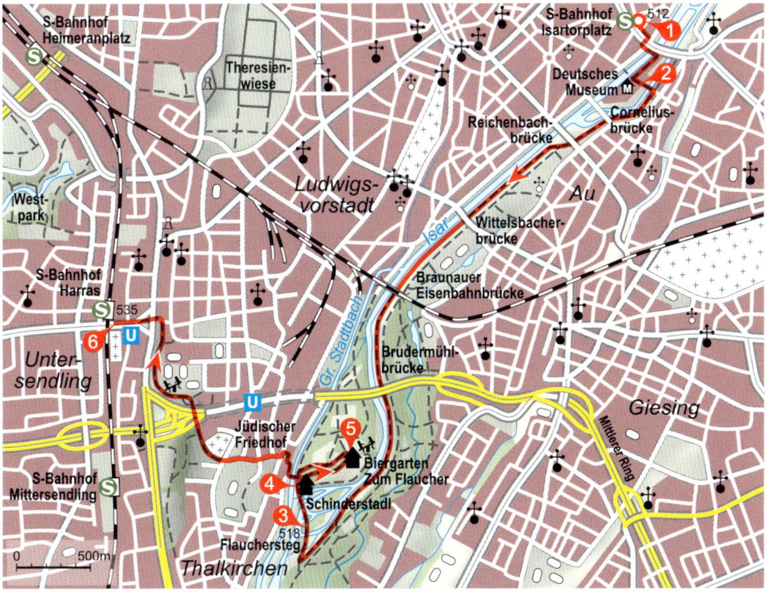

KURZINFO

Ausgangspunkt: S-Bahnhof Isartor (Stammstrecke); Fahrzeit 5 Min.
Endpunkt: S-Bahnhof Harras (S 7); Fahrzeit 9 Min. Am Bahnhof Harras halten auch die Züge der Bayerischen Regiobahn, die ebenfalls mit den MVV-Karten benutzt werden dürfen. Vom Harras kann man auch mit der U-Bahn (U 6) in die Innenstadt zurückfahren.
Günstigste Fahrkarte: Familien (mit 2 Erwachsenen): Für Eltern mit mindestens einem Kind ab 6 Jahren oder zwei (max. drei) Jugendlichen bis 20 Jahren Gruppen-Tageskarte M, sonst Streifenkarte (2 Streifen pro Elternteil, 1 Erwachsenen-Streifen pro Kind, 2 Streifen der U21-Streifenkarte für Jugendliche je einzelner Fahrt). Erwachsener/e: bis 2 Personen Streifenkarte (2 Streifen je Person und einfacher Fahrt), bei 3–5 Personen Gruppen-Tageskarte. Jugendliche (15–20 Jahre): Hin- und Rückfahrt je 2 Streifen der U21-Streifenkarte (eigene Fahrkarte nicht nötig, wenn z. B. Eltern eine Gruppen-Tageskarte haben). Kinder (6–14 Jahre): Hin- und Rückfahrt je 1 (Erwachsenen-) Streifen (eigene Fahrkarte nicht nötig, wenn z. B. Eltern eine Gruppen-Tageskarte haben). Kinder unter 6 Jahren: frei.
Gehzeit: 2.15 Std.
Höhenunterschied: Unbedeutend.
Distanz: 8,7 km.
Anforderungen: Leichte Wanderung auf Kies und Asphalt ohne besondere Anforderungen. Für Kinderwagen geeignet.
Ausrüstung: Badesachen.
Einkehr: Schinderstadl (bei schönem Wetter im Sommerhalbjahr kein Ruhetag), Restaurant und Biergarten »Zum Flaucher« (Biergarten im Sommerhalbjahr bei schönem Wetter täglich geöffnet, aktuelle Öffnungszeiten Restaurant siehe unter zum-flaucher.de).

Nach dem Ausstieg aus der S-Bahn am **Isartorplatz (1)** folgen wir im Untergeschoss der Ausschilderung zum Deutschen Museum, kommen auf die Zweibrückenstraße, wenden uns links, überqueren diese an der Ampel, gehen links erneut über eine Ampel und überqueren den ersten Arm der hier zweiarmigen Isar. Auf der Museumsinsel, biegen wir rechts ein (»Deutsches Museum 100 m«), wandern am Wasser entlang, um dann links zum **Deutschen Museum (2)** zu kommen. Wir gehen

Blick vom neu angelegten Isarweg hinüber zur Maximiliankirche.

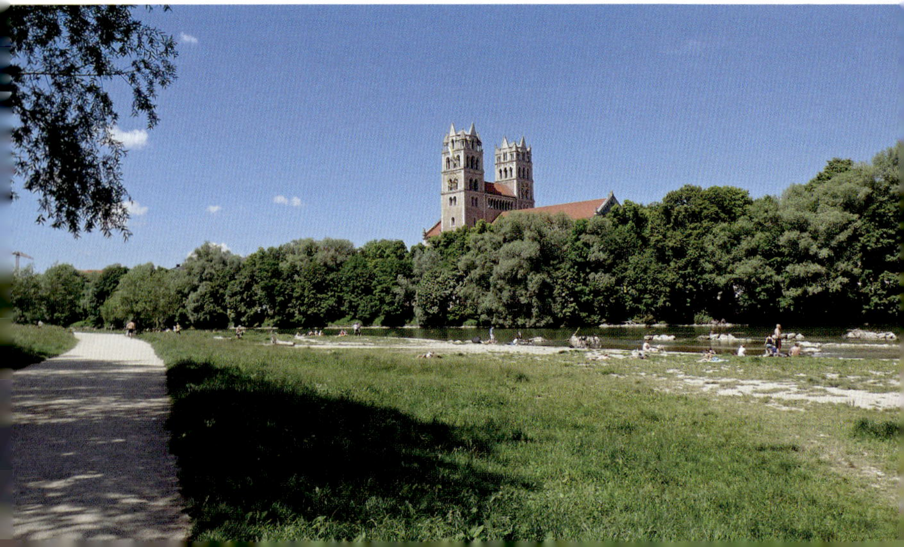

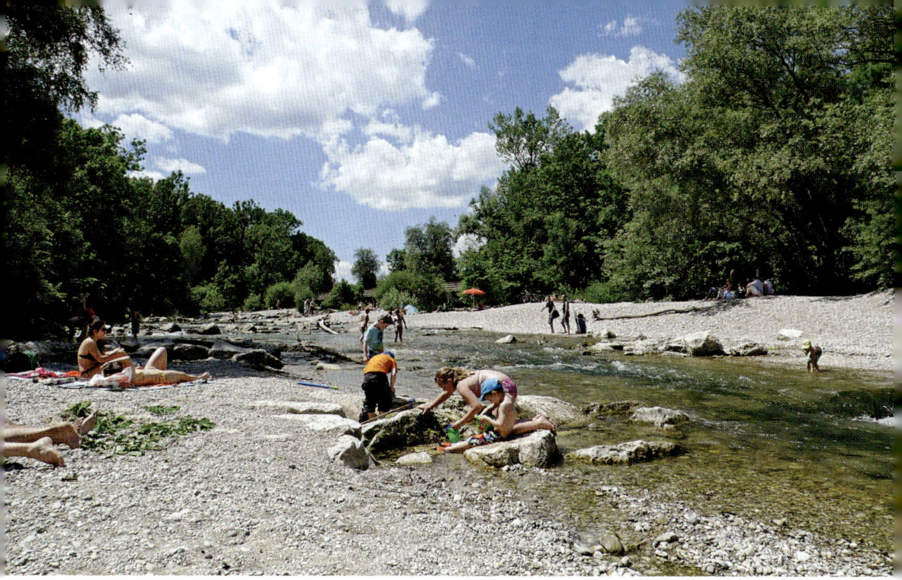

Toller Platz zum Spielen und Sonnen: die renaturierte Isar am Flaucher.

durch den Innenhof mit dem Eingang und überqueren anschließend den zweiten Arm der Isar auf einer Brücke.

Danach wenden wir uns rechts, spazieren nun auf einem Fußweg unter Bäumen neben einer kleinen Anliegerstraße weiter und unterqueren – uns jetzt rechts haltend – die Corneliusbrücke. Unmittelbar danach zweigt rechts ein neu angelegter breiter Kiesweg ab, der uns sehr schön mitten durch die an das Isarufer grenzende Wiesenfläche führt. Wir freuen uns über das neu geschaffene Kiesufer, gehen unter der Reichenbach- und der Wittelsbacherbrücke hindurch und können ab etwa 700 m vor der **Braunauer Eisenbahnbrücke** auf einen wenige Meter neben dem Kiesweg verlaufenden Erdpfad ausweichen. Hier kann man sehr gut barfuß laufen. Nach der Eisenbahnbrücke wird der breite Kiesweg bald natürlicher, nun findet man immer wieder auch sandige Stellen, sich aufteilende Wegspuren und Grasstücke vor. Wir gehen unter der **Brudermühlbrücke** hindurch und erreichen zehn Minuten später eine große Insel in der hier zweigeteilten Isar – wir sind nun am **Flaucher** angekommen. Gehen wir noch ein Stück weiter, sehen wir eine zweite Insel, in diesem Bereich ist die Isar besonders schön renaturiert worden – das Wasser sprudelt hier wie ein Wildbach zwischen größeren Steinen hindurch. Im Sommer tummeln sich an diesem natürlichen Wasserspielplatz viele Familien mit ihren begeisterten Kindern. Um weiterzukommen, müssen wir nun den links von uns verlaufenden Radweg überqueren, den Damm hinaufge-

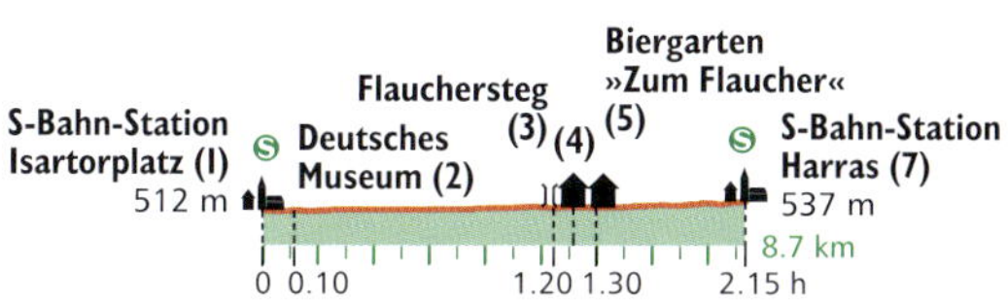

Renaturierung der Isar

Bestrebungen, die Isar zu renaturieren, gab es bereits seit Mitte der 1980er-Jahre, es dauerte aber bis in dieses Jahrtausend, bis mit der naturnahen Wiederherstellung des einstigen Wildflusses begonnen werden konnte. Das feste Flussbett mit Ufermauern soll zugunsten flach auslaufender Uferbereiche an möglichst vielen Stellen zurückgebaut werden. Dem Fluss soll auf Dauer mehr Wasser und Platz zur Verfügung stehen, sodass er sich (zumindest in Teilbereichen) wieder ein eigenes Flussbett suchen kann. Mittlerweile sind die ersten Arbeiten abgeschlossen, und Mensch und Tier können sich auf einem acht Kilometer langen Stück vom Deutschen Museum bis zum Großhesseloher Wehr über ein sehr gutes Ergebnis freuen. Neben einem höheren Freizeit- und Erholungswert für die Bevölkerung wurde auch ein besserer Hochwasserschutz (ein Hauptziel der Renaturierung) erreicht, da nun das Wasser bei Hochwasser besser in die Uferbereiche abfließen kann.

hen und rechts in den Fußweg einbiegen. Wenige Minuten später zweigt rechts im spitzen Winkel der **Flauchersteg (3)** ab. Hier biegen wir ein und spazieren nun wunderschön über die lang gezogene Holzbrücke, die auch ziemlich nah an der großen Flaucherinsel vorbeiführt, auf der sich an heißen Wochenenden Dutzende von Sonnenanbetern im Adams- und Evaskostüm ihr Stelldichein geben. Nach dem Überqueren der Isar wandern wir am Ende des Flauchterstegs an der ersten Abzweigung geradeaus weiter, kommen am **Schinderstadl (4)**, einem großen Kiosk mit Brotzeiten und Sitzgelegenheiten, vorbei und schwenken an der nächsten Kreuzung an der Schinderbrücke nach rechts in den breiten Weg, der uns

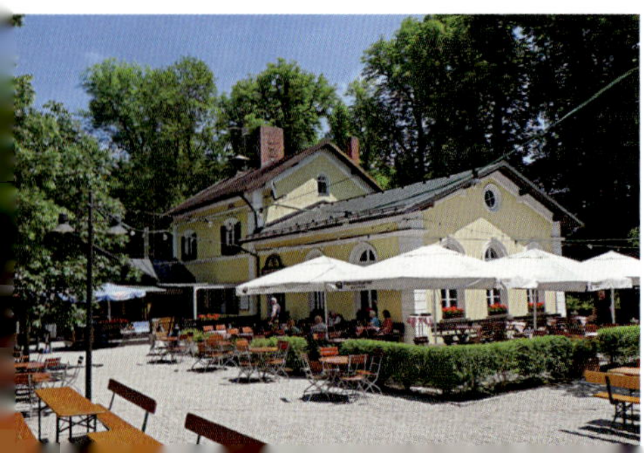

in knapp zehn Minuten zum großen **Biergarten »Zum Flaucher« (5)** führt. Hier kann man mittags zwischen sonnigen und schattigen Plätzen wählen, für die Kinder ist ein schöner Spielplatz vorhanden.
Nach dem Restaurant- oder Biergartenbesuch gehen wir vom Biergarten nicht gleich links zurück zur Schinderbrücke, sondern erst geradeaus, um dann nach ein paar Metern links in den parallel zum Hinweg verlaufenden Kiesweg zur **Schinderbrücke** zu kommen. Wir überqueren den **Isarkanal** auf dieser Brücke, wenden uns unmittelbar danach rechts in den Hans-Preißinger-Weg und biegen nach 70 m links in eine Wohnsiedlung ein. Wir bleiben auf dem in einem Rechtsbogen durch die Siedlung führenden Weg, biegen beim Rondell links und in die Schäftlarnstraße ebenfalls links ein, überqueren die Schäftlarnstraße nach ein paar Metern an der Ampel und wandern nun geradeaus die Dietramszeller Straße entlang. Diese führt am Dietramszeller Platz

Biergarten »Zum Flaucher«.

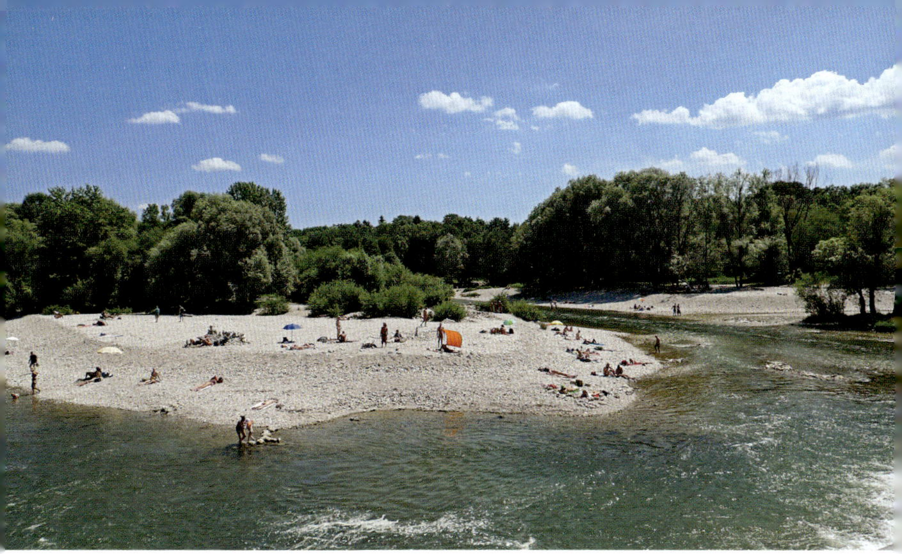

Blick vom Flauchersteg auf die Flaucherinsel.

(hier am rechten Ende Spielplatz) zur Thalkirchner Straße, die wir an der Ampel überqueren. Wir spazieren geradeaus weiter an der Backsteinmauer des **jüdischen Friedhofes** vorbei und bald bergauf entlang der Schrebergärten zu unserer Linken. An einer Verzweigung gehen wir links bergauf zu der Brücke, die über den Mittleren Ring führt, und schwenken beim Abwärtsgehen mit dem asphaltierten Hauptweg nach links. Wir kommen an einem asphaltierten Fußballplatz vorbei, ignorieren eine Abzweigung nach links und wenden uns an der nächsten Abzweigung von dem nun aufwärtsführenden Weg nach rechts in einen Kiesweg, der uns an einem großen, schönen Spielplatz vorbeiführt. Nun bleiben wir immer auf dem Hauptweg, bis wir nach etwa 500 m direkt auf einen aufwärtsführenden, breit gestuften Treppenweg treffen. Hier biegen wir links ein und gehen durch eine lange Unterführung, die uns direkt zum Eingang in die U-Bahn bringt. Kurz vorher wenden wir uns aber im spitzen Winkel links und gehen den Treppenaufgang (Beschilderung: **»Am Harras«**) hinauf. Hier **(6)** können wir uns an dem neu angelegten und um eine Straße reduzierten Platz mit seinen langen Bänken noch ein Eis in der Eisdiele holen und schließlich an dieser und bald darauf an der Bücherei vorbeigehend auf der Albert-Roßhaupter-Straße zur **S-Bahn-Station Harras (7)** gehen, von der wir unsere Rückfahrt antreten.

Der neu gestaltete Harras.

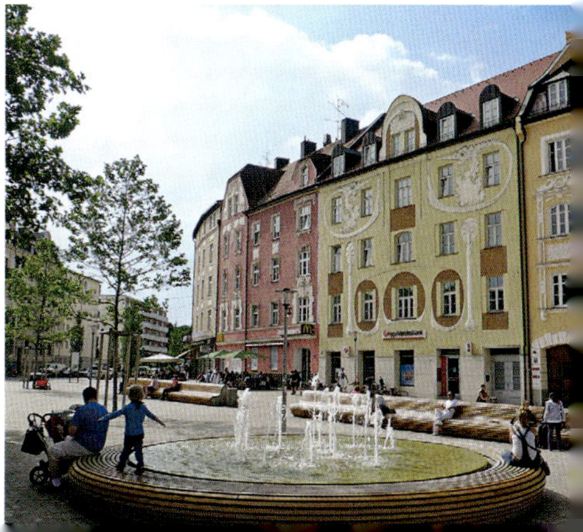

23 Zum Aumeister

Vom Münchner Marienplatz

★★★

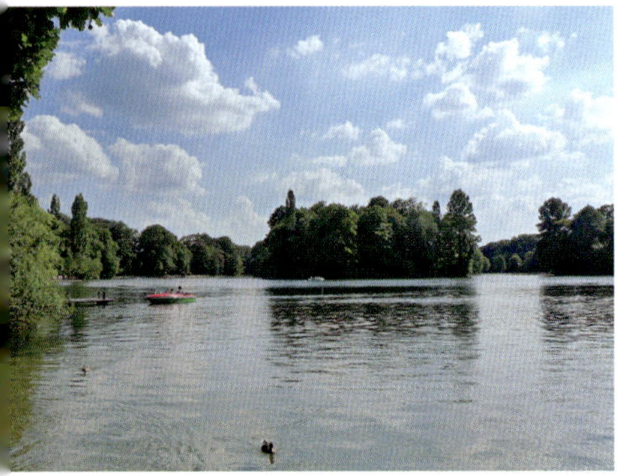

Am Kleinhesseloher See.

Rundweg durch den Englischen Garten

Selbst nicht alle Münchner wissen, dass nur einen Katzensprung von der Fußgängerzone der Innenstadt entfernt der riesige Englische Garten – Münchens grüne Lunge – beginnt und zu einer schönen Rundwanderung mit vielen Highlights einlädt. Vom Hofgarten geht es über den Monopteros, den Chinesischen Turm und den Kleinhesseloher See durch den im Sommerhalbjahr sehr belebten vorderen Teil des Parks, bevor wir auf einer Brücke über den Mittleren Ring in den wesentlich ruhigeren hinteren Teil kommen und an einem Bach entlang zum Ende des Parks mit dem großen Biergarten Aumeister wandern. Zurück geht es dann teilweise am Schwabinger Bach und am Eisbach entlang, wo wir noch den Wellensurfern bei Ihren waghalsigen Manövern zusehen oder später ein erfrischendes Bad nehmen können.

Großartiger Blick vom Monopteros auf die Münchner Stadtsilhouette.

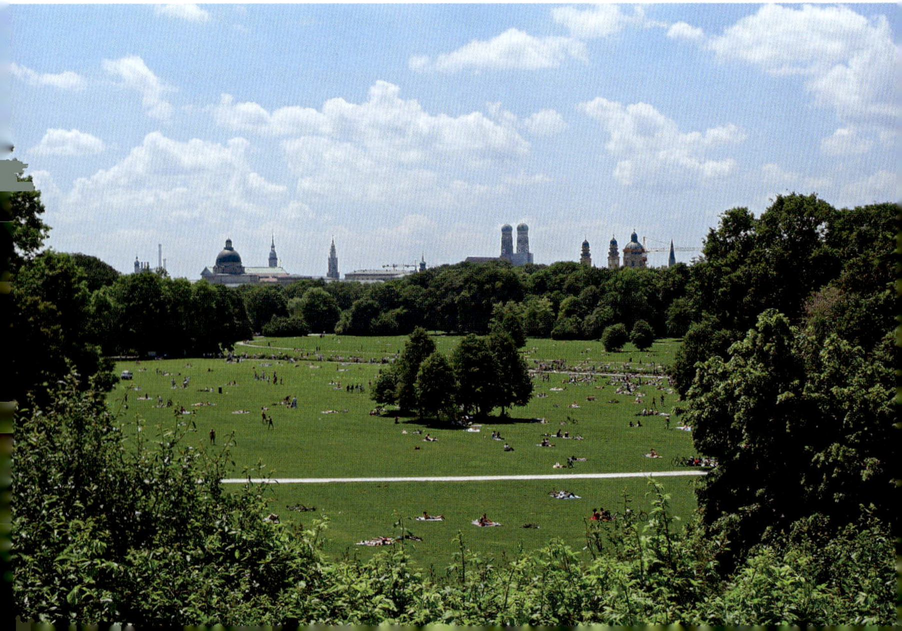

KURZINFO

Ausgangs- und Endpunkt: S-Bahnhof Marienplatz (Stammstrecke); Fahrzeit 4 Min.
Günstigste Fahrkarte: Es wird davon ausgegangen, dass es sich hier um keine Kurzstrecke (2 Stationen mit der S-Bahn; dann 1 Streifen pro Person ab 6 Jahren und einfacher Fahrt) handelt. Familien (mit 2 Erwachsenen): Für Eltern mit mindestens einem Kind ab 6 Jahren oder zwei (max. drei) Jugendlichen bis 20 Jahren Gruppen-Tageskarte M, sonst Streifenkarte (2 Streifen pro Elternteil, 1 Erwachsenen-Streifen pro Kind, 2 Streifen der U21-Streifenkarte für Jugendliche je Fahrt). Erwachsener/e: bis 2 Personen Streifenkarte (2 Streifen je Person und einfacher Fahrt), bei 3–5 Personen Gruppen-Tageskarte. Jugendliche (15–20 Jahre): Hin- und Rückfahrt je 2 Streifen der U21-Streifenkarte (eigene Fahrkarte nicht nötig, wenn z. B. Eltern eine Gruppen-Tageskarte haben). Kinder (6–14 Jahre): Hin- und Rückfahrt je 1 (Erwachsenen-) Streifen (eigene Fahrkarte nicht nötig, wenn z. B. Eltern eine Gruppen-Tageskarte haben). Kinder unter 6 Jahren: frei.
Gehzeit: 4.00 Std.
Höhenunterschied: Unbedeutend.
Distanz: 16,0 km.
Anforderungen: Leichte Wanderung überwiegend auf Kieswegen ohne besondere Anforderungen. Für Kinderwagen geeignet. Die Wanderung ist auch für Kinder interessant, wegen der Länge ist die ganze Tour aber erst für Kinder ab 12 Jahren empfehlenswert (mit kleineren Kindern kann man die verkürzte Tour mit Ziel Studentenstadt wählen).
Ausrüstung: Badesachen.
Einkehr: Café Luigi Tambosi, Biergarten am Chinesischen Turm, Seehaus, Hirschau, Aumeister Restaurant (im Winterhalbjahr Mo. Ruhetag) und Biergarten (täglich bei Temperaturen ab 15 °C geöffnet).
Variante: Abkürzung der Tour, in dem man vom Aumeister zur U-Bahn-Haltestelle Studentenstadt (U 6) geht. Hinweis hierzu siehe Tourenbeschreibung.

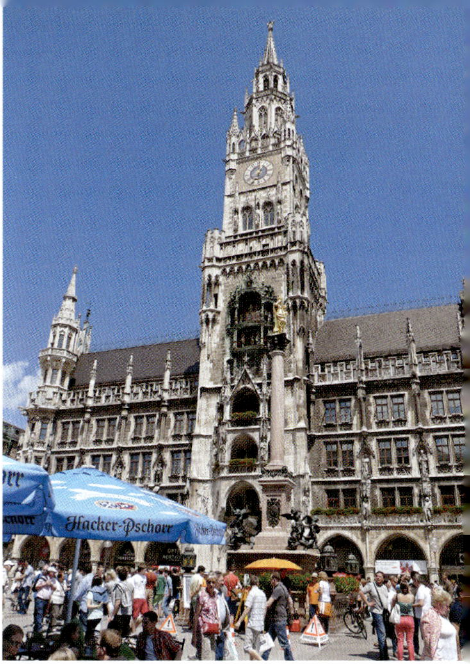

Start ist der Münchner Marienplatz.

Vom **Marienplatz (1)** gehen wir durch die Weinstraße und die Theatinerstraße (Fußgängerzone) zum Odeonsplatz (U 4, U 5) und dort halb rechts hinüber zum Eingangstor des **Hofgartens (2)** auf der anderen Seite des Platzes (beim Café Luigi Tambosi). Wir spazieren durch das Tor, gehen geradeaus weiter, wechseln aber auf den Weg links der Asphaltstraße und schwenken bei nächster Gelegenheit links in den inneren Teil des Hofgartens, wobei wir diesen diagonal durchqueren. Vor dem hinteren Brunnen links, vor dem Gebäude rechts und dann gleich wieder links. Rechts weist ein Schild die Radfahrer zum Englischen Garten (100 m später geht man dann links), wir können aber auch neben der Statue in der Wiese auf einem Pfad schräg abkürzen. Beide Wege treffen vor dem Tunnel, der unter der Von-der-Tann-

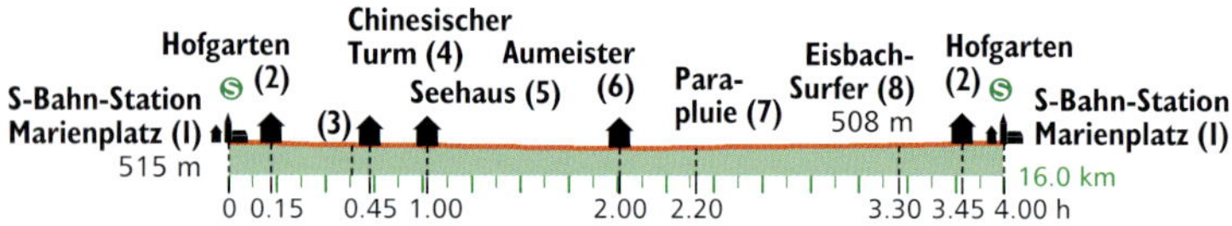

Straße hindurchführt, wieder zusammen. Wir gehen durch den langen Fußgänger- und Radtunnel und befinden uns auf der anderen Seite bereits im **Englischen Garten**.
Wir spazieren nun links neben dem Bach entlang und kommen nach 300 m zu einer Brücke (mit Eisverkäufer), von der wir auf eine malerische Flusslandschaft blicken, deren Wasserfallstufen bereits in den Jahren 1814/15 angelegt wurden. (Tipp: Wendet man sich nach der Brücke rechts und wieder rechts über eine Brücke, kommt man – vorbei an einem Spielplatz – auf eine Brücke an der Prinzregentenstraße, von der man den Wagemutigen dabei zusehen kann, wie sie mit Surfbrettern auf den Stromschnellen des Schwabinger Baches reiten.)
Unser Weg führt uns aber unmittelbar nach der Brücke mit dem Eisverkäufer nach links. Wir spazieren auf einem kleineren Weg auf der rechten Seite des **Schwabinger Baches** und an großen Liegewiesen entlang, auf denen sich bei schönem Wetter eine große Zahl von Sonnenhungrigen tummelt und Abkühlung im Bach sucht. Die früher zum Parkbild gehörenden »Nackerten« sind hier übrigens stark im Rückgang, unter der Woche scheint diese Spezies fast ausgestorben zu sein.
An der nächsten Wegteilung wenden wir uns rechts, wobei wir den mittleren der drei Wege wählen, und gehen nun auf den rechts von uns liegenden **Monopteros (3)** zu. Um dort hinaufzusteigen, biegen wir in den nächsten Weg rechts und dann gleich wieder links ein. Von oben haben wir einen schönen Blick auf die Stadtsilhouette und über den Englischen Garten. Wir gehen ein paar Meter wieder auf dem Anstiegsweg zurück, wenden uns aber nun an der Weggabelung links, an der nächsten ebenfalls links, um dann halb rechts auf einen sehr breiten Weg zu kommen. Der Weg führt über einen kleinen Bach. Schnell erreichen wir den **Chinesischen Turm (4)** mit großem Biergarten (hier gibt es auch ein großes Kinderkarussell im Stil der Biedermeierzeit), gehen geradeaus weiter und überqueren bald eine Teerstraße.
Wir behalten die Richtung bei und kommen nach fünf Minuten rechter Hand an einem **Kiosk** vorbei. Wir gehen geradeaus weiter über eine Brücke und wenden uns unmittelbar dahinter links in einen Fußgängerweg, der uns bald idyllisch am Ufer des **Kleinhesseloher Sees** entlangführt. Der Weg läuft wieder auf den breiten Weg, den wir eben verlassen haben, wir spazieren über eine Brücke und wenden uns nun links zum **Biergarten Seehaus (5)**, der auch Plätze unmittelbar am See bereithält. Nach dem Biergarten (der Weg führt in Ufernähe durch die Tischreihen), schwenken wir mit dem Weg nach rechts, lassen den Bootsverleih mit Kiosk links liegen und stoßen wieder auf den Weg, den wir vorhin verlassen haben. Wir biegen links ein und gehen bei nächster Gelegenheit rechts, um auf einer Brücke den Mittleren Ring zu überqueren.

Englischer Garten

Die Geschichte des Englischen Gartens begann bereits vor über 230 Jahren, als Kurfürst Karl Theodor 1789 verfügte, westlich der Isar einen Militärgarten anzulegen, in dem den Soldaten landwirtschaftliche Fähigkeiten vermittelt und ihnen Gelegenheit zur Erholung gegeben werden sollte. Im Jahr 1792 wurde der Park, der im Gegensatz zu dem streng geometrischen, französischen Barockgarten nach dem Vorbild der Natur gestaltet wurde, für alle Münchner geöffnet. Der Park, der von mehreren großen und kleinen Bächen durchzogen wird, hieß erst Theodors Park, bald setzte sich jedoch der als »englischer Garten« bezeichnete Gartenstil des Volksparks als Eigennamen durch. Über zwei Jahrhunderte wurde der Englische Garten laufend verändert, so kam der nördliche, Hirschau genannte Teil und der Monopteros erst später dazu. Der Englische Garten ist heute immer noch einer der größten Stadtparks der Welt und erfreut sich nach wie vor wegen seines großen Erholungswertes und nicht zuletzt wegen seiner vier großen Biergärten großer Beliebtheit bei Einheimischen und Touristen.

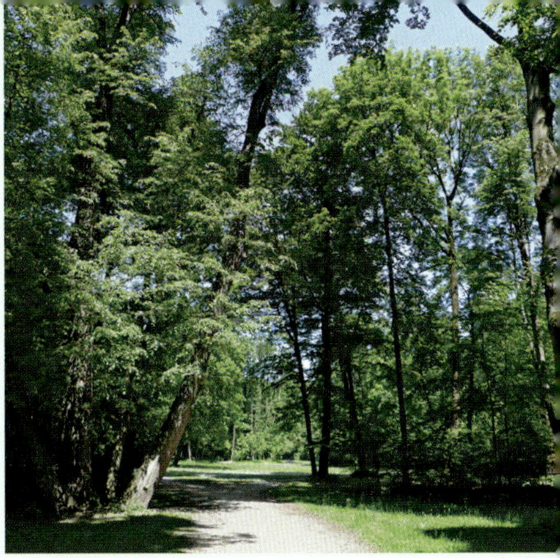

Gemütliche Wege führen durch den Park.

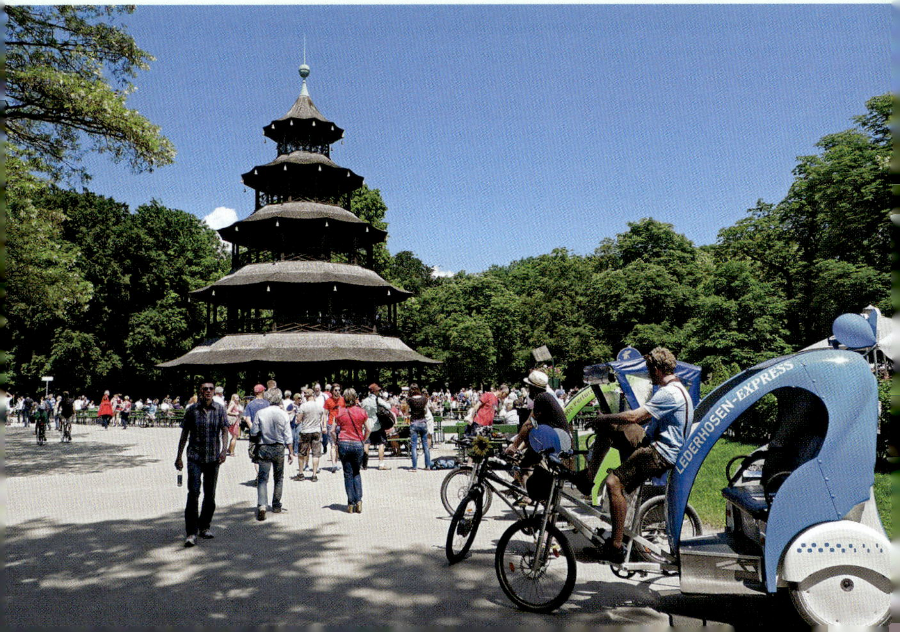

Rikscha auf bayerisch: »Lederhosen-Express« am Chinesischen Turm.

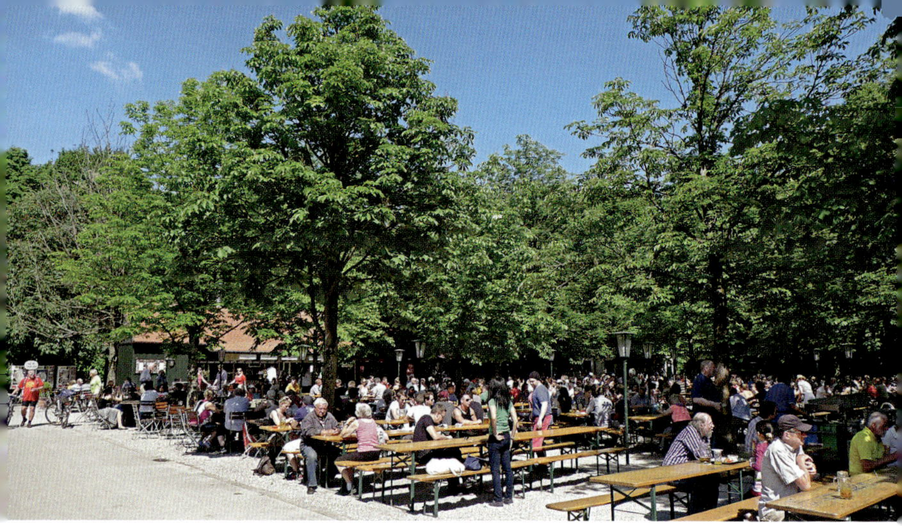

Einkehr im großen Biergarten des Aumeisters.

Am Brückenfuß auf der anderen Seite, gehen wir an der Weggabelung links (rechts geht es in fünf Minuten zum Biergarten Hirschau), überqueren einen Weg und setzen unsere Wanderung geradeaus fort. An der nächsten Gabelung wenden wir uns rechts (mittlerer Weg) und kommen zu einem Bach, an dessen linkem Ufer sich der Weg nun schön entlangschlängelt. Wir wandern über eine kleine Brücke, gehen an der nächsten Kreuzung geradeaus und überqueren eine Teerstraße. Auf der anderen Seite nimmt uns geradeausgehend ein Fußweg auf, nach 50 m wenden wir uns rechts, gehen über eine kleine Brücke und wenden uns anschließend scharf links. Nun spazieren wir am anderen Bachufer weiter und kommen 600 m später über eine Brücke. Fünf Minuten danach stoßen wir auf einen Weg, wir wenden uns links und gleich wieder rechts. An der Gabelung nach 400 m gehen wir links über eine Brücke und rechts weiter. Wir kommen an einem kleinen See vorbei, gehen geradeaus weiter und halten uns an der nächsten Verzweigung rechts. Zehn Minuten später treffen wir auf einen geteerten Fuß-/Radweg und erreichen nach 400 m den großen **Biergarten Aumeister (6)** mit der gegenüberliegenden Speisewirtschaft und einem schönen Kinderspielplatz.
Vom Aumeister gehen wir ein kleines Stück auf dem Hinweg zurück und schwenken noch vor der Brücke rechts in den Weg, der am Bach entlangführt. Wir kommen über eine Brücke, wenden uns links und wandern nun am **Schwabinger Bach** entlang. An der nächsten Verzweigung halten wir uns links, ignorieren bald darauf eine Rechtsabzweigung und biegen auf Höhe einer Brücke rechts ab. Wollen wir die Tour abkürzen, halten wir uns an der nächsten Verzweigung rechts, wieder rechts und kommen über einen Kiesweg und die Grasmeierstraße zur U-Bahn-Haltestelle Studentenstadt. Anderenfalls wenden wir uns an der Verzweigung links, gehen nicht über die bald folgende Brücke, sondern rechts weiter am Schwabinger Bach entlang.

Kurz darauf erreichen wir eine für Kinder ideale Stelle am Bach mit einem richtigen kleinen Sandstrand. Eine von rechts kommende Einmündung im spitzen Winkel ignorieren wir, wandern weiter am Wasser entlang, kommen an einem Spielplatz vorbei und stoßen auf einen Weg, in den wir links einbiegen. Wir überqueren den Bach und eine Teerstraße und gehen geradeaus weiter. Nach 150 m wenden wir uns rechts, an der nächsten wieder rechts und kommen an einem **Parapluie (7)** (Unterstellplatz) vorbei. Etwa 100 m später, etwa auf Höhe eines Bauwagens, zweigt links zwischen zwei großen Sträuchern ein Pfad ab. Wer möchte, kann hier einbiegen und über einen herrlichen Wiesenweg, den Kiesweg etwas abkürzend, weiterwandern. Genauso wie die anderen, die auf dem Kiesweg geblieben sind, überqueren wir bald einen Kiesweg und wandern geradeaus auf dem barfußtauglichen Pfad weiter. Wir kommen zehn Minuten später wieder auf den Kiesweg, folgen diesem etwa 20 m und können erneut links in einen barfußtauglichen Wiesenpfad schwenken. Dieser führt zehn Minuten später wiederum zurück auf den Kiesweg. Wir folgen diesem nun weiter, spazieren an Wegkreuzungen stets geradeaus und kommen so wieder (schließlich ein Stück auf dem Hinweg) direkt zu der Brücke, die uns über den Mittleren Ring und zum **Kleinhesseloher See** führt. Wir halten uns rechts und wandern nun entgegen dem Uhrzeigersinn auf einem Fußweg direkt am See entlang. An dessen Ende bleiben wir rechts neben dem Bach und sehen wenige Minuten später den **Kiosk**, den wir schon vom Hinweg kennen. Diesmal gehen wir unmittelbar am Kiosk vorbei und bleiben rechts neben dem Bach. Dies halten wir nun an allen Abzweigungen und Wegkreuzungen so bei, wir wählen also immer den bachnächsten Weg auf der rechten Bachseite, bis wir an einer weiteren Stelle mit **Eisbach-Surfern (8)** wieder an die vom Hinweg bekannte Stelle mit den Wasserfallstufen kommen. Von hier spazieren wir auf dem Hinweg durch den **Hofgarten (2)** zurück zum **Marienplatz (1)**.

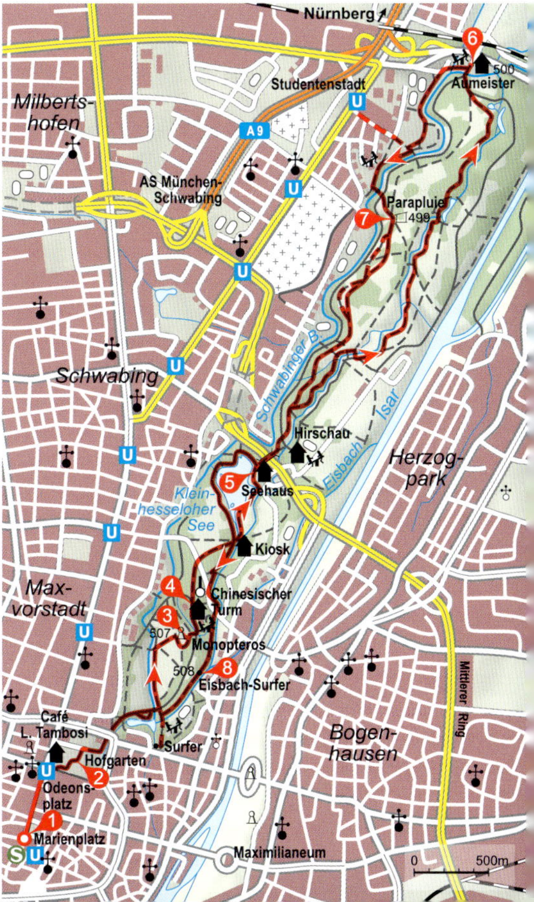

24 Ebersberger Aussichtsturm

Rundweg vom Bahnhof Ebersberg

★★★

Rundweg über Weiherkette und Egglburger See

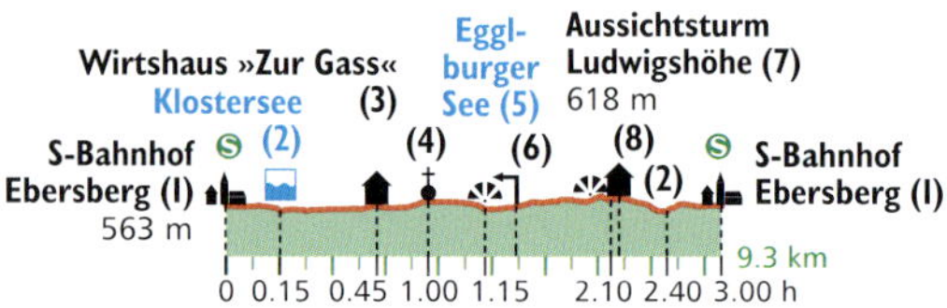

Diese schöne Tour entlang der Ebersberger Weiherkette und des Egglburger Sees mit ihrer abwechslungsreichen Wegführung ist besonders im Frühjahr und Herbst beliebt, im Hochsommer muss man hingegen wegen des vielen Wassers mit vielen Mücken rechnen. Am Ziel unserer Wanderung wartet an der Ludwigshöhe ein 35 Meter hoher Aussichtsturm, auf dem sich auf den einzelnen Etagen auch Sitzbänke befinden. Oben kann man bei guter Fernsicht auf die Stadtsilhouette von München (mittlerweile durch die hoch gewachsenen Fichten leider nur noch eingeschränkt) und auf die aufgereihte Alpenkette blicken. Unterhalb des Aussichtsturmes bietet sich ein Besuch des Museums »Wald und Umwelt« (im Sommer nur am Wochenende und feiertags, im Winter nur sonntags und an einigen Feiertagen geöffnet, Infos unter museumwaldundumwelt.de) oder, besonders mit Kindern, des Naturerlebnispfades an. Abgerundet wird die Wanderung durch zwei schöne Einkehrmöglichkeiten (jeweils mit sonnigem Gastgarten) direkt am Weg im Gasthaus »Zur Gass« in der Nähe des Egglburger Sees oder in der Ebersberger Alm unterhalb des Aussichtsturmes.

Spaß auf dem Ebersberger Aussichtsturm am Fernrohr.

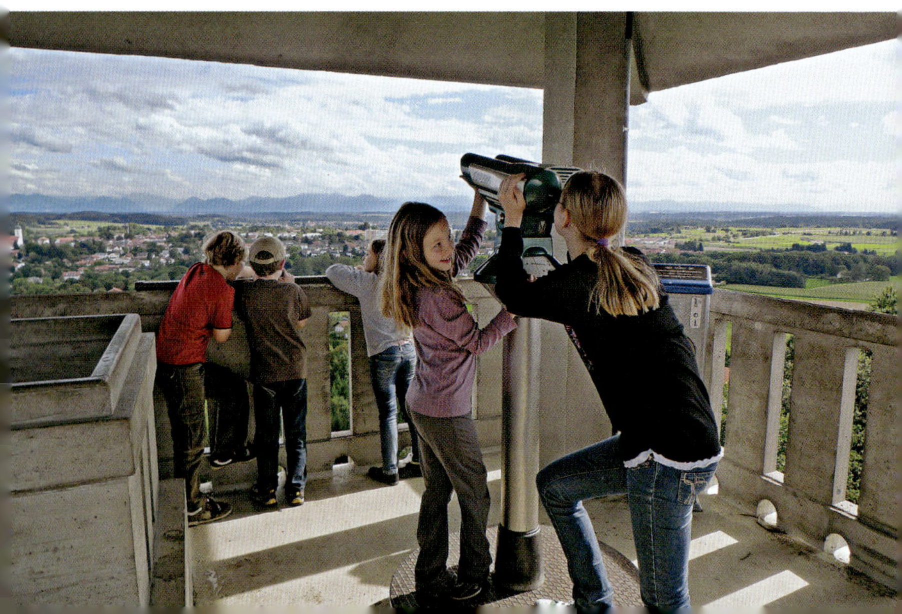

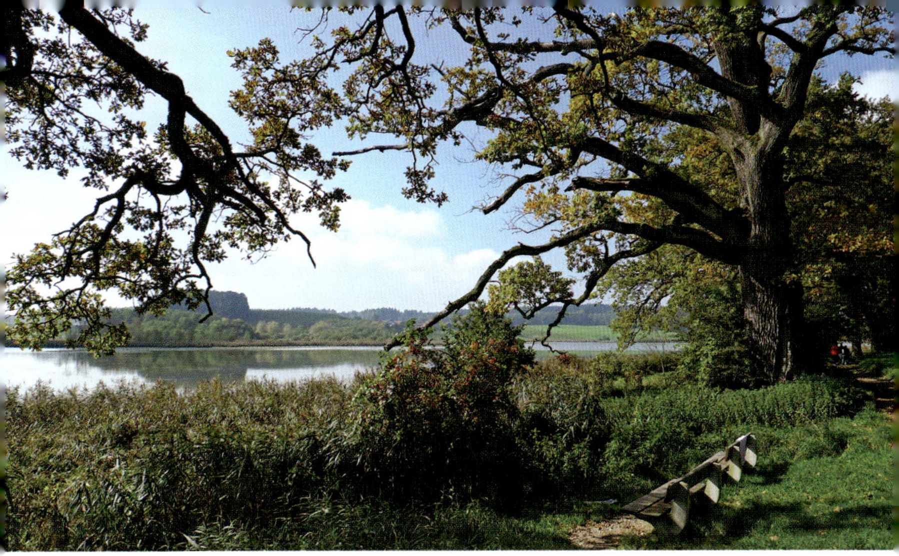

Majestätische Eichen am Egglburger See.

KURZINFO

Ausgangs- und Endpunkt: S 4-Endhaltestelle Ebersberg; Fahrzeit 49 Min.
Günstigste Fahrkarte: Familien (mit 2 Erwachsenen): Gruppen-Tageskarte M-3; Erwachsener/e: (Gruppen-)Tageskarte M-3. Jugendliche (15–20 Jahre): Hin- und Rückfahrt je 5 Streifen auf der U21-Streifenkarte (eigene Fahrkarte nicht nötig, wenn z. B. Eltern eine Gruppen-Tageskarte haben). Ab 3 Jugendlichen ist die (Erwachsenen-)Gruppen-Tageskarte M-3 günstiger. Kinder (6–14 Jahre): Hin- und Rückfahrt je 1 (Erwachsenen-)Streifen (eigene Fahrkarte nicht nötig, wenn z. B. Eltern eine Gruppen-Tageskarte haben). Kinder unter 6 Jahren: frei.
Gehzeit: 3.00 Std.
Höhenunterschied: 175 m im Auf- und Abstieg.
Distanz: 9,3 km.
Anforderungen: Etwa die Hälfte des Weges verläuft auf kleinen Wiesen- und Waldpfaden auf natürlich weichem Untergrund, die andere Hälfte auf breiten Wanderwegen. Nicht kinderwagengeeignet. Aufgrund der Weglänge ist die Tour erst für Kinder ab 10 Jahren geeignet.
Ausrüstung: Gut profilierte Trekkingsandalen, Badesachen.
Einkehr: Wirtshaus »Zur Gass« (Mo. Ruhetag, So. bis 17 Uhr), Ebersberger Alm (Mo. und Di. Ruhetag).
Variante: Wer die Tour abkürzen will – was allerdings wegen des schönen Weges um den Egglburger See schade wäre – kann dort, wo wir erstmals auf den Egglburger See treffen, auch rechts einbiegen und gleich wieder links den seenahen Weg nehmen. Nach 500 m dreht der Weg nach rechts, man kommt am Ziegelhof vorbei und hält sich 100 m später links, um dann nach etwa 400 m zu dem nach rechts führenden Wegweiser zum Aussichtsturm zu kommen, wo man auf die Wanderer der Hauptroute trifft.

Unterwegs auf natürlichen, kleinen Pfaden.

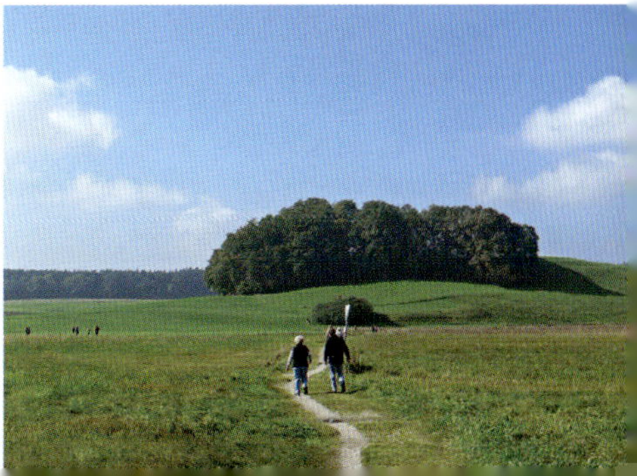

Egglburger See und Weiherkette

Der Egglburger See und die sich im Osten anschließende Weiherkette wurden um das Jahr 1040 zur Fischzucht und zur Nutzung der Wasserkraft für Getreidemühlen vom Abt des Ebersberger Klosters durch das Aufstauen des Flüsschens Ebrach geschaffen. Mit 33 Hektar ist der in einem Naturschutzgebiet liegende Egglburger See der größte See im Landkreis Ebersberg. Er gilt mit seinen kleinen Inseln und dem breiten Schilfgürtel als bedeutender Brut- und Rastplatz für seltene Vogelarten. Das Baden im See ist jeweils erst ab dem 1. August (Einschränkung aus Naturschutzgründen) erlaubt, aber wegen der geringen Wassertiefe von nur circa zwei Metern, dem schlammigen Untergrund und den vielen Seerosen ist es wenig empfehlenswert.

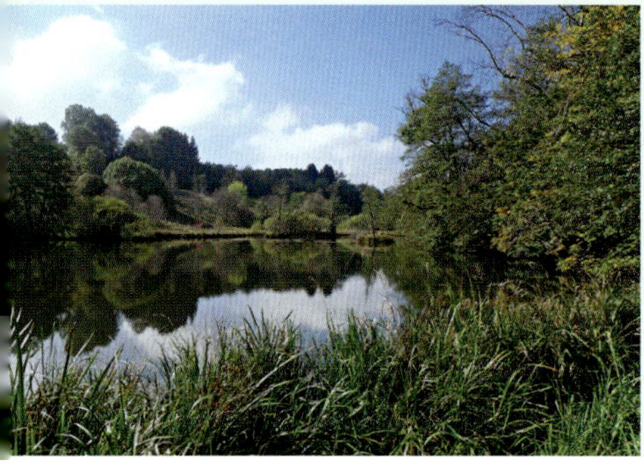

Malerische Weiherkette.

Am **S-Bahnhof Ebersberg (1)** gehen wir durch das Bahnhofsgebäude, überqueren den Bahnhofsplatz, folgen der Beschilderung zum Familienbad Klostersee und spazieren geradeaus weiter durch die **Altstadtpassage**. Anders als man vielleicht vermuten würde, erwarten uns in dieser Fußgängerzone keine geschichtsträchtigen alten Gebäude, sondern eine ganz neu aus dem Boden gestampfte Einkaufspassage, durch die man die Altstadt erreicht – Ideen muss man haben!

Wir stoßen auf den **Ebersberger Marienplatz**, wenden uns links (»Familienbad Klostersee«) und kurz darauf vor dem Rathaus rechts – eine Beschilderung ist hier nur in der Mitte des Platzes vorhanden. Wir gehen an dem alten gotischen Gebäude vorbei und wandern nun immer geradeaus über die Sieghartstraße, die Semptstraße und den stark abwärtsführenden Richardisweg an mehreren Einkehrmöglichkeiten vorbei bis zur Eberhardstraße, die wir überqueren. Schon stehen wir am **Klostersee (2)**, wenden uns links in die Josef-Maier-Promenade und wandern am Seeufer entlang. Der Weg dreht nach rechts, führt malerisch zwischen einem Weiher und dem Klostersee hindurch und stößt auf einen Asphaltweg, in den wir nach links einbiegen. Wir wandern nun entlang der Weiherkette weiter, schwenken vor dem **Langweiher** rechts und wandern nun direkt an dessen Ufer am Waldrand entlang. Am Seeende nimmt uns ein kleiner Kiesweg auf, der uns über die Wiesen zum idyllischen **Seeweberweiher** führt.

Wir gehen nun wieder auf einem asphaltierten Weg an einem Bauernhof mit einer auf die Front gemalten Sonnenuhr vorbei und kommen zum **Egglburger See**. Hier wenden wir uns links, dann unmittelbar nach dem **Gasthaus »Zur Gass« (3)** rechts – Beschilderung »Kirchseeon

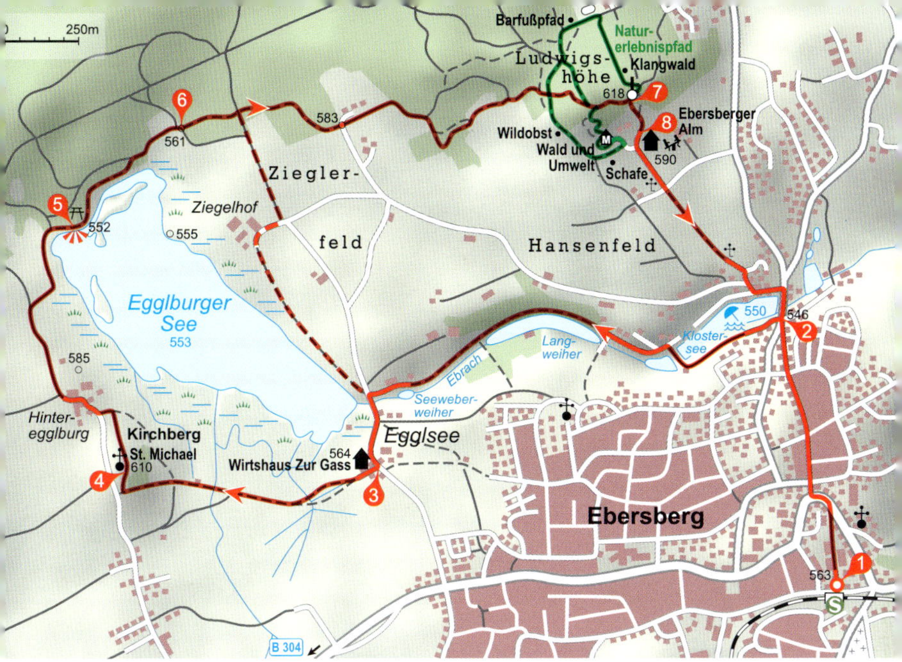

(Feldweg)« –, kommen an der hinter dem Wirtshaus liegenden Pferdekoppel vorbei und sind überrascht, dass es nun auf einem wunderschönen Wiesenweg weitergeht. Wer gern barfuß läuft, bei dem wandern nun wie von selbst die Schuhe in den Rucksack – es ist immer wieder herrlich, den weichen Naturboden unter seinen Sohlen zu spüren. Der Weg teilt sich, läuft aber 100 m später wieder zusammen. Wir kommen an eine Verzweigung, halten uns rechts, wandern auf den Hügel zu, marschieren diesen geradewegs hinauf und kommen zu

Nach dem Weiler Hinteregglburg geht es zum Egglburger See hinunter.

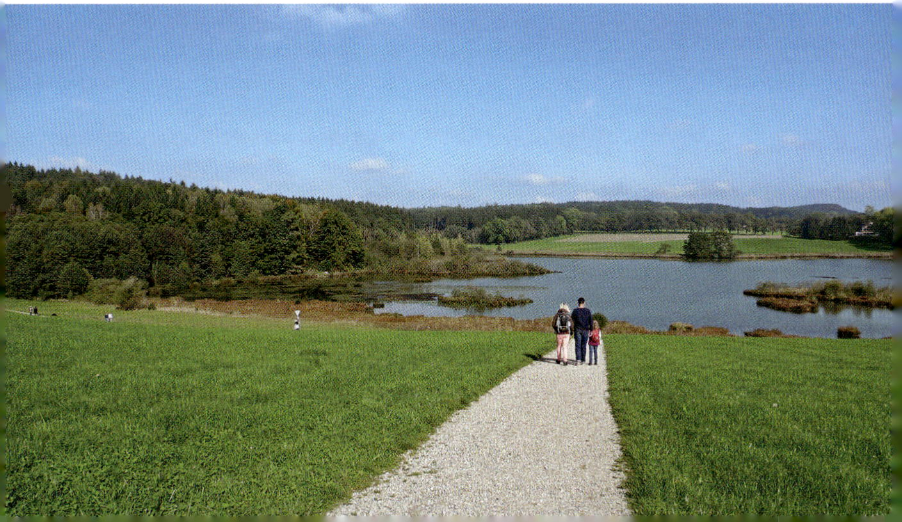

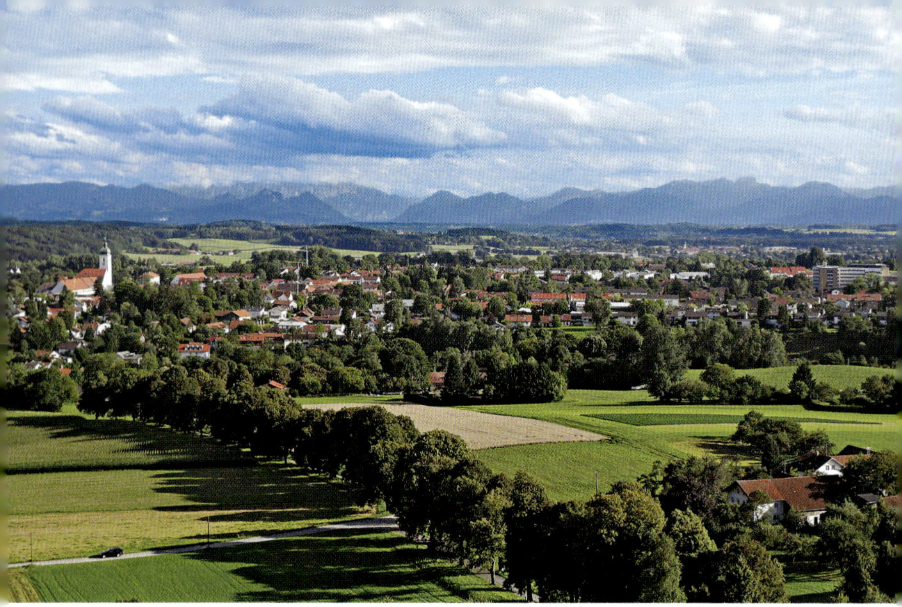

Vom Ebersberger Aussichtsturm kann man bis zu den Alpen blicken.

einer Rastbank. Bald führt nun der Weg ein Stück hinunter. Unmittelbar bevor dieser auf eine Asphaltstraße trifft, zweigt nach rechts ein etwas versteckt liegender Treppenpfad nach oben ab. Hier biegen wir ein, wandern an einer uralten Buche vorbei und stehen schon bald vor einem eisernen Türl, das uns links in den kleinen Friedhof vor der alten gotischen **Kirche St. Michael (4)** führt. Wir gehen links an der Kirche (Besichtigung und/oder Führung leider nur nach Voranmeldung unter Tel. +49 8092 853390 oder zu den Gottesdiensten im Mai, Juni, Juli und September samstags um 19 Uhr möglich) vorbei und sehen schon ein weiteres Tor, durch das wir das Kirchenareal wieder verlassen. Jetzt geht es (mit Schuhen) einen Feldweg mit Wiesenmittelstreifen hinunter. Plötzlich tut sich ein schöner Blick auf den Egglburger See auf.

Wir kommen auf eine Teerstraße, biegen nach rechts ein, gehen links durch die paar Höfe in **Hinteregglburg** und wandern, uns rechts haltend, auf einem breiten Schotterweg parallel zum See weiter. Etwa 200 m nach dem letzten Haus biegen wir in den Kiesweg rechts ein, der uns hinunter zum **Egglburger See** führt.

Unten wenden wir uns links und können nun bei warmen Temperaturen auf einem herrlichen Erd-/Wiesenpfad wieder barfuß weiterwandern. Wir kommen in den Wald und halten uns rechts (Beschilderung »Aussichtsturm«), um auf dem Uferweg zu bleiben. Kurze Zeit später erreichen wir am Nordufer des Sees einen **Aussichtsplatz (5)** mit Rastbank, von dem wir bei klarer Sicht einen guten Gebirgsblick haben. Der Weg zum Aussichtsturm ist rotweiß markiert, wir wandern erst am sehr schönen Nordufer weiter, kommen aus dem Wald, spazieren etwa 100 m auf einem Kiesweg über eine Wiese und kommen wieder in den

Wald. Hier zweigt von dem breiten Weg links ein deutlich rot-weiß markierter Waldpfad ab **(6)**, in den wir einbiegen. Auf einer aus einem halben Baumstamm bestehenden **kleinen Brücke** geht es über einen Bach, wir überqueren einen Fahrweg, halten uns an der nächsten Wegeinmündung links, überqueren bald darauf eine kleine Teerstraße und folgen nun einem Karrenweg, der entlang einer Wiese verläuft. Wir kommen an den Waldrand und folgen nun ausnahmsweise nicht der Markierung in den Wald (oft batziger Weg), sondern gehen geradeaus (unmarkiert) weiter. Der Weg führt auch hier erst wieder in den Wald und schwenkt bald nach links. Dieses Stück ist oft sehr feucht, man kann aber auf einen unmittelbar drüber am Hang verlaufenden trockenen Waldpfad ausweichen. Wir treten wieder aus dem Wald und wandern nun auf einem sonnigen Wiesenpfad mit Blick auf die Berge (bei klarer Sicht) weiter. Bald trifft der markierte Weg, den wir vorhin verlassen haben, von links aus dem Wald auf unseren Pfad. Kurz darauf kommen wir auf einem breiter werdenden Weg in den Wald, ignorieren einen nach links abzweigenden Weg und halten uns an der nächsten Verzweigung rechts. Nach wenigen Metern weist uns ein Schild mit einem Wanderer und eine rot-weiße Markierung (beides schlecht zu sehen) nach links aufwärts. Wir überqueren einen Kiesweg, steigen steil auf einem Waldpfad aufwärts und erreichen nach einer Gesamtgehzeit von 2.20 Stunden den auf der **Ludwigshöhe** liegenden **Aussichtsturm (7)**, von dem man bei gutem Wetter eine fantastische Fernsicht hat. Am Aussichtsturm beginnt auch der ausgeschilderte **Naturerlebnispfad**, der uns verwinkelt zum **Museum »Wald und Umwelt«** führt. Wer weniger Zeit hat, steigt direkt vom Aussichtsturm, den gestuften Kiesweg hinunter. Hier erinnern Tafeln an den Bäumen rechts und links des Weges an die Gefallenen des Ersten Weltkrieges. Wir kommen zum neben dem Museum liegenden Gasthaus **Ebersberger Alm (8)** mit seinem kleinen Spielplatz und einer gemütlichen Terrasse.

Weiter wandern wir auf Asphalt die Heldenallee hinunter, überqueren eine Straße und marschieren auf dem Fußweg die schöne Allee hinunter bis zum Hotel Klostersee. Hier wenden wir uns links (rechts besteht eine Bademöglichkeit im kostenlosen Seebad Klostersee) und kommen zur Eberhardstraße, gehen rechts und kurz darauf links in den Richardisweg, um nun auf dem Hinweg wieder zurück zum **S-Bahnhof Ebersberg (1)** zu kommen.

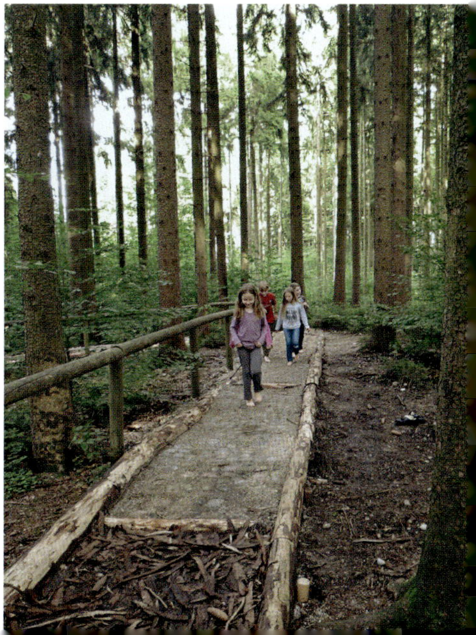

Auf dem Naturerlebnispfad wartet auch ein Barfußpfad.

25 Erding

Von St. Koloman

★★

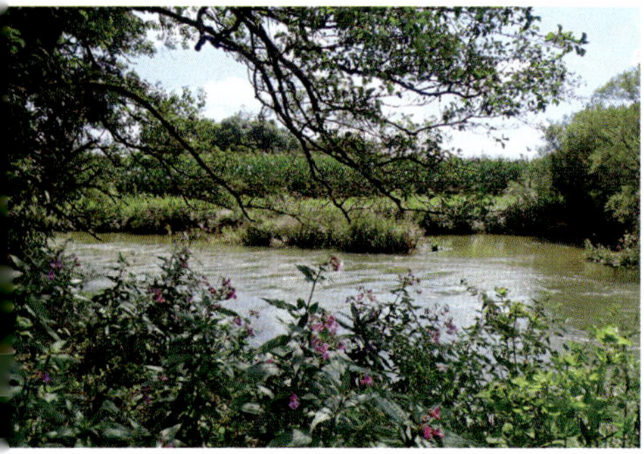

Die Sempt bei St. Koloman.

Semptwanderung und Stadtbesichtigung Erding

Bei der heutigen Tour lässt sich eine nicht allzu lange Wanderung von St. Koloman nach Erding mit einem Stadtbummel durch die schöne Altstadt der Großen Kreisstadt Erding wunderbar verbinden. Sind Kinder dabei, freuen sie sich über den großen Spielplatz und den Mini-Zoo (kostenlos) im Erdinger Stadtpark. Wer an einem dritten Sonntag im Monat unterwegs ist, kann in Erding an einer interessanten Stadtführung (Treffpunkt Tourist-Info, Landshuter Str. 12, Beginn 14 Uhr, keine Anmeldung erforderlich) oder an der Stadtturmbesteigung (begrenzt auf 9 Personen, keine Voranmeldung möglich, Beginn 15.30 Uhr, Einlass 15.15 Uhr, Treffpunkt Eingang Stadtturm, in der Passage zwischen dem Sparkassengebäude am Schrannenplatz und der Stadtpfarrkirche St. Johannes) teilnehmen.

Blick über den Schrannenplatz auf das rote Sparkassengebäude und den Turm der Kirche St. Johannes.

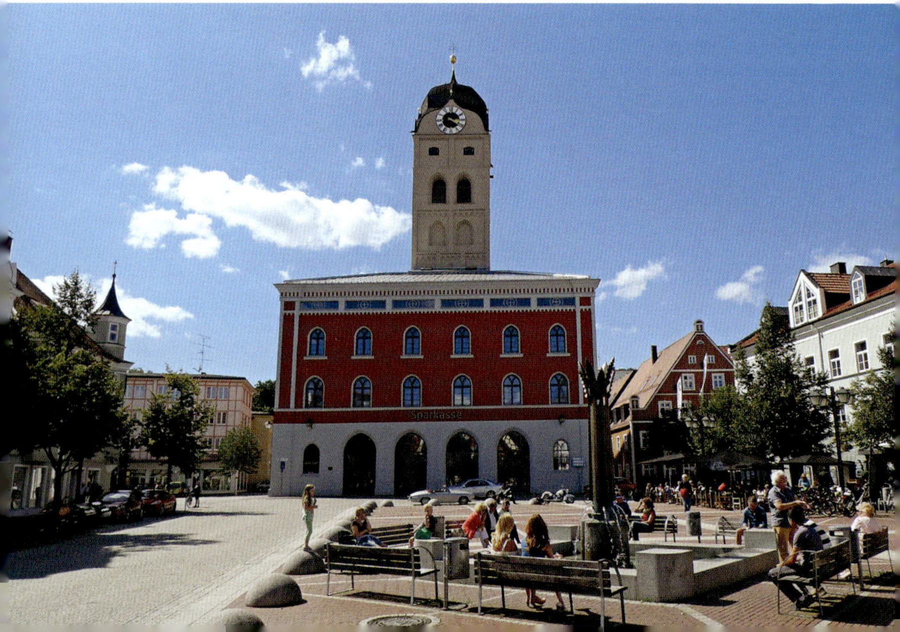

KURZINFO

Ausgangspunkt: S-Bahnhof St. Koloman (S 2 Richtung Erding); Fahrzeit 42 Min.
Endpunkt: S 2-Endhaltestelle Erding; Fahrzeit 52 Min.
Günstigste Fahrkarte: Familien (mit 2 Erwachsenen): Gruppen-Tageskarte M-4; Erwachsener/e: (Gruppen-)Tageskarte M-4. Jugendliche (15–20 Jahre): Ab 3 Jugendlichen (Erwachsenen-)Gruppen-Tageskarte M-4, sonst auf der U21-Streifenkarte Hinfahrt 5 Streifen und Rückfahrt 6 Streifen (eigene Fahrkarte nicht nötig, wenn z. B. Eltern eine Gruppen-Tageskarte haben). Kinder (6–14 Jahre): Hin- und Rückfahrt je 1 (Erwachsenen-)Streifen (eigene Fahrkarte nicht nötig, wenn z. B. Eltern eine Gruppen-Tageskarte haben). Kinder unter 6 Jahren: frei.
Gehzeit: 2.45 Std.
Höhenunterschied: Unbedeutend.
Distanz: 11 km.
Anforderungen: Leichte Wanderung, teilweise entlang der Sempt, durch das flache, nördliche Münchner Umland. Kinderwagengeeignet.
Ausrüstung: Keine besondere Ausrüstung erforderlich.
Einkehr: Unterwegs bis Erding keine; in der Stadt verschiedene Gaststätten wie das Restaurant-Café Zeitlos.
Variante 1: Abstecher zum Badeweiher Wörth (siehe Beginn Tourenbeschreibung).
Variante 2: Abstecher zum Kronthaler Weiher in Erding. Folgen wir der Langen Zeile nach Norden, gehen an deren Ende links auf der Freisinger Straße über den Fehlbach und biegen danach rechts in die Franz-Xaver-Stahl-Straße ein, erreichen wir in 20 Min., immer am Fehlbach entlang, den Kronthaler (Bade)-Weiher mit seinem Erholungsgelände und Kiosk.
Tipp 1: Das Erdinger Weißbräu (größte Weißbierbrauerei der Welt) bietet ausschließlich nach Anmeldung über das Internet (s. u.) Brauereiführungen (Dauer ca. 3 Std., Treffpunkt Franz-Brombach-Straße am Fan-Shop) mit anschließender Verkostung (Bier, Brezen, Weißwürste) an. Bei der kostenpflichtigen (außer Fanclub-Mitglieder) Führung sind ca. 260 Stufen zu überwinden. Termine: Di. – Fr. 10, 14, 18 Uhr, Sa. 10 und 14 Uhr. Infos, Termine und Buchung unter tickets.erdinger-besucherzentrum.de/bz_de/brauereifuehrung.
Tipp 2: Vom S-Bahnhof Altenerding erreicht man in 10 Min. die Therme Erding, Europas größte Thermenwelt mit Wellenbad, Rutschen- und Saunaparadies. Infos unter therme-erding.de. Der Weg vom Bahnhof ist ausgeschildert, man kann aber auch ab S-Bahnhof Erding oder S-Bahnhof Altenerding mit den Stadtbussen 570 (Sa., So.) und 550, 560, 580 (Mo. – Fr.) zur Therme gelangen.

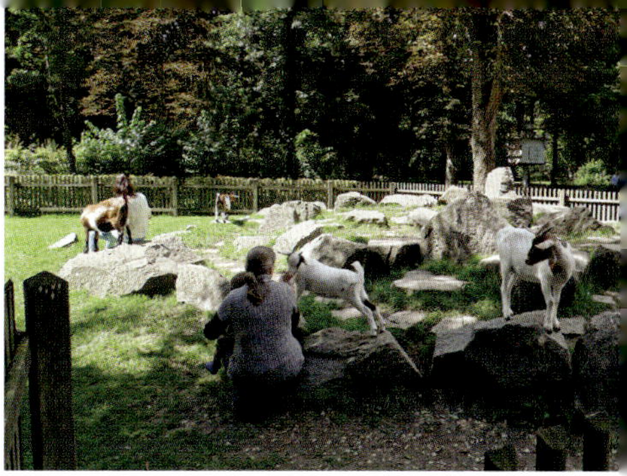

Streichelgehege im Stadtpark.

Vom eingleisigen **S-Bahnhof St. Koloman (1)** gehen wir den Bahnsteig in Fahrtrichtung (von München kommend) entlang, überqueren das Gleis und anschließend an der Ampel die parallel zu den Schienen verlaufende Straße und wandern nun geradeaus auf dem Fußweg neben der Straße (erst rechts-, dann linksseitig) Richtung Wörth. An der zweiten Abzweigung an der linken Straßenseite wenden wir uns links. (Tipp: Geht man geradeaus an der Straße weiter und schwenkt nach 200 m unmittelbar nach der Semptbrücke nach rechts, erreicht man nach weiteren 700 m den sehr schönen Badeweiher Wörth mit seinem

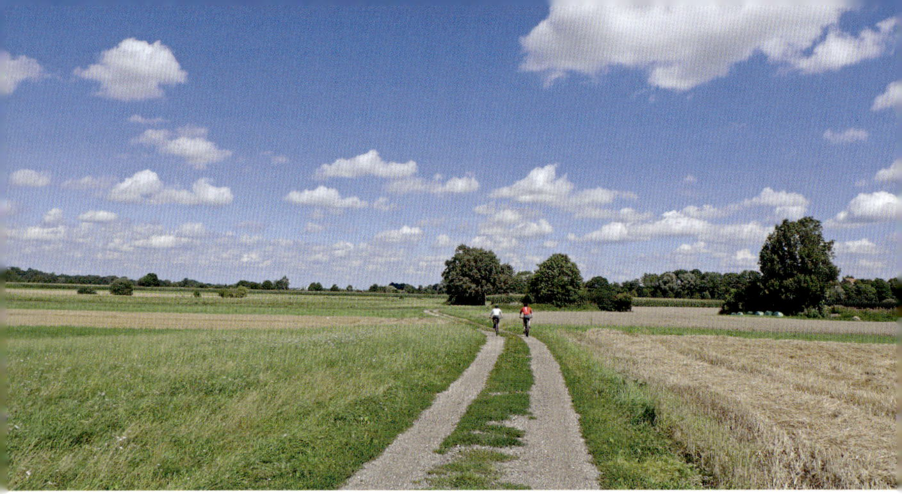

Gemütliche Wege führen über freies Feld.

großen Kiosk mit Biertischen, einer großen Liegewiese und ganz flach abfallendem Ufer.) Wir spazieren nach etwa 500 m für ein kurzes Stück unmittelbar an der **Sempt** entlang. Wir stoßen auf einen Kiesweg, biegen rechts ein, kommen wieder an die Sempt und wenden uns an der nächsten Einmündung links. Der Weg schlängelt sich bald sanft durch die schöne Landschaft. Wir stoßen auf einen Kiesweg, biegen links ein und schwenken 500 m später an einem **Marterl mit Brotzeittisch (2)** nach rechts in den kleinen Asphaltweg, auf dem auch Fahrradfahrer unterwegs sind. Nach ca. 1,3 km auf diesem geraden Weg kommen wir zu einer Kreuzung, hier marschieren wir geradeaus weiter (links ginge es hier zum S-Bahnhof Aufhausen), um nach 400 m rechts in den neu angelegten geteerten Fuß/-Radweg einzubiegen. Wir spazieren fünf Minuten später über die Sempt, kommen nach **Pretzen (3)** hinein, wenden uns links und biegen kurz darauf wiederum links in die Tannenstraße ein. 200 m später schwenken wir erneut links in die Buchenstraße (Beschilderung »Sempt-EW«), die kurz darauf in einen Kiesweg übergeht. Fünf Minuten später halten wir uns wiederum links in einen asphaltierten Weg und folgen kurz darauf dem Weg an einer Wertstoffinsel vorbei nach links. Wenig später unterqueren wir die B 388 und wandern nun direkt an der **Sempt** entlang. An der ersten Brücke gehen wir geradeaus weiter, kommen bald an einem Spielplatz vorbei und überqueren die Sempt auf der nächsten Brücke (Doppelbrücke für Fußgänger und Autofahrer). Wir wenden uns danach rechts, wandern die Landgerichtstraße entlang und überqueren die Bahnhofstraße an der imposanten Altenerdinger **Kirche Mariä Verkündigung (4)**. Weiter geht es geradeaus durch die Pfarrer-Fischer-Straße. Diese mündet in

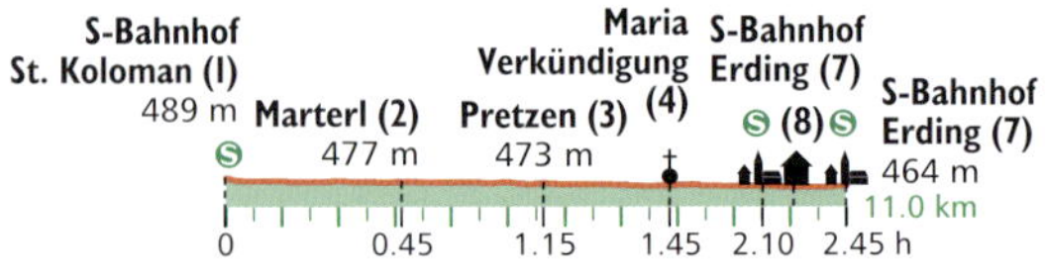

die Parkstraße, hier wenden wir uns links, überqueren die Gleise und biegen sogleich rechts in den **Erdinger Stadtpark (5)** ab. Hier wählen wir den rechten Weg, gehen an einer Verzweigung geradeaus und können rechts einen Abstecher zu einem kleinen, schön gestalteten, kostenlosen **Tiergehege (6)** machen. Hier gibt es Kaninchen, Hühner, Rehe, einen Esel sowie ein Streichelgehege mit Ziegen (Öffnungszeiten täglich März bis Oktober 7.30–18.30 Uhr, November bis April 7.30–16.30 Uhr). Kurz darauf überqueren wir uns rechts haltend die **Sempt**.
Geradeaus kommen wir an einem tollen Spielplatz mit hoher Röhrenrutsche vorbei, verlassen bald den Stadtpark nach rechts und wandern nun parallel zu den Schienen weiter. Nach dem Überqueren der Haager Straße spazieren wir geradeaus weiter an den Gleisen entlang und erreichen schnell den **S-Bahnhof Erding (7)**.
Wir hängen nun noch eine kleine Stadtbesichtigungsrunde durch Erding an: Direkt gegenüber dem Bahnhof beginnt der ausgeschilderte Weg in die Innenstadt von Erding: Wir folgen der Geheimrat-Irl-Straße bis zu deren Ende, überqueren die **Sempt** und biegen unmittelbar nach der Brücke rechts ab (auf dem Weg geradeaus kommen wir auf dem Rückweg). An der nächsten Abzweigung, an einem kleinen Spielplatz, wenden wir uns links und gehen durch Teile der ehemaligen **Stadtmauer** (hier ein paar Stufen) am schön an der Mauer gelegenen **Restaurant-Café Zeitlos** vorbei. Wir kommen an der Rückseite der **Heilig-Geist-Kirche** mit dem ehemaligen Heilig-Geist-Spital vorbei und erreichen durch einen

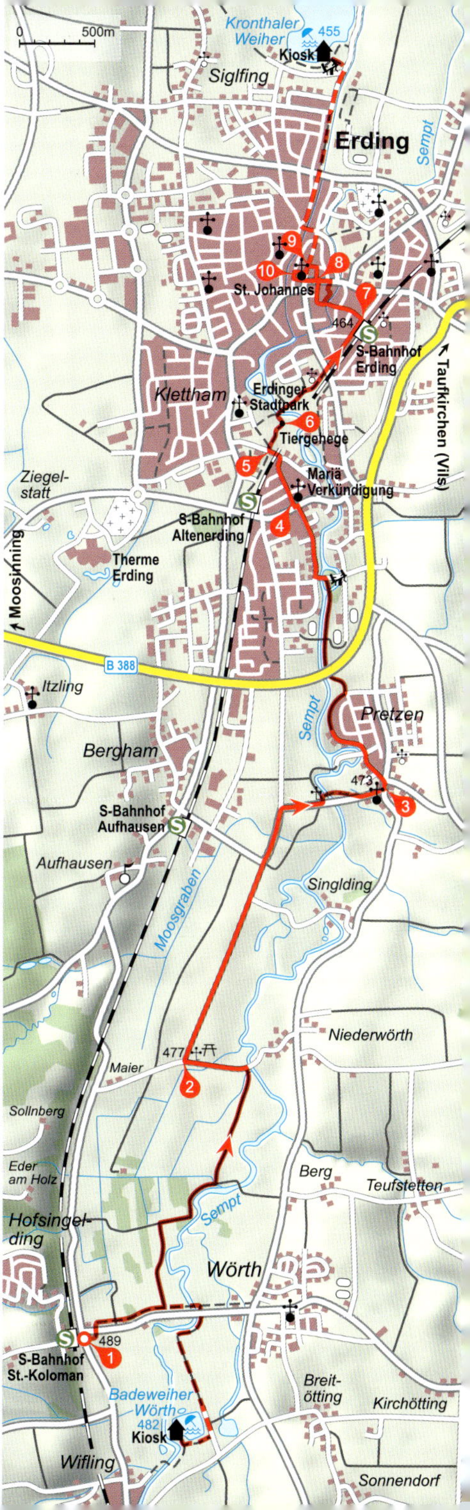

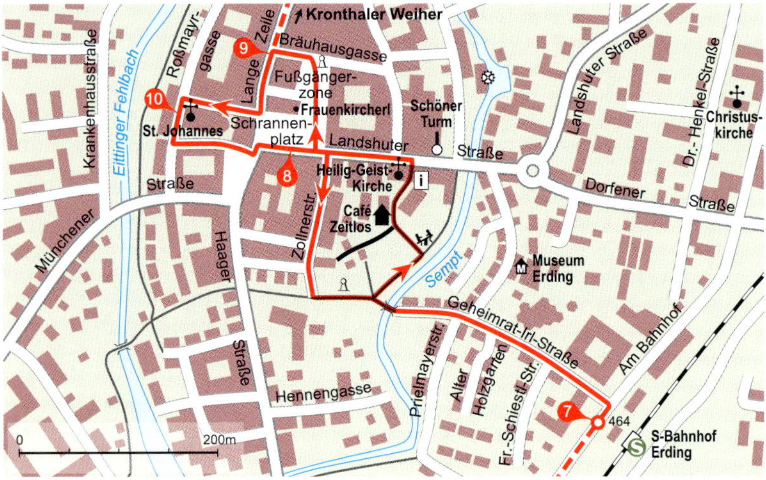

Durchgang (hier befindet sich die Touristinfo) die Landshuter Straße mit dem rechts liegenden imposanten **»Schönen Turm«**, dem letzten erhaltenen Torturm (erbaut 1408, seit 1664 nach einem Brand mit Haubenkuppel statt Walmdach).

Wir wenden uns aber nach der Passage links, werfen nach ein paar Metern einen Blick in die kleine Heilig-Geist-Kirche und wandern noch etwa 100 m weiter, um dann die Landshuter Straße zu überqueren und zum schönen **Schrannenplatz (8)** mit seinem Brunnen und dem hinter dem Platz liegenden **Frauenkircherl** zu kommen. Das im Jahr 1390 erbaute Frauenkircherl ist heute kein Gotteshaus mehr. Seit der Säkularisation im Jahre 1803 wurde es im Lauf der Zeit in die angrenzenden Gebäude integriert. Der verbliebene Rumpf diente bis Anfang der 1970er-Jahre sogar als Feuerwehrhaus. Nach einer grundlegenden Sanierung 1986 ist das Gebäude nun ein Ausstellungs- und Konzertraum. Das Glockenspiel im Turm ist aber nach wie vor in Betrieb und wird mehrmals täglich gespielt.

Vom Schrannenplatz spazieren wir nun in nördlicher Richtung durch die Fußgängerzone und stoßen auf eine querende Straße (Bräuhausgasse). Rechts liegt etwas versteckt ein Brunnen, dem wir Trinkwasser entlocken können, wenn wir mit dem Fuß auf einen auf dem Boden befindlichen Knopf drücken. Weiter geht es links durch die Bräuhausgasse zur **Langen Zeile (9)**, der Erdinger Geschäftsallee mit alteingesessenen Gasthöfen und Restaurants sowie vielen Einkaufsmöglichkeiten. Wir wenden uns links und kommen zur **Kirche St. Johannes (10)** mit dem neben der Kirche stehenden Turm (Besteigungsmöglichkeit jeden dritten Sonntag im Monat um 15.30 Uhr – Begrenzung auf 9 Personen). Von der Kirche gehen wir ein Stück auf der Landshuter Straße in Richtung Touristinfo, biegen aber unmittelbar nach dem Schrannenplatz rechts in die Zollnerstraße ein. An deren Ende wenden wir uns links und kommen wieder an die kleine Semptbrücke, über die wir auf dem Hinweg wieder zum **S-Bahnhof Erding (7)** gelangen.

Erding

Die altbayerische Herzogstadt Erding, die bis zum Jahr 1837 noch zu Niederbayern (jetzt: Oberbayern) gehörte, geht zurück auf eine Ansiedlung von Bajuwaren um das Jahr 500. 1228 erhielt Erding von Ludwig dem Kehlheimer die Stadtrechte. Es handelt sich hierbei um eine Stadtneugründung der Wittelsbacher. Charakteristisch für Erding ist die birnenförmige Gestalt der Altstadt, die durch die beiden Wasserläufe, der Sempt im Osten und dem von der Sempt abgezweigten Fehlbach im Westen, so geformt wurde und die Stadt quasi zur Wasserfestung werden ließ. Ihre schwerste Zeit durchlebte die Stadt im Dreißigjährigen Krieg, als die Stadt von den Schweden geplündert und teilweise niedergebrannt wurde (1632/34). Im Jahr 1648 blieben nach einem verheerenden Brand nur sieben Bürgerhäuser stehen. Für den Wiederaufbau brauchte man eine lukrative Geldquelle und führte deshalb kurzerhand eine Biersteuer ein. Erding zählt heute etwa 35.000 Einwohner, was sie auch der 1978 erfolgten Eingemeindung der vorher selbstständigen, früher als Erding selbst existierenden Gemeinden Altenerding (erstmals im Jahr 788 als »Ardeoingas» urkundlich erwähnt) und Langengeisling zu verdanken hat.

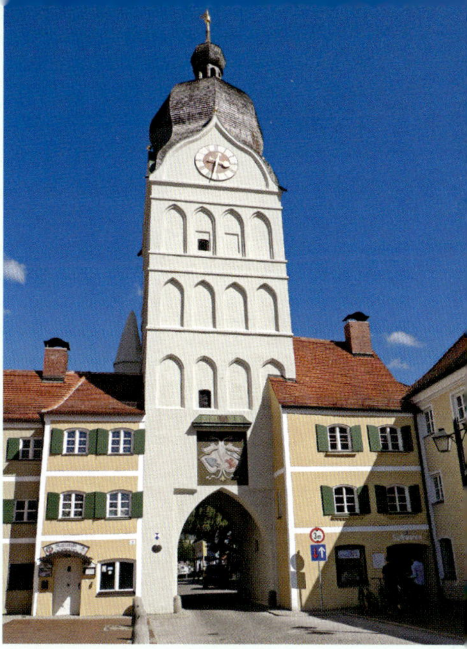

Der »Schöne Turm«.

Spaziergang durch die Erdinger Altstadt/Fußgängerzone.

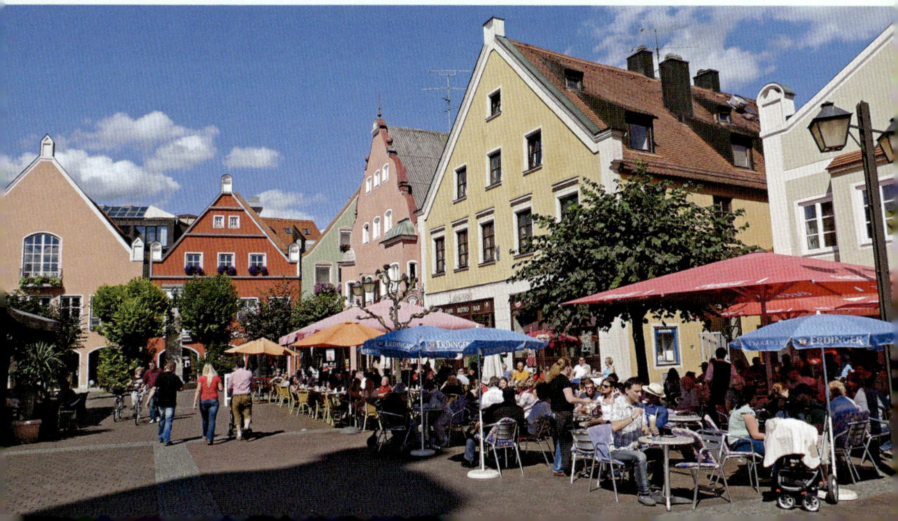

26 Weihenstephan und Freisinger Altstadt

Vom Bahnhof Freising ★★★

Schaugärten und Domberg

In Freising erwartet uns eine schöne Rundwanderung hinauf nach Weihenstephan mit seinen liebevoll gepflegten Schaugärten und der gemütlichen Einkehrmöglichkeit im Bräustüberl Weihenstephan mit einem schattigen Biergarten. Im Anschluss empfiehlt sich ein Stadtrundgang durch die sehenswerte Freisinger Altstadt und ein Besuch des Freisinger Domes auf dem über der Stadt gelegenen Domberg, bevor es bei einem schönen Blick über die Stadt wieder zum S-Bahnhof Freising zurückgeht.

Blick vom Domberg auf den Weihenstephaner Berg.

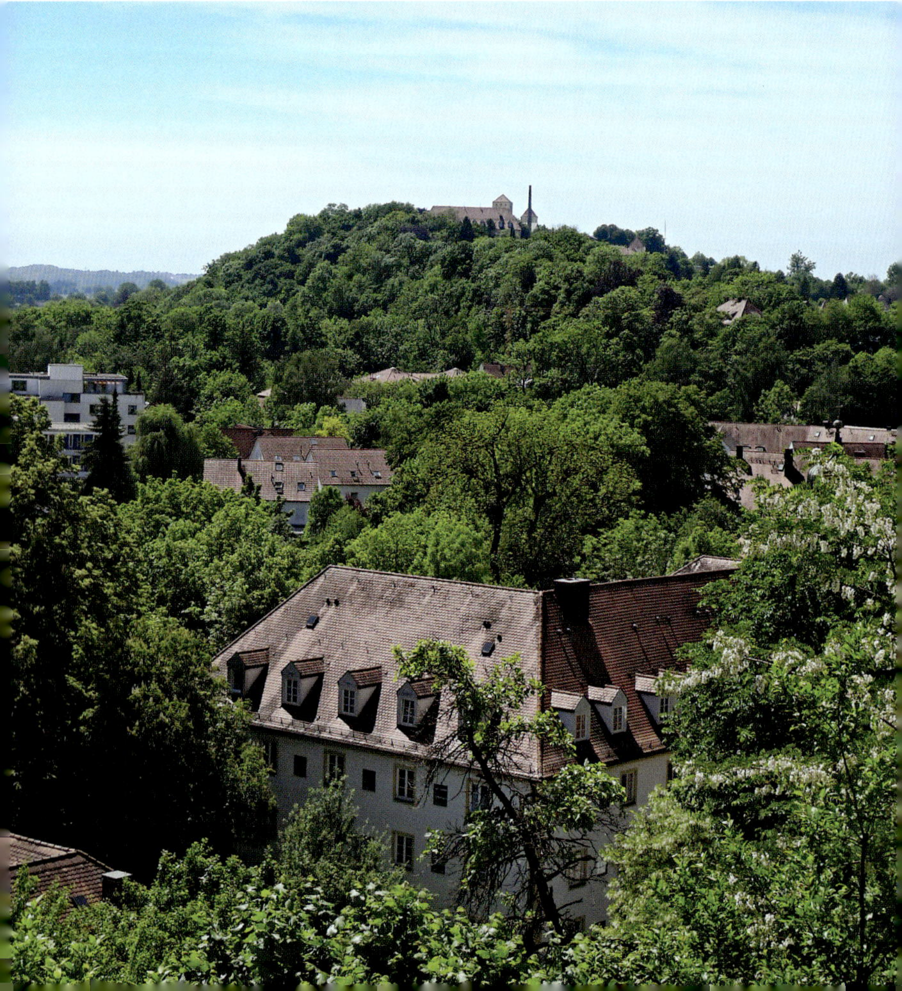

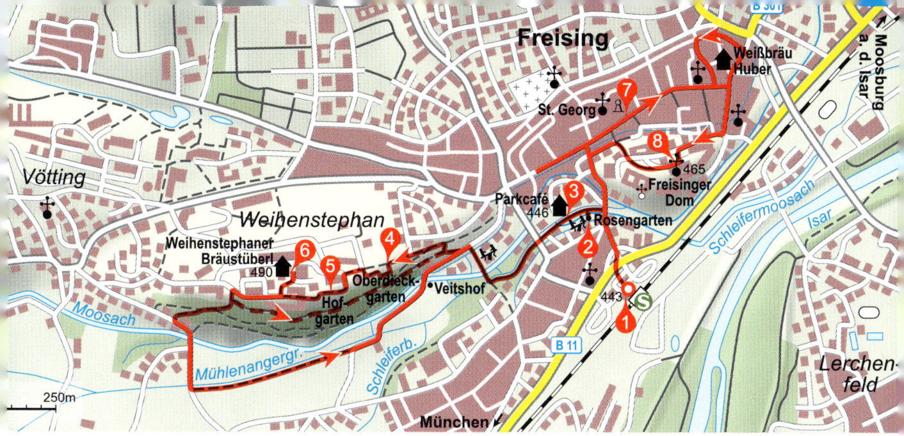

KURZINFO

Ausgangs- und Endpunkt: S 1-Endhaltestelle Freising; 3 Fahrzeit 41 Min. Freising ist auch Haltestelle der Deutschen Bahn und der alex-Länderbahn (MVV-Tickets gelten in beiden Zügen von München HBf bis Freising).

Günstigste Fahrkarte: Familien (mit 2 Erwachsenen): Gruppen-Tageskarte M-4; Erwachsener/e: (Gruppen-)Tageskarte M-4. Jugendliche (15–20 Jahre): Hin- und Rückfahrt je 6 Streifen auf der U21-Streifenkarte (eigene Fahrkarte nicht nötig, wenn z. B. Eltern eine Gruppen-Tageskarte haben). Ab 3 Jugendlichen ist die (Erwachsenen-)Gruppen-Tageskarte M-4 günstiger. Kinder (6–14 Jahre): Hin- und Rückfahrt je 1 (Erwachsenen-)Streifen (eigene Fahrkarte nicht nötig, wenn z. B. Eltern eine Gruppen-Tageskarte haben). Kinder unter 6 Jahren: frei.

Gehzeit: 2.15 Std.

Höhenunterschied: 90 m im Auf- und Abstieg.

Distanz: 7,3 km.

Anforderungen: Kiesige und asphaltierte Wegstücke im ersten Teil der Strecke (Weihenstephan) und daran anschließend eine schöne Altstadtrunde durch die Freisinger Innenstadt. Nicht kinderwagengeeignet.

Ausrüstung: Gut profilierte Trekkingschuhe/-sandalen.

Einkehr: Bräustüberl Weihenstephan (kein Ruhetag); Gaststätten in Freising, z. B. Parkcafé und Weißbräu Huber.

Variante: Rückweg von Weihenstephan auf Waldweg: Hierbei schlagen wir (nachdem wir nach der Schranke von der Straße in den Kiesweg eingebogen sind) nicht den Pfad nach rechts ein, sondern bleiben auf dem breiten Weg, der uns bald am Hang des Weihenstephaner Berges entlangführt. An einer Verzweigung wählen wir den kleineren nach unten führenden Pfad und erreichen so die Rastbank, die wir bereits vom Hinweg kennen. Nach dieser geht es auf bekanntem Weg rechts abwärts zum Veitsmüllerweg, wo wir auf diejenigen treffen, die die Hauptroute gewählt haben.

Tipp: Die Brauerei Weihenstephan kann nach Voranmeldung besichtigt werden (auf Wunsch mit Verkostung und 0,1-Liter-Weißbierglas zum Mitnehmen). Zeiten: Mo. 10 Uhr (deutsch), Di. 10 Uhr (englisch) und 13.30 Uhr (deutsch), Mi. 10 Uhr (englisch). Geschlossene, flache Schuhe erforderlich, Kinder müssen mindestens 6 Jahre alt sein, es sind viele Treppenstufen zu bewältigen. Tel. +49 8161 5360, weihenstephaner.de/unsere-brauerei/brauereifuehrung.

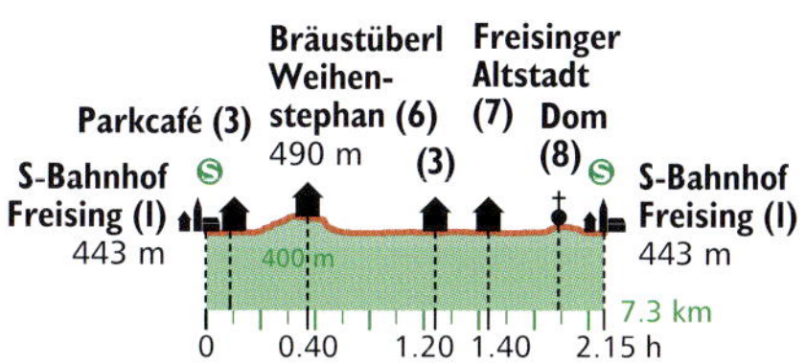

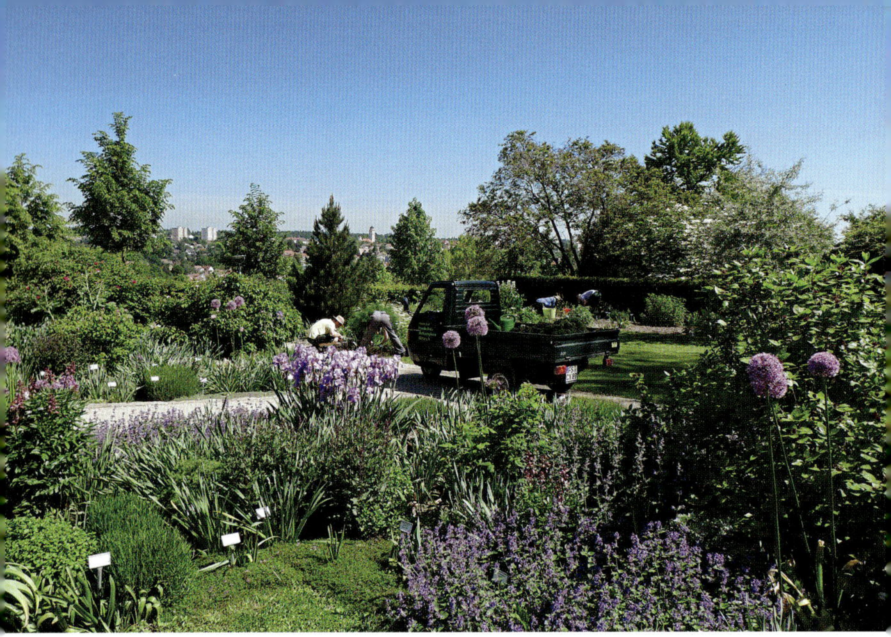

Der sehr gut gepflegte Oberdieckgarten liegt oberhalb der Stadt.

Vom **Bahnhofsgebäude in Freising (1)** gehen wir über den Zebrastreifen, spazieren geradeaus weiter auf dem Fußgängerweg (Wegweiser »Weihenstephan«), überqueren an der Ampel die Münchner Straße und folgen der Bahnhofstraße etwa 150 m. Wir überqueren einen Seitenarm der Moosach und wenden uns unmittelbar danach links (»Weihenstephan«) in einen Kiesweg, den sogenannten Fürstendamm. Links können wir nach etwa 80 m einen Abstecher über eine Brücke hinüber zu dem sehr schön angelegten **Rosengarten (2)** mit vielen Bänken, einem kleinen Spielplatz und einer Naturkneippanlage in der Moosach machen. Wieder auf dem Weg kommen wir am **Parkcafé (3)** vorbei, das sich auf dem Rückweg für eine Einkehr anbietet. Wenige Minuten später überqueren wir die Johannisstraße, folgen weiter dem Fürstendamm links der Moosach und wenden uns nach 200 m rechts (Beschilderung »Erholungsgebiet Kranzberger See«), überqueren auf zwei Holzbrücken die beiden Arme der **Moosach**, kommen an einem Spielplatz vorbei und stoßen auf den Veitsmüllerweg. Hier wenden wir uns links, um sofort wieder halb rechts den als Fußgängerweg beschilderten, aufwärtsführenden kleinen Weg einzuschlagen. Durch herrlichen Wald geht es nun aufwärts, an einer Bank biegen wir in den Weg nach rechts ein (von links kommt hier der als Variante beschriebene Rückweg), um 100 m später links in den wiederum aufwärtsführenden Weihenstephaner Fußweg einzubiegen. Links statten wir kurz darauf dem sehr gepflegten **Oberdieckgarten (4)** mit seinen Bereichen Hortensien, Kalmien und Rhododendren, Duftpflanzen, Arzneipflanzen, Rosengarten und Freiland-Orchideen einen Besuch ab, können von der Südseite des Gar-

tens auf die vielen vom und zum Flughafen München kommenden Flugzeuge und bei guter Fernsicht sogar bis nach München und die dahinter aufragenden Alpen sehen.
Wir verlassen den Oberdieckgarten an seinem oberen Ende wieder auf den Weihenstephaner Fußweg, befinden uns nun bald am höchsten Punkt des **Weihenstephaner Berges** mit der ehemaligen Klosteranlage, schwenken erneut links durch ein Tor, das von zwei steinernen Löwen flankiert wird, und kommen rechts zum **Hofgarten (5)**, dem ehemaligen Klostergarten, in dem man das Abt-Sommerhaus und saisonal wechselnde Pflanzen bestaunen kann. Rechts kann man einen Abstecher zu dem kleineren Buchsgarten machen. Links am oberen Ende des Hofgartens befindet sich eine Aussichtsterrasse, ebenfalls mit Blick Richtung Süden. Wir verlassen den Hofgarten an dessen oberen Ende durch einen Tordurchgang, können nun nach rechts und wiederum rechts einen Abstecher zum **Weihenstephaner Bräustüberl (6)** mit Restaurant- und Biergartenbetrieb machen, weiter geht es aber geradeaus durch ein weiteres Tor. Der Weg führt nun eine Straße hinunter, unmittelbar nach einer Schranke biegen wir links in einen gekiesten Fußweg ein. Nach ein paar Schritten zweigt rechts ein Pfad vom Weg ab. Hier müssen wir uns nun entscheiden, ob wir auf einem etwas weiteren, sonnigen Weg an einem schönen Seitenarm der Moosach entlang oder auf einem kürzeren durch schattigen Wald führenden Weg in die Stadtmitte zurückkehren wollen. Wir entscheiden uns für die sonnige erste Möglichkeit (Waldweg siehe Variante) und müssen daher rechts in den abgehenden Pfad einbiegen. Nach etwa 30 m wird der Weg breiter und führt nun einige Treppenstufen hinunter, wobei wir hier die Abzweigung nach links ignorieren. Kurz darauf wird der Weg wieder zum Pfad und führt schließlich zwischen zwei Häusern hindurch auf die Straße **Mühlenweg** am Stadtrand von Freising. Wir wenden uns links, folgen dem Mühlenweg über eine Straßenbrücke und müssen nun ein Stück auf der kaum befahrenen Straße zurücklegen. Nach 200 m überqueren wir den Seitenarm der **Moosach** und wenden uns unmittelbar danach links in den Kiesweg, der nun sehr schön über freies Feld an dem Gewässer Richtung Osten führt. Der Bach ist hier sehr naturbelassen, grünes Wassergras leuchtet durch das kristallklare Wasser. Mit etwas Glück kann man im Frühling

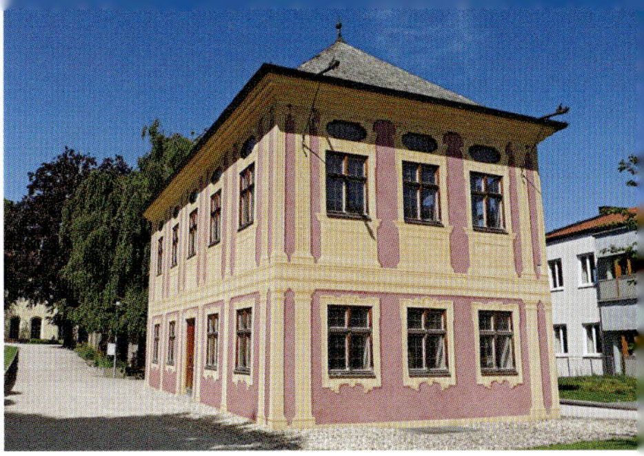

Abt-Sommerhaus.

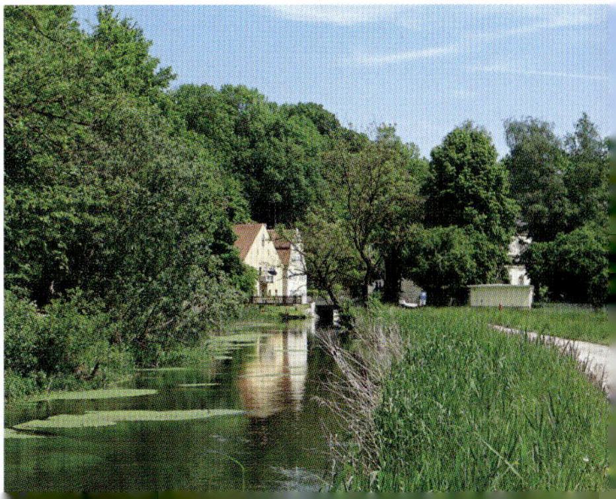

Seitenarm der Moosach.

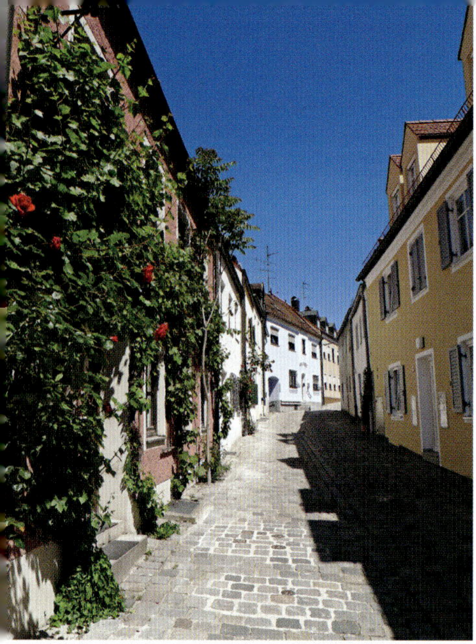

Kletterrosengeschmückte Gasse in Freising.

Blesshühner mitten im Bach zwischen angestautem Treibholz brüten sehen. Wir wandern an einem Bauernhof vorbei, spazieren unmittelbar dahinter links über eine Brücke, folgen dem Bachlauf ein Stück und kommen nach einer weiteren Brücke zum **Veitshof**, einer Versuchsstation der Technischen Universität München. Nun folgen wir noch 100 m dem Veitsmüllerweg geradeaus und stehen auch schon wieder an der Holzbrücke, nach der wir auf dem Hinweg, den kleinen Weg hinauf nach Weihenstephan eingeschlagen haben. Wir gehen über die Brücke und wandern nun auf dem Hinweg wieder auf dem **Fürstenweg** bis zur Bahnhofstraße zurück. Hier wenden wir uns links, um noch eine Runde durch die Altstadt und über den Domberg mit Besichtigung des Freisinger Domes anzuschließen. An der Oberen Hauptstraße wenden wir uns rechts (ein Abstecher nach links lohnt ebenfalls) und wir kommen bald zum **Freisinger Marienplatz (7)** mit der dahinterliegenden gotischen Kirche St. Georg (Turmbesteigung von Mai bis Oktober nur samstags 14–17 Uhr und nur bei schönem Wetter).

Die Obere Hauptstraße geht in die Untere Hauptstraße über, und wir stoßen auf die Heiliggeistgasse. Hier wenden wir uns links, gleich wieder rechts in die kleine Fußgängerzone der General-von-Nagel-Straße, kommen am **Weißbräu Huber** mit seinem gemütlichen Wirtsgarten vorbei und biegen kurz darauf links in den bergauf führenden Unteren Graben ein. Hier stehen dicht an dicht alte Bürgerhäuser in der schmalen Gasse, teilweise ranken hier im Juni üppig blühende Kletterrosen an den Fassaden empor. Die übernächste Straße ist die Weizengasse, hier biegen wir links ein und kommen schnell wieder auf die Untere Hauptstraße, auf der wir nach links gehen. Diesmal wenden wir uns an der Heilig-Geist-Straße nach rechts und folgen nun der Beschilderung zum Domberg, den wir über die rechts abgehende Untere Domberggasse und einen links nach einem Tor abgehenden Treppenweg erreichen. Im Innenhof der Anlage befindet sich der Eingang in den sehenswerten **Freisinger Dom (8)**. Nach dessen Besuch verlassen wir wieder den Innenhof, wenden uns links und spazieren den Domberg hinunter bis zur Bahnhofstraße, wobei wir einen schönen Blick über die Dächer der Innenstadthäuser werfen können. Unten wenden wir uns nach links und erreichen in knapp 10 Minuten wieder den **Freisinger Bahnhof (1)**.

Freising

Die heute etwa 46.000 Einwohner zählende, an der Isar gelegene Große Kreisstadt Freising wurde bereits vor 1300 Jahren gegründet und ist damit die älteste Stadt zwischen Regensburg und Bozen. Die ersten Zeugnisse einer dauerhaften Besiedlung stammen aus dem frühen Mittelalter, als der Ort unter dem Namen Frigisinga eine Herzogspfalz im ersten bayerischen Stammesherzogtum (ab 555 n. Chr.) war. Um das Jahr 715 wurde Freising eine agilolfingische Residenz, zu der eine Burg, ein Wohnsitz und eine Marienkapelle gehörten und bald darauf zum Bischofssitz. Die entstandene Stadt und der Domberg gingen 788 in kirchlichen Besitz über. Dadurch entwickelte sich Freising zu einer geistlichen Stadt, Klöster, Bibliotheken und eine Domschule entstanden. Der erste Dom wurde im Jahr 860 erbaut und nach einigen Bränden über die Jahrhunderte immer wieder aufgebaut und vergrößert. Seit dem Jahr 1040 befindet sich auf dem

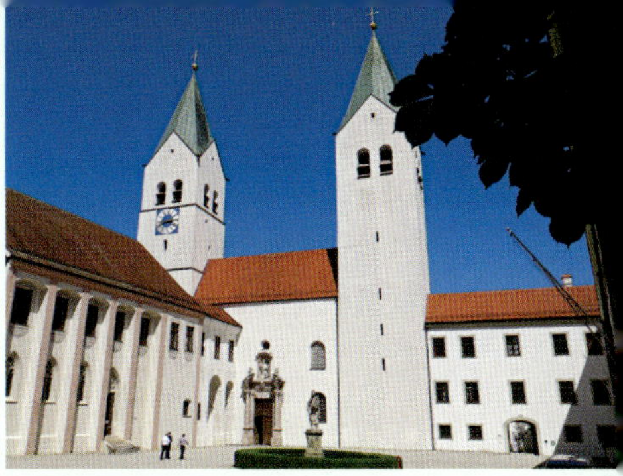

Freisinger Dom.

Weihenstephaner Berg die älteste noch existierende Brauerei der Welt, die man im Rahmen einer Führung besichtigen kann (siehe Tipp in der Kurzinfo). Mit dem Aufstieg des im Jahr 1158 gegründeten Münchens und durch die Säkularisation verlor Freising mehr und mehr an Bedeutung. Heute ist Freising eine anerkannte Wissenschaftsstadt. Rund um das ehemalige Kloster Weihenstephan liegt das Wissenschaftszentrum Weihenstephan der Technischen Universität München sowie die Hochschule Weihenstephan-Triesdorf.

Breiter Fußweg in der Freisinger Altstadt mit Blick auf St. Georg.

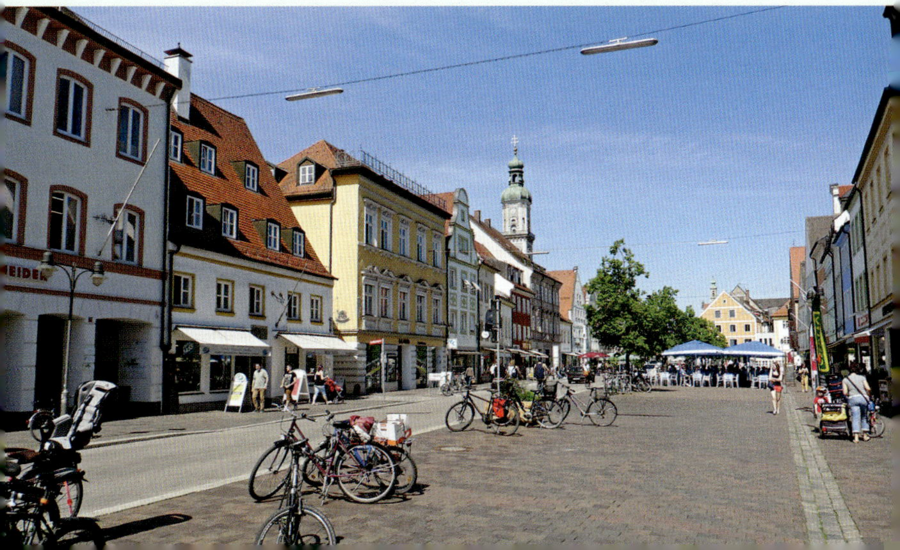

27 Schloss Dachau und Amperauen

Von Dachau

★★★

Dschungelabenteuer im Auwald

Bei unserer heutigen Wanderung kann man den Besuch des Dachauer Schlosses (siehe Seite 160/161) mit seinem wunderschönen Schlossgarten hoch über der Stadt mit einer abwechslungsreichen Rundtour entlang der Amper verbinden. Wie eine riesige Aussichtsterrasse liegt der Schlosspark über den Dächern von Dachau, hier gedeihen neben vielen duftenden Rosenstöcken auch sehr gut gepflegte Apfelbäume. An der Amper erwartet uns dann in dem Delta zwischen Fluss und Kanal eine tolle urwaldartige Aulandschaft, bevor wir auf der anderen Flussseite über die Einkehrmöglichkeit »Alte Liebe an der Amper« wieder zum S-Bahnhof Dachau zurückkehren.

KURZINFO

Ausgangs- und Endpunkt: S-Bahnhof Dachau (S 2 Richtung Petershausen); Fahrzeit 21 Min. Am Bahnhof Dachau halten auch einige Züge der Deutschen Bahn Richtung Ingolstadt/Nürnberg. Diese dürfen mit den MVV-Tickets bis Dachau benutzt werden.
Günstigste Fahrkarte: Familien (mit 2 Erwachsenen): Gruppen-Tageskarte M-1. Erwachsener/e: ab 2 Personen (Gruppen-)Tageskarte M-1. Für eine Person ist die Streifenkarte (je 3 Streifen) günstiger. Jugendliche (15–20 Jahre): Hin- und Rückfahrt je 3 Streifen auf der U21-Streifenkarte (eigene Fahrkarte nicht nötig, wenn z. B. Eltern eine Gruppen-Tageskarte haben). Bei vier oder fünf reisenden Jugendlichen ist die (Erwachsenen-)Gruppen-Tageskarte M-1 günstiger. Kinder (6–14 Jahre): Hin- und Rückfahrt je 1 (Erwachsenen-)Streifen (eigene Fahrkarte nicht nötig, wenn z. B. Eltern eine Gruppen-Tageskarte haben). Kinder unter 6 Jahren: frei.
Gehzeit: 3.00 Std.
Höhenunterschied: 50 m im Auf- und Abstieg.
Distanz: 10,6 km.
Anforderungen: Ein Teil der Wanderung verläuft auf kleinen, barfußtauglichen Pfaden auf natürlich weichem Untergrund mitten durch den Auwald, hier ist etwas Orientierungssinn erforderlich. Die Wanderung ist nicht kinderwagengeeignet.
Ausrüstung: Gut profilierte Trekkingschuhe/-sandalen.
Einkehr: Café Restaurant Schloss Dachau (Mo. und Di. Ruhetag), »Alte Liebe an der Amper« (kein Ruhetag), diverse Einkehrmöglichkeiten in Dachau.

Vom Bahnhofsplatz in **Dachau (1)** spazieren wir dem Wegweiser »Altstadt/Schloss« folgend durch den Tunnel und gehen über die Langhammerstraße an zwei Brunnen vorbei durch das Sparkassenhaus mit weiteren Brunnen zur Münchner Straße. Hier wenden wir uns rechts und wandern nach Überquerung der Amper halb links über die Straße

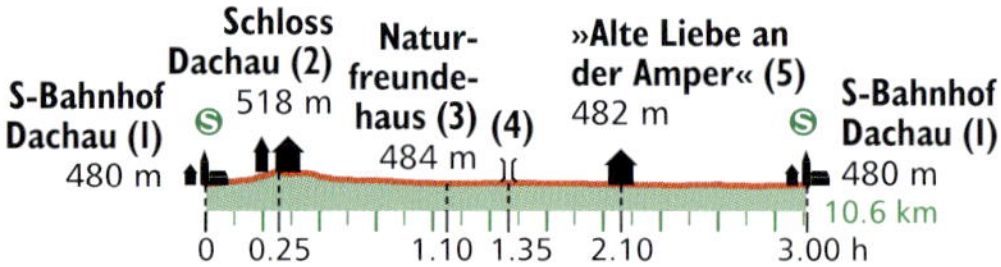

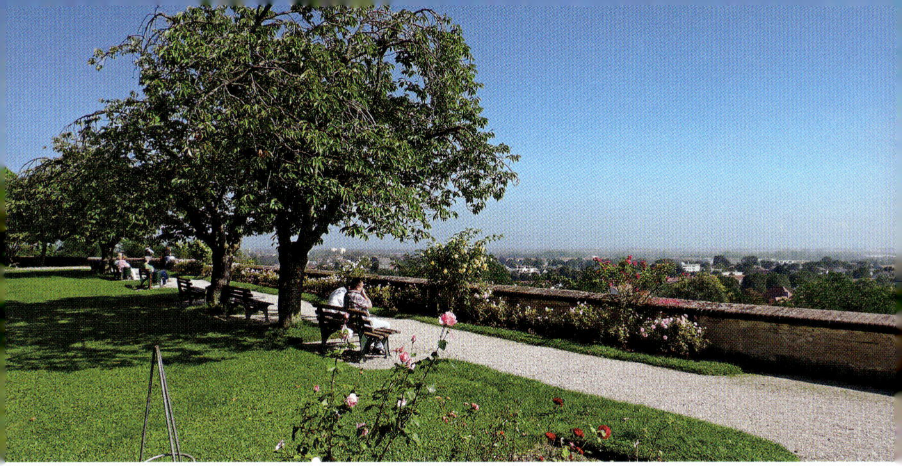

Der Schlossgarten liegt terrassenartig über Dachau.

Karlsberg und an deren Ende scharf links über die Schloßgasse hinauf zum **Schloss Dachau (2)**. Auf der linken Seite befindet sich das **Café Restaurant Schloss Dachau**. Rechts vorbei am Schlossgebäude kommt man in den schön angelegten **Hofgarten** mit seinen vielen Rosen. Von hier oben hat man bei guter Sicht einen herrlichen Blick auf München und die Alpenkette.
Geht man durch ein Tor in der Nordmauer, kommt man zu einem kleinen Spielplatz. Wir verlassen aber den Hofgarten nach Westen, gehen durch den Park, stoßen auf den Fürstenweg und steigen links den Treppenweg hinunter. Unten kommen wir an einer Brücke vorbei, gehen geradeaus weiter (über diese Brücke gehen wir am Rückweg), und wandern auf dem Georg-Andorfer-Weg direkt neben der **Amper** flussaufwärts. Wir kommen an einem großen Spielplatz vorbei, überqueren die Ludwig-Dill-Straße und 500 m später die Heinrich-Nicolaus-Straße und wandern weiter an der Amper entlang, bis wir nach etwa zehn Minuten auf eine kleine Gitterrost-Brücke treffen. Wir überqueren hier die **Maisach**, einen Seitenarm der Amper, folgen nun dem Wanderweg »2« und überqueren kurz

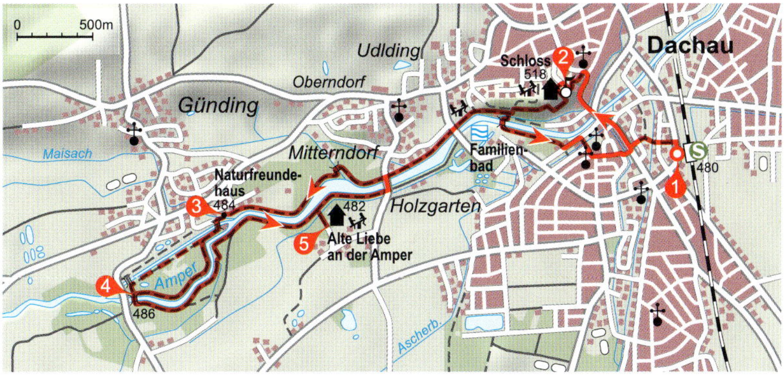

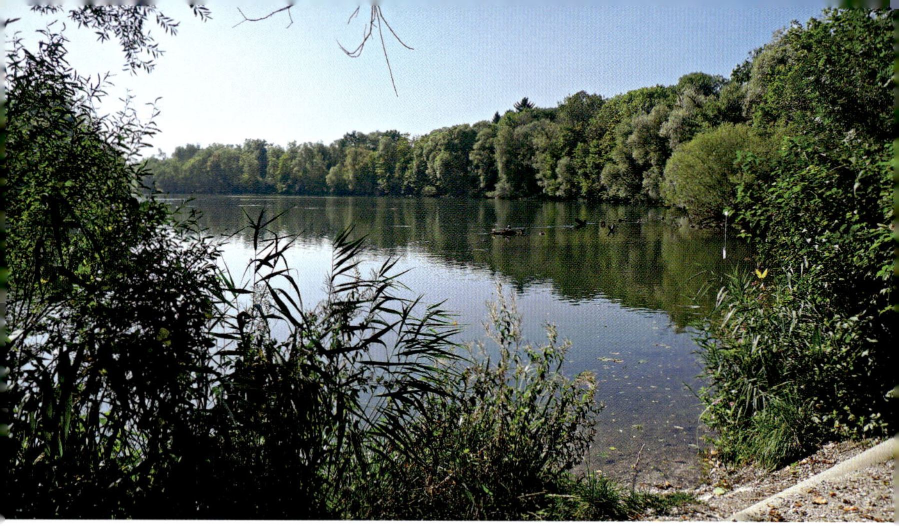

An der aufgestauten Amper lassen sich seltene Vögel beobachten.

darauf einen weiteren Amperzufluss auf einer schmalen Brücke. Wenige Minuten später überqueren wir direkt nach dem **Naturfreundehaus (3)** auf einer schmalen Brücke den Amperkanal und schwenken nach rechts. Auf einem Kiesweg wandern wir an einem Insektenhotel vorbei und kommen an eine Weggabelung. Rechts führt ein breiter Weg am Amperkanal entlang (alternativer Weg). Wir aber wollen in den **Auwalddschungel** eintauchen und halten uns daher links. In der warmen Jahreszeit können wir unsere Schuhe nun in den Rucksack packen: Es erwartet uns ein weicher Waldpfad, den man noch besser auf blanken Sohlen erleben kann. Der Pfad schlängelt sich an der Amper entlang, an die Zivilisation erinnern hier nur die großen Schilder, die angeben, wie weit es noch bis zur Mündung des Flusses in die Donau ist. Ab und zu muss man den Kopf einziehen, so wuchert der Auwalddschungel über dem stets deutlichen Pfad. Bei Normalwasser kann man an einigen Stellen auch einen Abstecher zur Amper machen.

Nach etwa 25 Minuten stoßen wir auf einen querenden Asphaltweg, schwenken nach links, und treffen auf diejenigen, die auf dem breiten Weg am Kanal entlangspaziert sind und ebenfalls links in den Asphaltweg eingebogen sind. Wir wandern auf einer **Fußgängerbrücke (4)**

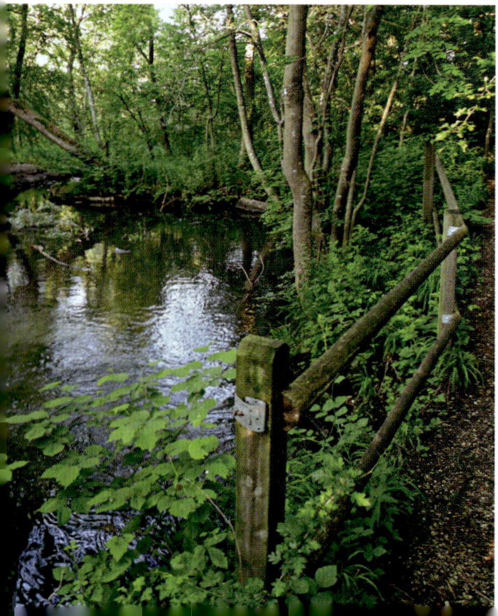

Am Naturfreundehaus.

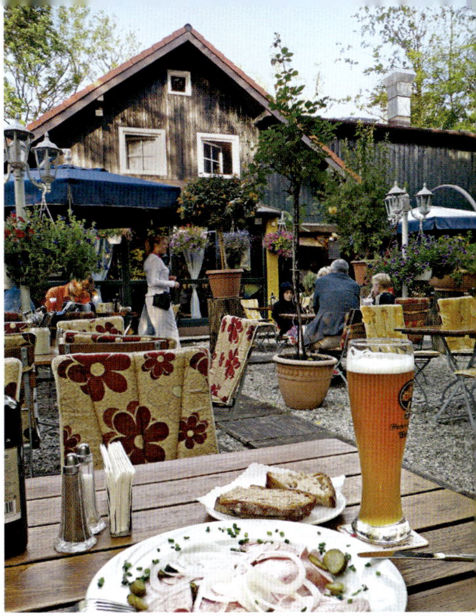

Einkehr »Alte Liebe an der Amper«.

über die Amper und biegen bei nächster Gelegenheit links wiederum in einen Pfad ein. Nun müssen wir ein wenig aufpassen, da auf diesem Weg auch geritten werden darf. Nach etwa 300 m schwenkt der Reiterweg aber nach rechts, während wir auf dem bald schmäler werdenden Pfad geradeaus weitergehen. Der Weg ist nicht mehr ganz so abenteuerlich, wie der Pfad auf der anderen Seite des Flusses, aber immer noch spannend und barfußgeeignet. Nach einer Weile taucht zu unserer Rechten ein kleiner, sich durch den Auwald schlängelnder Bach auf, der zu einem kleinen Abstecher einlädt. Es ist herrlich, sich die Füße von dem kristallklaren Wasser umspülen zu lassen. Wieder auf dem Waldpfad überqueren wir kurz darauf diesen Bach auf einer **schmalen Brücke**. Gehen wir nun geradeaus weiter, stoßen wir auf einen breiten Weg, in den wir nach links einbiegen könnten. Viel schöner ist es aber, bereits direkt nach der Brücke links in den kleinen Pfad einzubiegen, der uns erst am Bach, dann, nachdem der Bach in die Amper geflossen ist, direkt am Fluss entlangführt. Bei hohem Wasserstand ist hier allerdings etwas Vorsicht geboten, da dann die Amper bis unmittelbar an den Pfad heranreicht. Einige Minuten später mündet aber auch dieser Pfad in den Kiesweg, auf dem wir nun (mit Schuhen) flussabwärts etwa zehn Minuten bis zu einem Schilderbaum marschieren. Rechts führt uns ein kleiner Pfad in wenigen Minuten zur **Wirtschaft »Alte Liebe an der Amper« (5)** mit ihrem gemütlichen Wirtsgarten. Für Kinder gibt es hier einen kleinen Spielplatz. Zurück am Schilderbaum gehen wir rechts bis zur nächsten Brücke. Wir überqueren die **Amper**, halten uns rechts und wandern auf bekanntem Weg bis zu der Brücke, an der wir vorhin geradeaus gegangen sind. Wir gehen nun rechts gegenüber einem Wasserkraftwerk über den **Amperkanal**, schwenken rechts und überqueren auf einer weiteren, schmaleren Brücke die **Amper**, um danach links (Beschilderung »S-Bahn Dachau«) in den Otto-Grassl-Weg einzubiegen. Dieser führt auf die Ludwig-Dill-Straße, wir biegen links ein, überqueren nach 150 m auf einer kleinen Brücke einen Kanal, gehen geradeaus auf der Moorbadstraße weiter und biegen links in die Herzog-Albrecht-Straße ein. An deren Ende schwenken wir links in die Straße »Am Unteren Markt«, die auf die Münchner Straße führt. Links kommen wir zu einer Ampel, überqueren die Münchner Straße und wandern über die Langhammerstraße auf dem Hinweg zum **Bahnhof Dachau (1)** zurück.

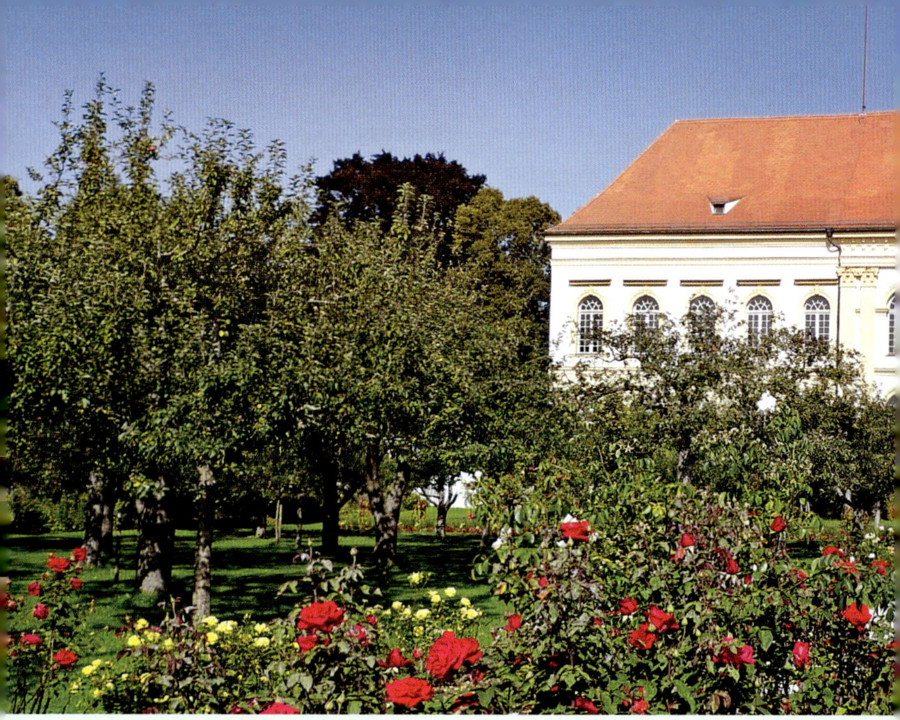

Schloss Dachau

Schloss Dachau hat seinen Ursprung in einer frühmittelalterlichen Burg der Grafen von Dachau, die Ende des 12. Jahrhunderts in die Hände der Wittelsbacher überging und in den Jahren 1398 und 1403 zerstört wurde. Im Jahr 1546 begannen unter Herzog Wilhelm IV. und seinem Sohn Herzog Albrecht V. die Münchner Hofbaumeister Heinrich Schöttl und Wilhelm Egkl auf den Resten der Burg ein vierflügeliges Renaissance-Schloss mit Hofgarten zu errichten. Der Südwestflügel wurde von Hans Wisreutter aus München in den Jahren 1564 bis 1566 mit einer prachtvollen Holzdecke (sog. Kassettendecke) ausgestattet, die man im Jahr 1868 ausbaute und fortan im Bayerischen Nationalmuseum ausstellte. Im Jahr 1977 wurde die Kassettendecke wieder an ihrer ursprünglichen Stelle im Schloss angebracht und kann heute im Rahmen einer Schlossbesichtigung bestaunt werden (Öffnungszeiten: April bis September 9–18 Uhr, Oktober bis März 10–16 Uhr, montags geschlossen. Eintritt: 2 €/Person, Karten erhältlich an der Kuchentheke des Schlosscafés). Das Schloss wurde im 18. Jahrhundert von Hofbaumeister Joseph Effner im barocken Stil umgestaltet. Anfang des 19. Jahrhunderts verfügte Bayerns erster König, Max Joseph I., den Abriss von drei der vier Flügel, da diese durch die Einquartierung napoleonischer Truppen schweren Schaden genommen hatten. Heute finden im Schloss Dachau die Dachauer Schlosskonzerte mit Künstlern von internationalem Rang statt. Der ab 1572 terrassenartig auf dem Schlossberg mit

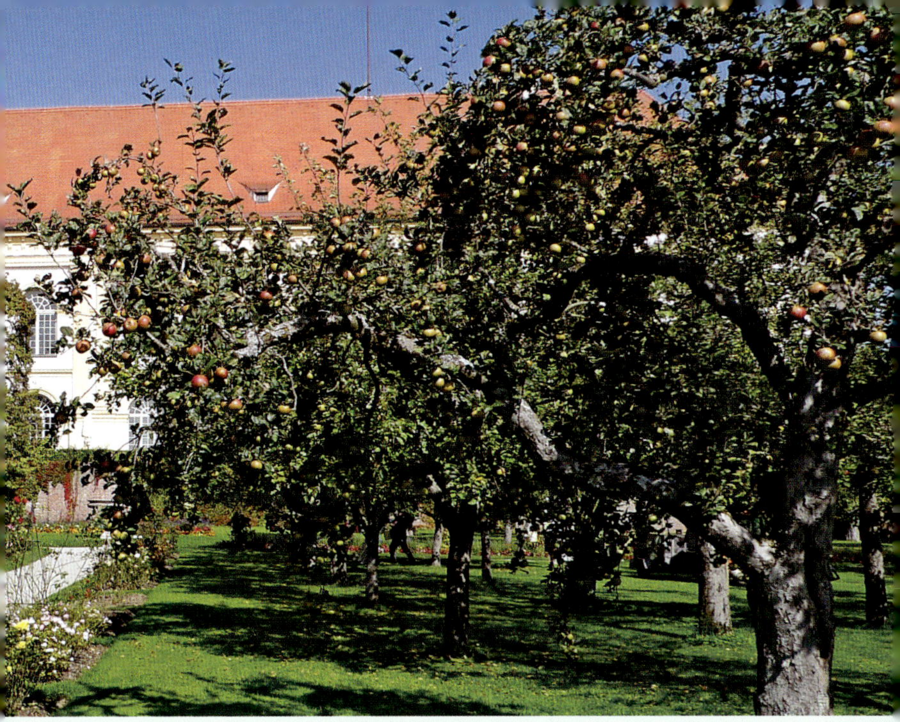

Schloss Dachau mit seinem wunderschönen Schlossgarten.

seiner herrlichen Aussicht angelegte Hofgarten war ursprünglich mit kostbarem Spalierobst bepflanzt und verfügte über große, aufwendig gestaltete Gemüse-, Kräuter- und Blumenbeete. Nachdem Anfang des 18. Jahrhunderts eine Umwandlung in einen Barockgarten erfolgt worden war, ließ Kurfürst Max III. Joseph den Garten 1765 im unteren Bereich als englischen Landschaftsgarten umgestalten. Im Jahr 1802 wurde der Garten unter König Max Joseph I. vereinfacht und viele Obstbäume gepflanzt. Bis heute erhalten ist der 280 Jahre alte Laubengang aus Lindenbäumen. Im Frühling erfreuen die blühenden Apfelbäume im Hofgarten die Besucher, während im Sommer die herrlich duftenden Rosenstöcke dem Hofgarten ein besonders farbenprächtiges Antlitz geben. Zur Apfelerntezeit ab Mitte September kann man die prächtigen großen Äpfel in der Schlossverwaltung (vom Schloss kommend auf der rechten Seite des Hofgartens) kaufen.

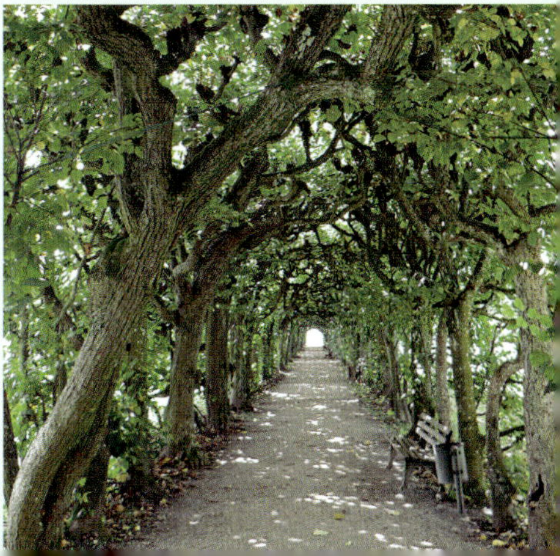

Laubengang aus Lindenbäumen.

28 Aubinger Lohe

Von Puchheim nach Lochhausen ★★

Über Böhmerweiher und Waldwirtschaft Bienenheim

Von der S-Bahn-Station Puchheim (S 4) kann man eine kleine abwechslungsreiche Wanderung hinüber zur S 3 unternehmen. Erste Station ist ein Naturkneippbecken im Gröbenbach, dann geht es weiter zum Böhmerweiher, an dem wir eine Badepause einlegen können. Eigentlich handelt es sich hierbei sogar um zwei Baggerseen, der zweite, kleinere See ist aber kaum zugänglich und konnte sich deshalb zu einem interessanten Biotop entwickeln, in dem sogar ein Biber heimisch wurde. Der größere der beiden Seen soll in den nächsten Jahren zu einem Naherholungsgebiet mit einer Wasserwachtstation und einem Kiosk ausgebaut werden. Einkehren kann man in der Waldwirtschaft Bienenheim, bevor man dann noch eine kleine Runde durch die Aubinger Lohe anhängt und schließlich von der S-Bahn-Station Lochhausen die Heimfahrt antritt.

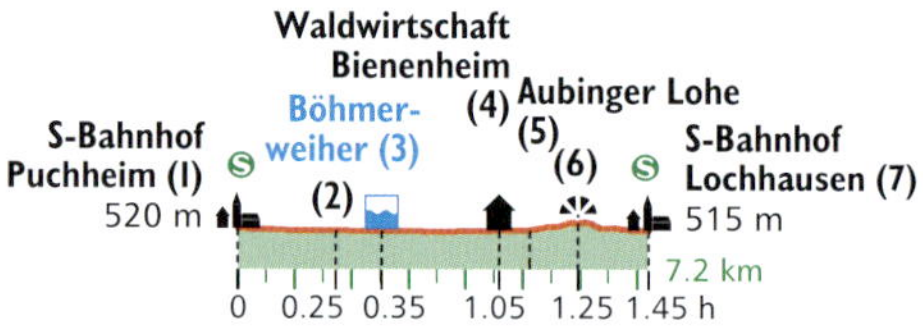

Herrliches Naturkneippbecken im Gröbenbach.

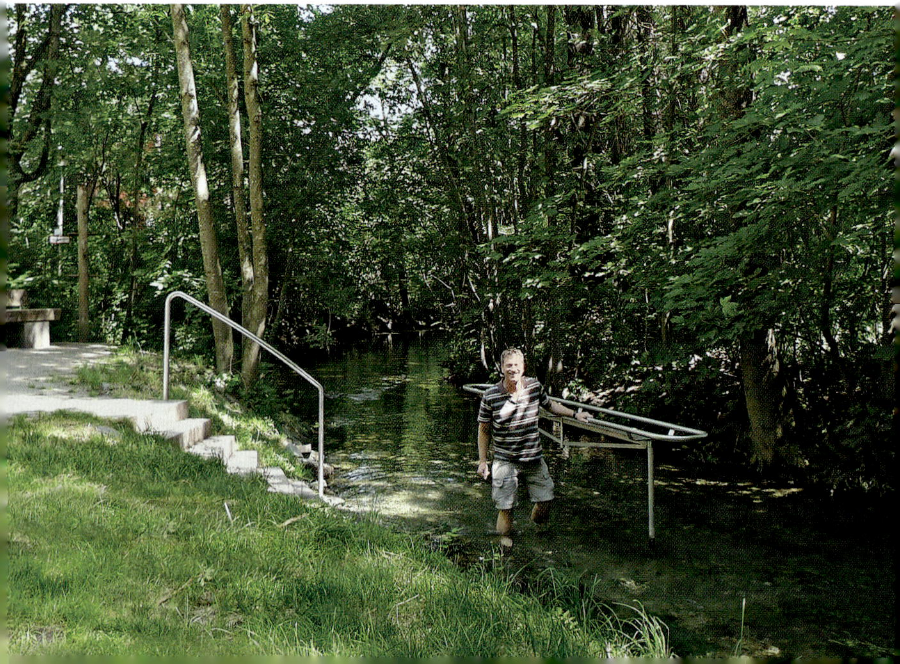

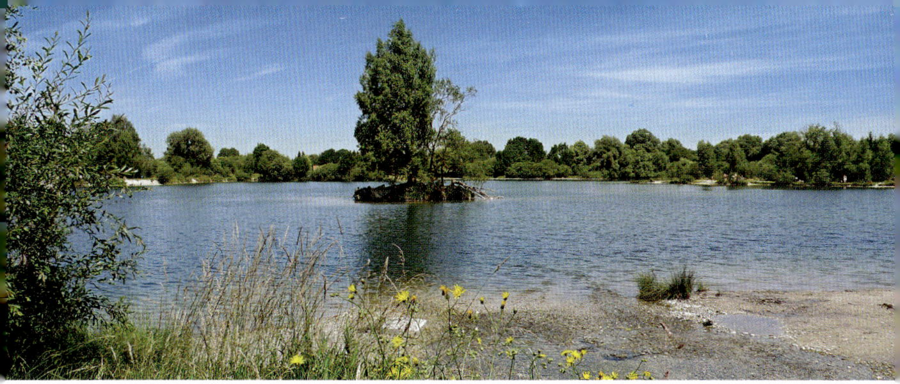

Im Böhmerweiher gibt es sogar eine kleine Insel.

KURZINFO

Ausgangspunkt: S-Bahnhof Puchheim (S 4 Richtung Geltendorf); Fahrzeit 21 Min.
Endpunkt: S 3-Bahnhof Lochhausen, Fahrzeit 18 Min.
Günstigste Fahrkarte: Familien (mit 2 Erwachsenen): mit mindestens einem Kind ab 6 Jahren oder mindestens einem Jugendlichen Gruppen-Tageskarte M-1, sonst je Erwachsene Hinfahrt 3 Streifen, Rückfahrt 2 Streifen. Erwachsener/e: ab 3 Personen Gruppen-Tageskarte M-1. Für eine und zwei Personen ist die Streifenkarte (je 3 Streifen Hinfahrt, 2 Streifen Rückfahrt) günstiger. Jugendliche (15–20 Jahre): Hinfahrt 3 Streifen, Rückfahrt 2 Streifen auf der U21-Streifenkarte (eigene Fahrkarte nicht nötig, wenn z. B. Eltern eine Gruppen-Tageskarte haben). Bei 5 reisenden Jugendlichen ist die (Erwachsenen-)Gruppen-Tageskarte M-1 günstiger. Kinder (6–14 Jahre): Hin- und Rückfahrt je 1 (Erwachsenen-)Streifen (eigene Fahrkarte nicht nötig, wenn z. B. Eltern eine Gruppen-Tageskarte haben). Kinder unter 6 Jahren: frei.
Gehzeit: 1.45 Std.
Höhenunterschied: 40 m im Auf- und Abstieg.
Distanz: 7,2 km.
Anforderungen: Leichte Wanderung überwiegend auf gut begehbaren Kieswegen. Kinderwagengeeignet.
Ausrüstung: Handtuch (Füßeabtrocknen Naturkneippbecken), Badesachen; kein besonderes Schuhwerk erforderlich.
Einkehr: Waldwirtschaft Bienenheim (Öffnungszeiten im Jahresverlauf wechselnd, siehe waldwirtschaft-bienenheim.de), Landgasthof Deutsche Eiche, Mo. Ruhetag (außer feiertags).
Variante: Größere Waldrunde (zusätzlich ca. 45 Min, etwas Orientierungssinn erforderlich): Nach der zweiten Schranke rechts, an der nächsten Verzweigung ebenfalls rechts und auf einem zweispurigen Wiesenweg weiter. Wir treffen auf einen Feldweg und biegen links ein. Der Weg wird zum Kiesweg und geht später in einen asphaltierten Weg über. Wir befinden uns nun auf dem Lohwiesenweg, folgen diesem durch eine 90-Grad-Linkskurve und überqueren den Krähenweg. Auf der anderen Seite führt ein Trampelpfad zwischen zwei Feldern weiter. Wenn wir rechts am Waldrand eine Rastbank sehen, geht der Weg als breiter Kiesweg nach rechts weiter. 20 m später biegen wir links in einen breiten Kiesweg ein. An der nächsten Wegteilung rechts. Wir befinden uns nun auf dem Weg »Buch geräumt«, überqueren einen breiten Kiesweg (Aubinger Lohweg), wandern auf einem kleineren Weg aufwärts, stoßen auf einen Weg und biegen links ein. Gehen wir geradeaus und später rechts in die Bienenheimstraße, kommen wir zur Waldwirtschaft Bienenheim. Biegen wir hingegen bei nächster Gelegenheit rechts in den kleinen Weg ein, gelangen wir in den parkähnlichen Teil der Aubinger Lohe.

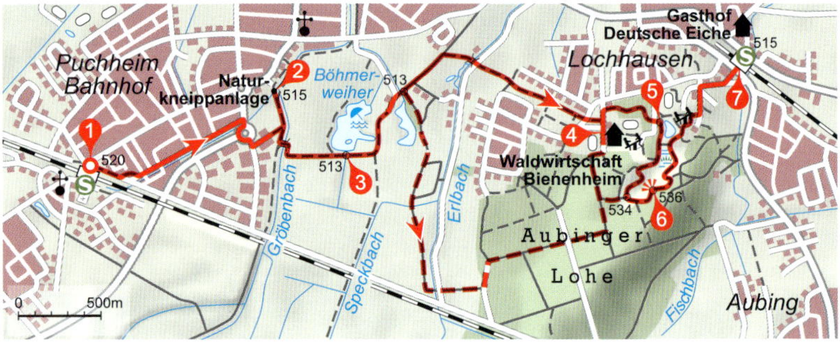

Nach dem Treppenabgang am **S-Bahnhof Puchheim (1)** halten wir uns rechts und wenden uns nach dem Aufgang rechts in einen Fußweg, den Bahnhofsweg. Diesem folgen wir bis zur Straße »Am Mühlstetter Graben«, in die wir links einbiegen. Nach 700 m stößt dieser auf die Nordendstraße, wir wenden uns rechts, behalten am Kreisel unsere Gehrichtung bei und wenden uns in die Dieselstraße nach links. Wir gehen am Wertstoffhof vorbei und kommen geradeaus gehend auf einen Kiesweg, der uns zu einem querenden Kiesweg führt. Wenn wir unsere Füße erfrischen wollen, machen wir einen Abstecher nach links am Gröbenbach entlang zu einer gepflegten **Naturkneippanlage (2)** im Bach mit knietiefem, glasklarem Wasser. Allein der Blick aus dem Bachbett auf das zwischen Bäumen dahinfließende Wasser lohnt diesen kleinen Abstecher. Wieder zurück an der Wegeinmündung gehen wir nun geradeaus weiter (wer nicht zum Kneippbecken spaziert ist, hält sich an der Wegeinmündung folglich rechts). Nach gut 100 m schwenken wir links und wandern auf einer Brücke über den Bach, halten uns un-

Blick auf den bereits größtenteils verlandeten oberen Weiher.

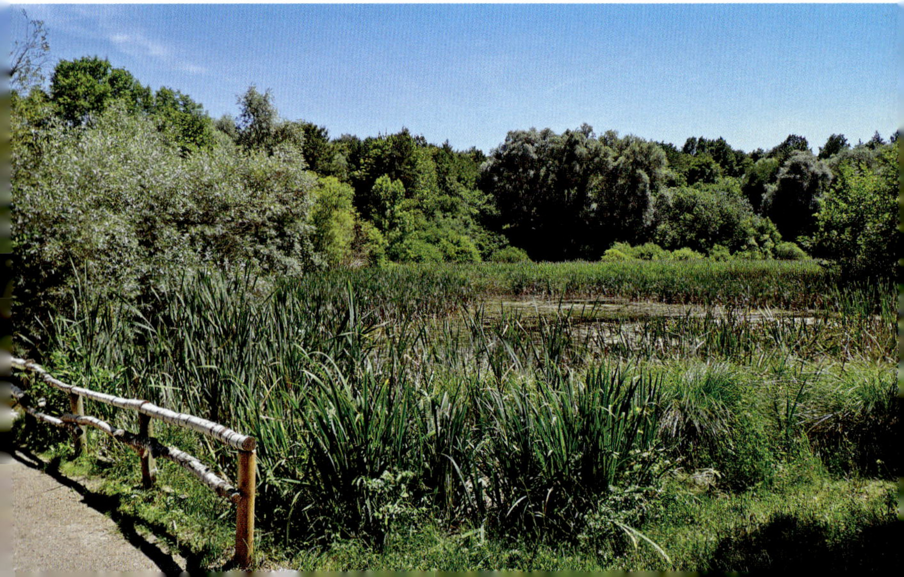

Aubinger Lohe

Die Aubinger Lohe (»Loh« stammt aus dem Mittelhochdeutschen und bedeutet Wald, Lichtung) ist ein Naherholungs- und Landschaftsschutzgebiet mit zwei ökologisch wertvollen Weihern (einer davon fast verlandet) rund um einen Hügel am westlichen Rand des Münchner Stadtgebietes. Dieser Hügel ist insofern interessant, als er die einzige nennenswerte natürliche Erhebung (541 m) in der Münchner Schotterebene darstellt. Er entstand zum Ende der Risseiszeit (vor ca. 150.000 Jahren). Damals wurde der rundherum befindliche Boden vom Schmelzwasser der Gletscher abgetragen, während der Untergrund der heutigen Aubinger Lohe (vor ca. 15 Millionen Jahren abgelagerter Sand) an Ort und Stelle verblieb. Die beiden Weiher kamen erst in der Neuzeit hinzu, sie sind ein Relikt einer Ziegelei-Tongrube und haben sich über die Jahrzehnte zu Biotopen entwickelt.

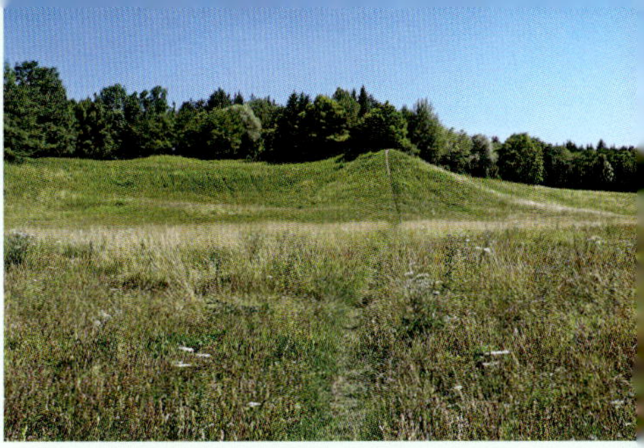

Die höchste Erhebung der Aubinger Lohe ist im Winter ein Schlittenberg.

mittelbar dahinter rechts und folgen dem bald nach links, vom Bach wegdrehenden Pfad, auf dem man auch gut barfuß laufen kann, an einer Feldbegrenzung mit Sträuchern entlang.

Nach zehn Minuten erreichen wir den **Böhmerweiher (3)** mit seiner Insel, die besonders bei größeren Kindern und Jugendlichen beliebt ist. Wir gehen nun entgegen dem Uhrzeigersinn (also einfach geradeaus) am See entlang. An einer Bacheinmündung in den See können Kinder schön spielen, wir gehen hier ebenfalls geradeaus weiter und schwenken mit dem Weg um den See nach links. Bald kommen wir zu den Hauptbadeplätzen. Kurz darauf ist der Weg asphaltiert, wir kommen an einer Schranke vorbei und sehen bereits eine zweite halb rechts. Wir biegen in den durch die Schranke verschlossenen Weg nach rechts ein und müssen uns nun entscheiden, ob wir einen längeren (siehe Variante) oder kürzeren Weg wählen wollen. Wir entscheiden uns für Letzteres, gehen geradeaus an einem Pferdehof vorbei und biegen nach etwa 400 m in einen breiten Kiesweg nach rechts ein. Wir kommen über eine kleine Brücke, überqueren den asphaltierten Krähenweg und gehen etwas versetzt geradeaus auf der anderen Seite weiter. An der nächsten Wegkreuzung gehen wir geradeaus, wandern nun durch einen parkähnlichen Grünstreifen, halten uns 250 m später an einer Verzweigung links, spazieren geradeaus über die Federseestraße und stoßen schließlich auf die Bienenheimstraße.

Rechts befindet sich hier 30 m entfernt die **Waldwirtschaft Bienenheim (4)**, in der es Biergartentische (Selbstbedienung) und gedeckte Tische mit Bewirtung gibt. Auf Kinder wartet ein kleiner, aber schöner Spielplatz, zudem gibt es Steckerleis. Wollen wir nicht einkehren, hal-

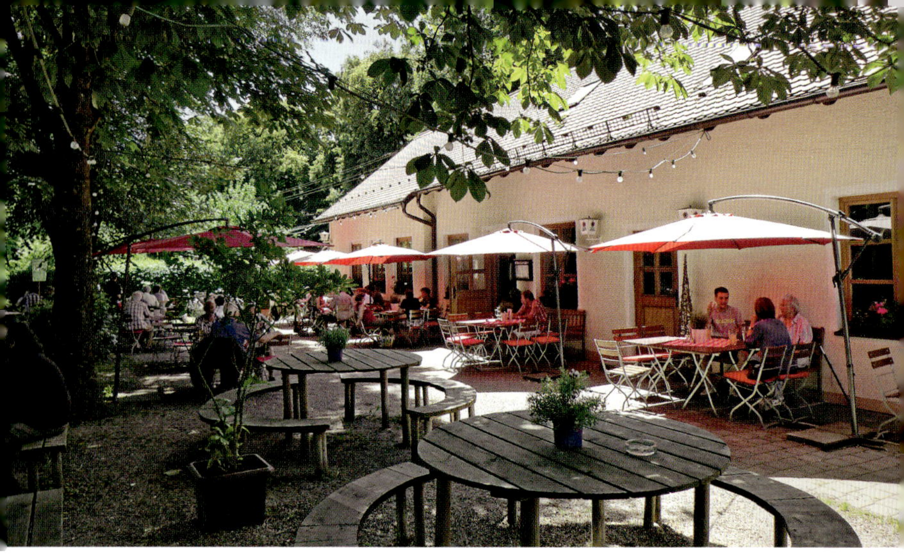

Im gemütlichen Biergarten der Waldwirtschaft Bienenheim.

ten wir uns an der Stelle, an der wir auf die Straße gestoßen sind, links und schwenken nach etwa 200 m rechts in einen Kiesweg mit einer Fahrradsperre. Wir ignorieren eine Abzweigung nach links und wandern auf dem schönen Waldweg nach fünf Minuten am zwischen den Bäumen aufgebauten Lager des dortigen Waldkindergartens vorbei. Kurz darauf unterqueren wir eine Straße und stoßen sodann auf einen querenden Kiesweg. Wir sind jetzt am Rand der **Aubinger Lohe (5)** und wollen hier noch eine kleine Runde durch die parkähnliche Anlage spazieren. Hierzu wenden wir uns rechts, kommen nach wenigen Minuten an dem oberen, bereits stark verlandeten Weiher vorbei und halten uns auf dem etwas ansteigenden Weg nach 250 m an einer Wegteilung links. Der Weg führt weiter aufwärts und mündet in einen anderen Weg. Auf diesem nach links und an der folgenden Verzweigung wieder nach links. Fast am höchsten Punkt führt ein Trampelpfad (nicht kinderwagentauglich) von der linken Wegseite abgehend hinauf zu einem **Aussichtspunkt (6)**, von dem man einen schönen Blick auf das Gelände hat. Im Winter ist der Hügel ein beliebter Rodelberg. Der Trampelpfad führt an einer Rastbank vorbei wieder auf den Weg. Nun geht es abwärts, an der nächsten Verzweigung halten wir uns links und kommen bald an den Schilfpflanzen des verlandenden oberen Weihers vorbei. Nach dem oberen Weiher halten wir uns rechts und wandern nun oberhalb des zweiten Weihers weiter. Unser Weg läuft mit einem anderen Weg zusammen, hier links. Wir halten uns an der nächsten Wegteilung rechts und beim nächsten Abzweig ebenfalls rechts. Wir stoßen auf die Ziegeleistraße, wenden uns links, biegen nach dem Kinderhaus Lochhausen im 90-Grad-Winkel rechts in einen Kiesweg ein und schwenken schließlich links in einen Kiesweg, der uns direkt zur **S-Bahn-Station Lochhausen (7)** bringt.

Zum Kloster Fürstenfeld

Von Grafrath nach Fürstenfeldbruck

★★

Abwechslungsreiche Amperwanderung

Von Grafrath führt eine schöne Streckenwanderung über Schöngeising entlang der Amper zum ehemaligen Kloster Fürstenfeld. Neben breiteren Wegen hat die Tour in der Amperschlucht und hinter Schöngeising auch kleine, naturbelassene Pfade zu bieten, die bei warmen Temperaturen zum Barfußlaufen einladen. Sowohl in Schöngeising wie auch am Ziel unserer Tour warten gemütliche Einkehrmöglichkeiten, bevor wir dann noch ein Stück weiterwandern und vom S-Bahnhof Fürstenfeldbruck nach München zurückfahren.

KURZINFO

Ausgangspunkt: S-Bahnhof Grafrath (S 4 Richtung Geltendorf); Fahrzeit 36 Min.
Endpunkt: S 4 Haltestelle Fürstenfeldbruck; Fahrzeit 28 Min.
Günstigste Fahrkarte: Familien (mit 2 Erwachsenen): Gruppen-Tageskarte M-3. Erwachsener/e: (Gruppen-)Tageskarte M-3. Jugendliche (15–20 Jahre): Hinfahrt 4 Streifen, Rückfahrt 3 Streifen auf der U21-Streifenkarte (eigene Fahrkarte nicht nötig, wenn z. B. Eltern eine Gruppen-Tageskarte haben). Ab 3 Jugendlichen ist die (Erwachsenen-)Gruppen-Tageskarte M-3 günstiger. Kinder (6–14 Jahre): Hin- und Rückfahrt je 1 (Erwachsenen-)Streifen (eigene Fahrkarte nicht nötig, wenn z. B. Eltern eine Gruppen-Tageskarte haben). Kinder unter 6 Jahren: frei.
Gehzeit: 3.15 Std.
Höhenunterschied: 40 m im Aufstieg, 90 m im Abstieg.
Distanz: 12,7 km.
Anforderungen: Längere Wanderung überwiegend auf Kies- und Asphaltwegen, teilweise aber auch auf kleinen, barfußtauglichen Pfaden. Die Tour ist nicht kinderwagengeeignet.
Ausrüstung: Gut profilierte Trekkingschuhe/-sandalen.
Einkehr: Zum Unter'n Wirt (im Sommer Mi.–So. Biergarten, im Winter geschlossen), Klosterstüberl (Mo. und Di. Ruhetag), Restaurant »fürstenfelder« (kein Ruhetag).
Tipp: In der Nähe der Klosteranlage (auf der anderen Seite der Fürstenfelder Straße) befindet sich mit der »Kletterinsel« ein großer und beliebter Hochseilgarten. Informationen unter kletterinsel.de.

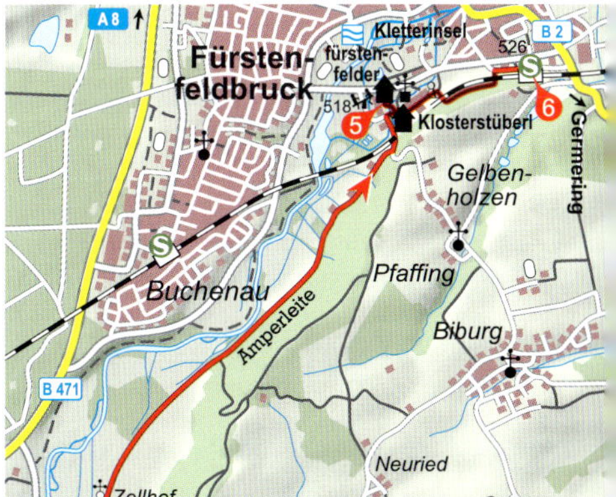

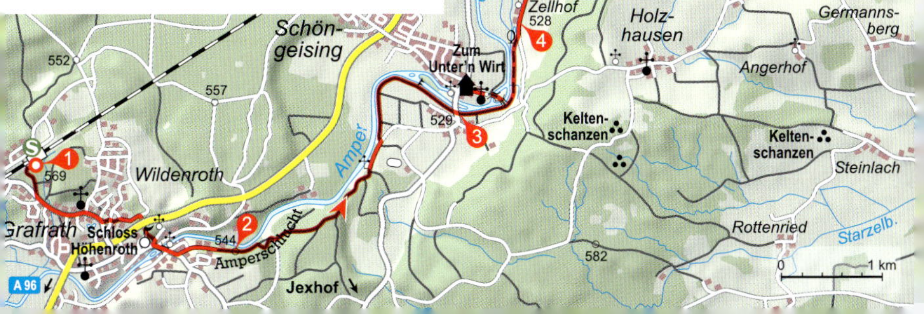

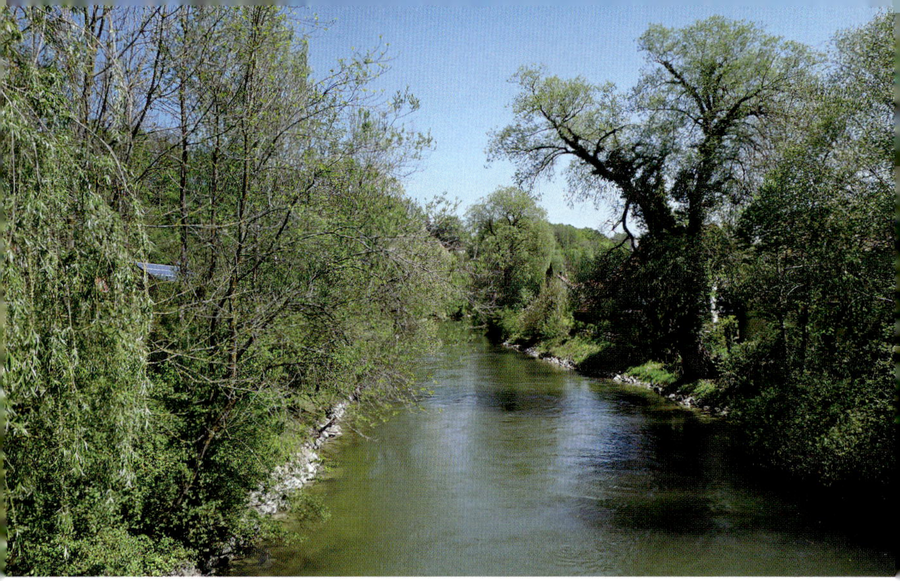

Die Amper ist heute streckenweise unser Wegbegleiter.

Am S-Bahn-Abgang in **Grafrath (1)** wenden wir uns links und spazieren auf dem asphaltierten Bahnhofweg zur Bahnhofstraße, in die wir links einbiegen. Nach 600 m führt unmittelbar nach der linker Hand abgehenden Straße »Am Pechhölzl« ein Fußweg nach links. Wir überqueren die Lerchenstraße, gehen geradeaus erst auf der Straße, dann wiederum auf einem Fußweg weiter und wenden uns rechts in die Straße Mülleranger. Wir kommen zu einer Unterführung, unterqueren die B 471, wenden uns an der nächsten Verzweigung links und kommen am Eingang des privaten **Schlosses Höhenroth** vorbei.

Von dort führt ein Fußweg abwärts auf die Straße »Theresienhöhe«, auf der wir rechts nach ein paar Metern die Hauptstraße erreichen. Wir biegen links ein und folgen der Straße über eine Amperbrücke. An der dritten Abzweigung links biegen wir in die Straße »Zur Amperschlucht« ein, gehen bis zum Tor der Kläranlage und weiter auf einem rechts neben der Kläranlage verlaufenden Pfad, der bald oberhalb der Amper ein Stück schön durch die **Amperschlucht (2)** führt. Wir kommen an eine Verzweigung, eine blaue Markierung weist hier vom Fluss weg nach rechts. Wem ein steiler, etwas rutschiger Aufstieg nichts ausmacht, kann mit gut profilierten Schuhen hier auch geradeaus erst abwärts, dann steil aufwärts abkürzen. Die anderen schwenken mit der Markierung nach rechts und halten sich an der nächsten Verzweigung

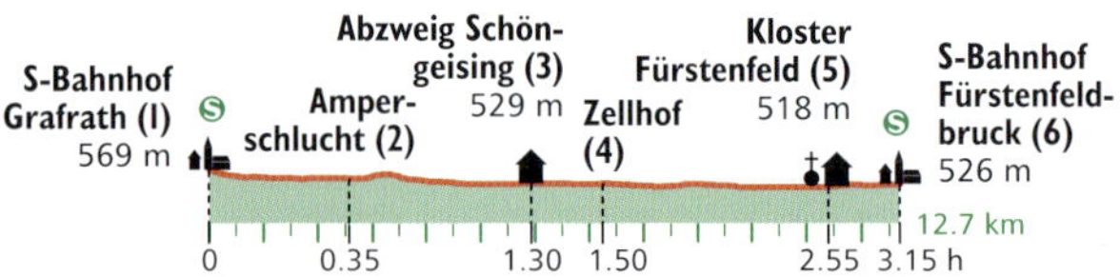

links, um nach etwa 100 m wieder mit den Abkürzern zusammenzutreffen. Wir wandern noch ein Stück oberhalb der Amper weiter, dann führt der Weg unmittelbar auf eine Wiese, auf der je nachdem, ob die Wiese gerade gemäht wurde, der Pfad mehr oder weniger deutlich zu erkennen ist. Am rechten Wiesenrand führt der Pfad auf einen beginnenden Weg, der wiederum nach ein paar Metern in einen Forstweg mündet. Wir schwenken links und halten uns an der nächsten Verzweigung rechts aufwärts. 300 m später stoßen wir auf einen Forstweg und folgen diesem nach links bis zu einer Verzweigung mit einem Wegweiser zum Jexhof. Wir gehen aber nicht nach rechts zu diesem interessanten Bauernhofmuseum, sondern halten uns links und kommen nach etwa 100 m an einer Tafel mit Hinweisen zur der bis zum Mittelalter dort in der Nähe befindlichen Sunderburg vorbei. Danach zieht der Weg gemächlich nach unten, um dann leicht ansteigend an den Waldrand und auf freies Feld zu führen. Wir wandern nun Richtung Schöngeising auf einem Kiesweg, bis uns nach etwa 300 m ein kleiner, unbeschildeter Pfad nach links über die Wiese direkt zur Amper und an dieser entlangführt. An einer Rastbank am Ufer können wir eine kleine Pause einlegen. Wir folgen weiter der Fließrichtung der Amper, kommen an einem Wehr vorbei und überqueren nach 500 m am Ortsrand von **Schöngeising (3)** eine Straße, um dann geradeaus an der Amper weiter entlangzuspazieren.

Wenige Minuten später passieren wir eine riesige Stimmgabel (liegt etwas zurückgesetzt), die wir an verschiedenen Stellen mit einem Stock zum Schwingen bringen und so unterschiedliche Töne entstehen lassen können. Wir folgen noch 100 m dem Weg an der Amper entlang und könnten dann links einen Abstecher über zwei direkt aufeinanderfolgende Holzbrücken und

In der Amperschlucht ist man auf einem Pfad unterwegs.

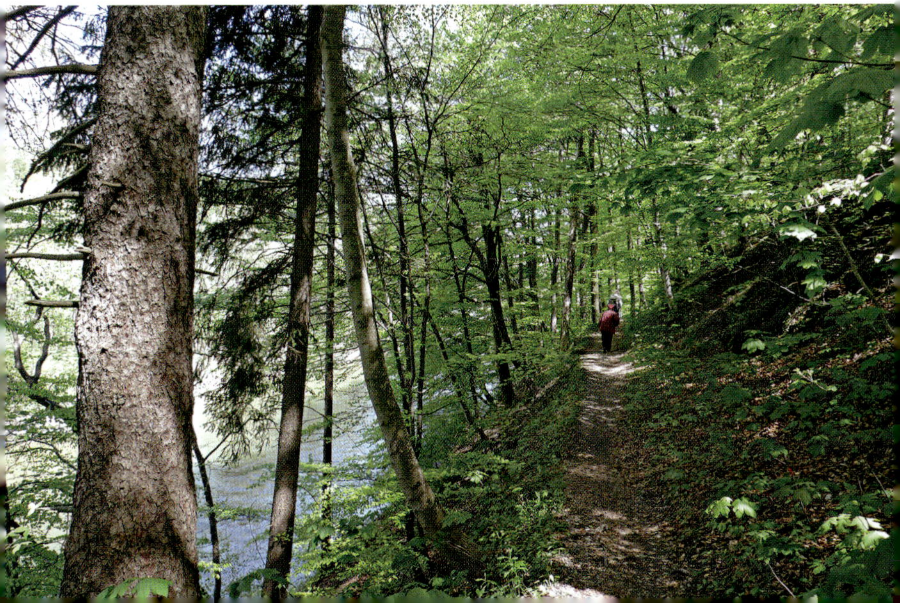

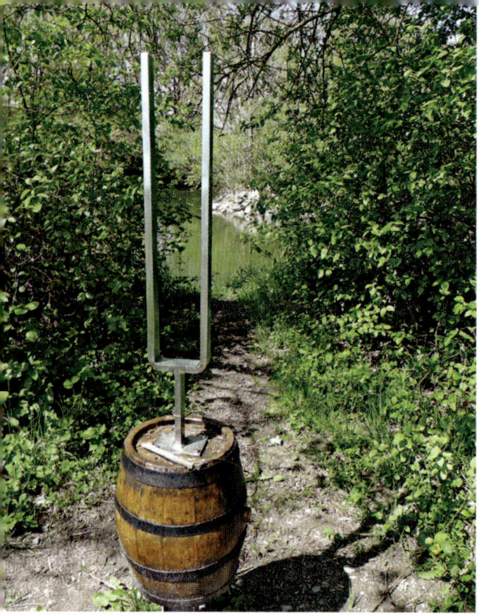

Riesige Stimmgabel.

links über die Kirchstraße zum **Gasthaus »Zum Unter'n Wirt«** machen. Weiter geht es aber geradeaus auf der rechten Flussseite (in Gehrichtung) auf einem schönen, barfußfreundlichen Wiesenweg. An der Einmündung zur Zellhofstraße, staunen wir über die beiden mindestens 300 Jahre alten imposanten Eichen, deren Stämme jeweils einen Durchmesser von 1,50 m aufweisen. Wir biegen links in die kleine Zellhofstraße ein, passieren einen Weiher und den alten Gutshof Zellhof mit seiner Kapelle St. Vitus und wandern nun auf der ab hier für den Verkehr gesperrten Zellhofstraße – Abzweigungen ignorierend – weiter. Abwechselnd über freies Feld und am Waldrand entlang erreichen wir eine gute Stunde später die Straße »Am Engelsberg«. Wir wenden uns links, überqueren die Bahnlinie, ignorieren eine rechts abgehende Straße, überqueren einen Seitenarm der Amper und wenden uns nach 100 m rechts zum Kloster. Wir kommen am **Klosterstüberl** und am Klosterladen vorbei, dann befinden wir uns im Innenhof des **Klosters Fürstenfeld (5)**, wo man im **Restaurant »fürstenfelder«** einkehren

In Klosternähe lockt der Besuch der »Kletterinsel«.

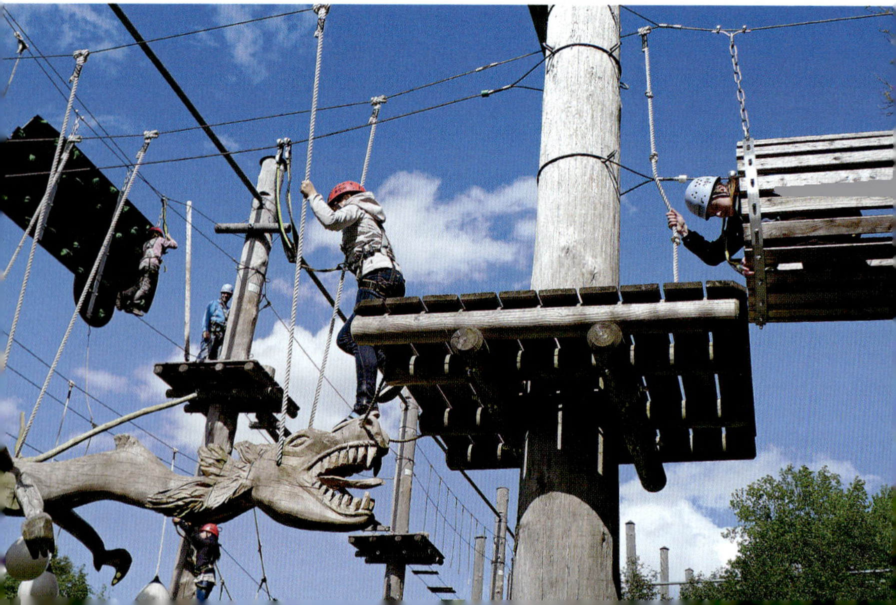

Kloster Fürstenfeld

Das Kloster Fürstenfeld wurde im Jahr 1263 als Sühnestiftung des bayerischen Herzogs Ludwig II. des Strengen gegründet. Der Zusatz »der Strenge« ist dabei sehr schmeichelhaft, dieser wurde ihm für die Hinrichtung seiner eigenen Ehefrau Maria von Brabant gegeben, die er durch eine tragische Verwicklung fälschlicherweise des Ehebruchs verdächtigt hatte. Maria von Brabant wollte ihren Mann zur Rückkehr von einem Kriegszug bewegen und schrieb deshalb an ihn und einen befreundeten Ritter einen Brief. Der Bote verwechselte jedoch die beiden Briefe, sodass der Brief mit den liebevollen Sätzen bei dem befreundeten Ritter ankam. Rasend vor Eifersucht ließ er daraufhin seine Frau enthaupten. Einen Tag später erkannte er sein Unrecht und soll daraufhin über Nacht vor Entsetzen ergraut sein. Papst Alexander IV. erlegte ihm als Sühneleistung für seine schreckliche Tat die Gründung des Klosters Fürstenfeld auf. Zwischen den Jahren 1270 und 1290 entstand die erste Klosteranlage in Backsteinbauweise, in den nachfolgenden Jahrhunderten wurde sie immer wieder umgebaut und erweitert. 1691 wurde der Grundstein zum barocken Neubau von Klosteranlage und Kirche gelegt. Im Zuge der Säkularisation im Jahr 1803 erfolgte die Aufhebung des ehemaligen Zisterzienserklosters. Heute gehört die Anlage teilweise dem Freistaat Bayern und der Stadt Fürstenfeldbruck. Die Klostergebäude werden als Fachhochschule und von dem modernen Kulturzentrum »Veranstaltungsforum Fürstenfeld« genutzt.

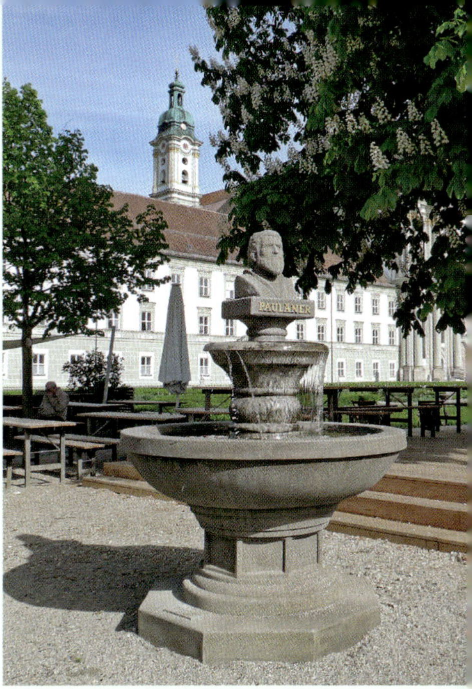

Im Kloster Fürstenfeld.

oder nebenan im gleichnamigen Biergarten unter einer riesigen Kastanie (kleiner Spielplatz nebenan) seinen Hunger und Durst stillen kann.

Wir verlassen die Klosteranlage in östlicher Richtung, indem wir rechts von der Kirche durch das angrenzende Gebäude durch eine Tordurchfahrt gehen. Über den Henrik-Moor-Weg wandern wir nun an den Klostergebäuden vorbei und gehen nach einigen Hundert Metern rechts über die Treppenstufen unter der Bahnlinie hindurch. Nach der Unterführung wenden wir uns links, wechseln 250 m später erneut die Bahnseite und erreichen rechts nach wenigen Minuten den **S-Bahnhof Fürstenfeldbruck (6)**.

30 Über St. Ottilien nach Eresing

Von Geltendorf ★★

Lebendiges Kloster im Münchner Westen

Auch wenn wir auf der heutigen Wanderung zwei Gotteshäuser besuchen wollen, ist diese Tour im Münchner Westen nicht nur für Kirchenliebhaber interessant. Das lebendige Kloster St. Ottilien bietet mit dem Emminger Hof eine schöne Einkehrmöglichkeit mit großem Gastgarten, es warten nicht nur ein kleiner Kräutergarten, eine Vogelvoliere und ein interessantes Nähmaschinenmuseum, sondern auch ein idyllischer Weiher und ein Hofladen auf die Besucher. Durch leicht hügeliges Land geht es anschließend weiter nach Eresing, wo neben der Besichtigung der von Dominikus Zimmermann umgebauten Kirche St. Ulrich eine Einkehrmöglichkeit im Alten Wirt (eingeschränkte Öffnungszeiten, siehe Kurzinfo) besteht. Dem Brunnenwasser des kleinen St.-Ulrich-Brunnens am Ziel unserer Wanderung spricht man sogar Heilkräfte zu. Auch wenn das bischöfliche Ordinariat dort vor einigen Jahren ein Schild angebracht hat, dass es sich bei dem Wasser um kein Trinkwasser handelt, lassen sich einige Besucher auch heute noch nicht davon abhalten, das Wasser in Trinkflaschen nach Hause zu tragen.

Blick auf die neugotische Klosterkirche von St. Ottilien.

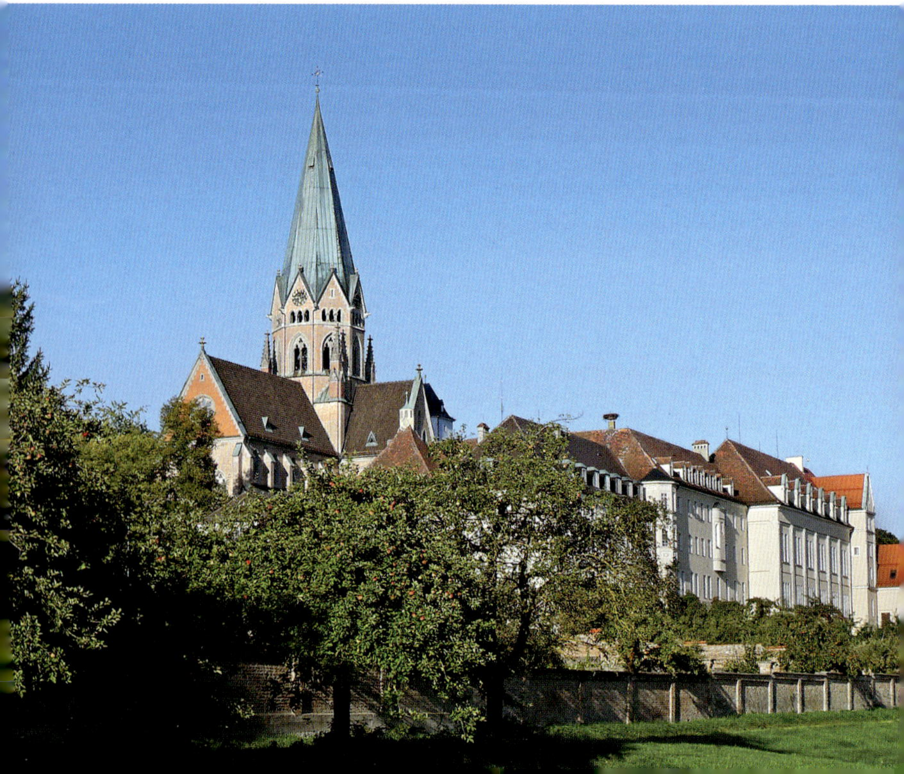

KURZINFO

Ausgangs- und Endpunkt: S 4-Endstation Geltendorf; Fahrzeit 44 Min. Geltendorf ist auch Station an der Bahnstrecke Richtung Lindau. MVV-Fahrkarten sind bis Geltendorf gültig.
Günstigste Fahrkarte: Familien (mit 2 Erwachsenen): Gruppen-Tageskarte M-4. Erwachsener/e: (Gruppen-)Tageskarte M-4. Jugendliche (15–20 Jahre): Hin- und Rückfahrt je 6 Streifen auf der U21-Streifenkarte (eigene Fahrkarte nicht nötig, wenn z. B. Eltern eine Gruppen-Tageskarte haben). Ab 3 Jugendlichen ist die (Erwachsenen-)Gruppen-Tageskarte M-4 günstiger. Kinder (6–14 Jahre): Hin- und Rückfahrt je 1 (Erwachsenen-)Streifen (eigene Fahrkarte nicht nötig, wenn z. B. Eltern eine Gruppen-Tageskarte haben). Kinder unter 6 Jahren: frei.
Gehzeit: 2.15 Std.
Höhenunterschied: 80 m im Auf- und Abstieg.
Distanz: 9,5 km.
Anforderungen: Gemütliche Wanderung auf gut ausgebauten Kies- und Asphaltwegen. Im Bereich des St.-Ulrich-Brunnens barfußfreundliche Wiesenwege. Für geländegängige Kinderwagen geeignet.
Ausrüstung: Keine besondere Ausrüstung erforderlich.
Einkehr: Klostergasthof Emminger Hof (kein Ruhetag), Alter Wirt Eresing (werktags inklusive Sa. erst ab 17 Uhr, So. ab 11 Uhr, Do. Ruhetag).
Variante: Alternativ kann man nach dem Ortsendeschild von Eresing auch auf der kaum befahrenen Pflaumdorfer Straße bei einem schönen Blick auf die Berge (bei guter Sicht) bleiben und 750 m nach dem Ortsendeschild an der Straßenkreuzung links einbiegen. Auf einem überwiegend sonnigen Kiesweg wandern wir dann über die hügelige Landschaft mit Viehweiden auf das Kloster zu, halten uns an der Verzweigung mit Marterl kurz vor dem Kloster rechts und biegen an der Klostermauer rechts in den an dieser entlangführenden Weg ein.

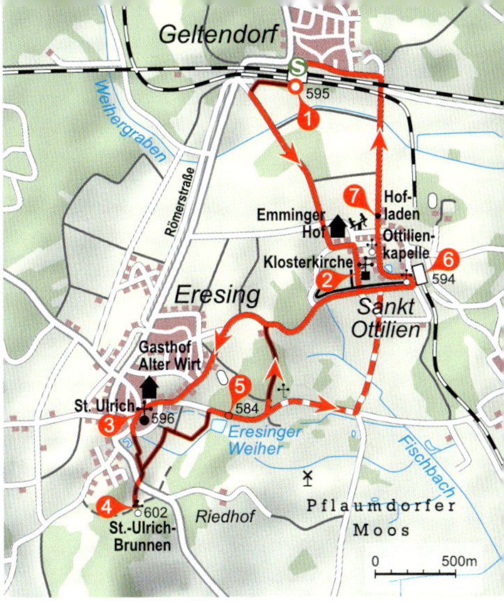

Vom **S-Bahnhof Geltendorf (1)** nehmen wir nach dem Treppenabgang den südseitigen Ausgang und kommen zu einem großen P&R-Parkplatz. In dessen Mitte schwenken wir links in eine asphaltierte Straße und biegen gleich wieder links in einen Feldweg mit einigen hohen Bäumen am Wegesrand ein. Bald durchqueren wir ein Waldstück, kommen dann auf freies Feld, überqueren die Zubringerstraße zum Kloster, ignorieren einen links abgehenden kleinen Weg und bie-

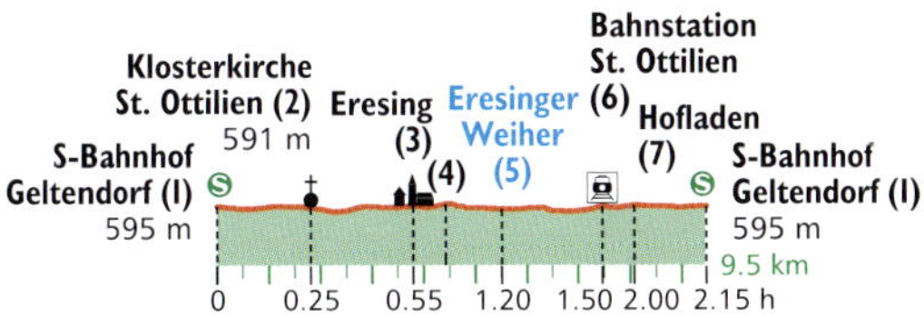

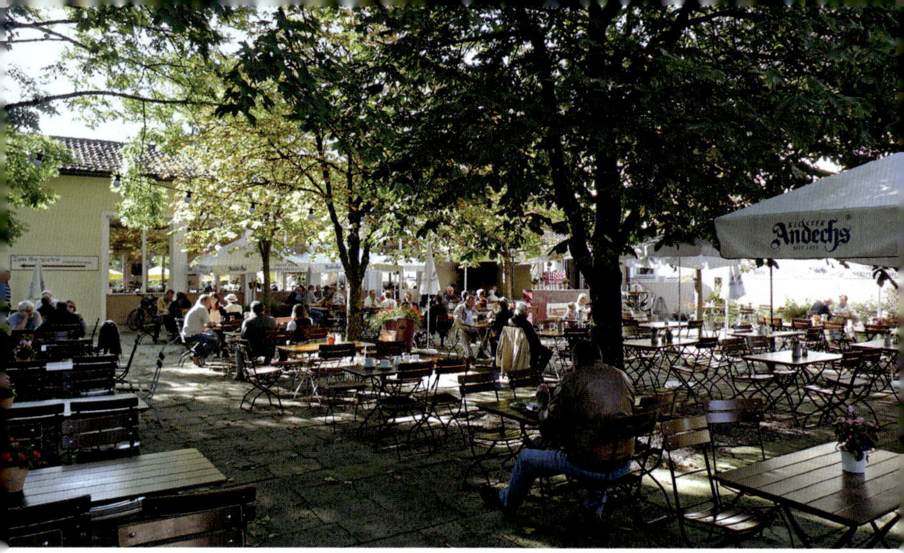

Im gemütlichen Wirtsgarten des Emminger Hofs.

gen an der darauffolgenden Weggabelung links ein. Vorbei am kleinen **Kräutergarten** des **Klosters St. Ottilien** erreichen wir eine Straßenkreuzung mit einer großen **Vogelvoliere**. Halten wir uns hier links, kommen wir nach wenigen Schritten zum **Emminger Hof** mit seinem schattigen Gastgarten und einem kleinen dahinterliegenden Biergarten (letzterer nur zeitweise geöffnet). Gegenüber befindet sich eine große Buchhandlung, in der es neben christlichen Werken und Devotionalien auch viele weltliche Dinge zu kaufen gibt. Unser Weg führt uns aber vom Kräutergarten kommend an der Straßenkreuzung mit den Vögeln nach rechts. Wir spazieren an einem **Nähmaschinenmuseum** vorbei und stehen schon bald vor der schönen **Klosterkirche (Patrozinium Herz Jesu) (2)**, die man bei Sperrung des Haupteingangs auch über den links der Kirche befindlichen Anbau erreichen kann. Die Kirche überrascht durch ihre schlichte Innenausstattung, verfügt aber über viele sehenswerte bunt gestaltete Kirchenfenster. Unser Weiterweg zweigt kurz vor der Kirche rechts ab (»Eresing 2km«) und führt uns recht steil über einen Kiesweg abwärts. Unten halten wir uns rechts, wandern erst auf einem Kiesweg an der Klostermauer entlang und marschieren bald darauf durch das **Kronbergholz**. Wieder auf freiem Feld wählen wir an der Verzweigung kurz vor **Eresing** den linken Weg, kommen am Sportplatz vorbei und stoßen auf die Pflaumdorfer Straße, in die wir rechts einbiegen. In wenigen Minuten erreichen wir die sehenswerte **Kirche St. Ulrich (3)**, auf der gegenüberliegenden Straßenseite befindet sich der **Alte Wirt** (eingeschränkte Öffnungszeiten; siehe Kurzinfo).

Anschließend wandern wir noch in zehn Minuten zum St.-Ulrich-Brunnen weiter. Wir halten uns hierzu an der Kirche links (Kaspar-Ett-Straße, der Fortsetzung der Pflaumdorfer Straße), schwenken kurz darauf links in die Angerstraße und verlassen diese nach 50 m bereits wieder in einer Linkskurve in einen geradeaus (»St. Ulrich«) zwischen eingezäunten Grundstücken verlaufenden Wiesenweg (Weg ab hier bis zum Eresinger Weiher barfußgeeignet). Dieser stößt auf die Windacher Straße, wir wenden uns links, gehen noch ein Stück an der Straße entlang, überqueren diese, wenn der Wiesenweg endet, und gehen schnurstracks über die Wiese auf die große Kapelle am Waldrand zu. Das Gotteshaus ist leider meistens verschlossen, man hat aber stets freien Zugang zu dem vorgelagerten **St.-Ulrich-Brunnen (4)**.

Wir wandern wieder zur Straße zurück, überqueren sie, gehen noch ein paar Meter auf dem Wiesenweg zurück und biegen dann vor dem Beginn eines Feldes rechts in einen – je nach Jahreszeit – mitunter kaum als solchen zu erkennenden Wiesenweg ein. Wir stoßen auf einen asphaltierten Weg, biegen rechts ein und verlassen diesen Weg in der kurz darauffolgenden Linkskurve geradeaus in einen weiteren Wiesenweg. Der Weg dreht bald nach links und führt an dem durch Hecken verborgenen **Eresinger Weiher (5)** vorbei.

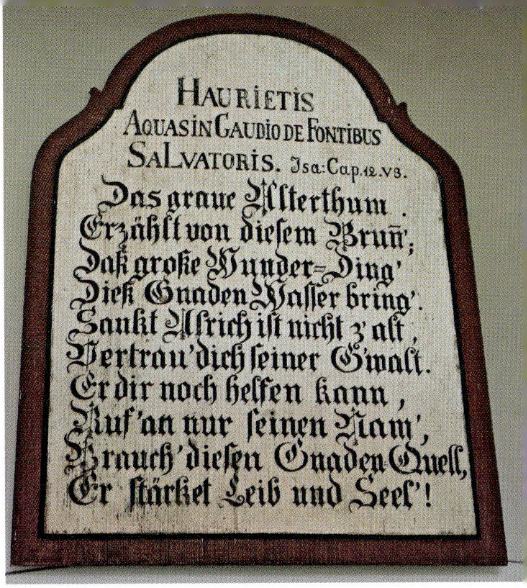

Tafel über dem St.-Ulrich-Brunnen.

Wir stoßen auf die Pflaumdorfer Straße, wenden uns rechts und können nach 150 m rechts zu dem Moorweiher hinuntergehen und dort auf einer versteckt liegenden Rastbank in Wassernähe eine Pause einlegen. Danach führt uns unser

Barfußtauglicher Wiesenweg vom St.-Ulrich-Brunnen zurück nach Eresing.

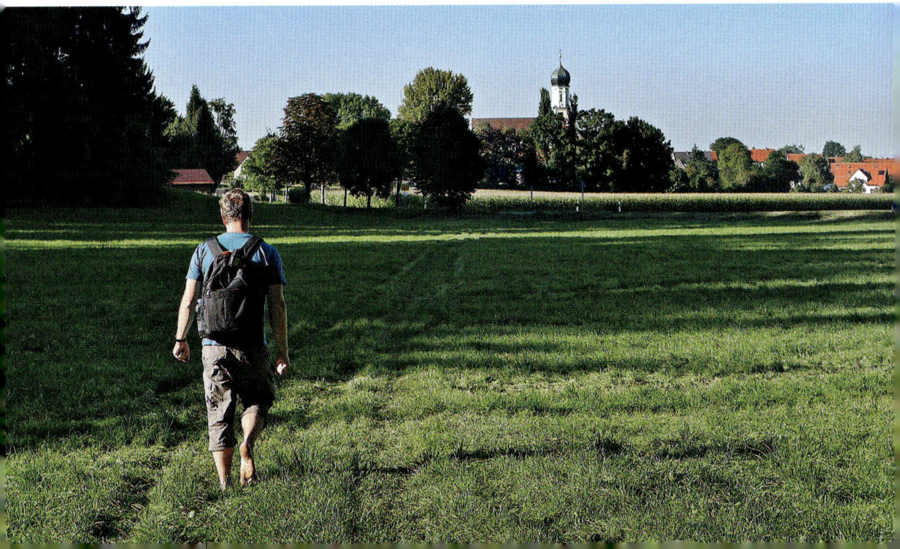

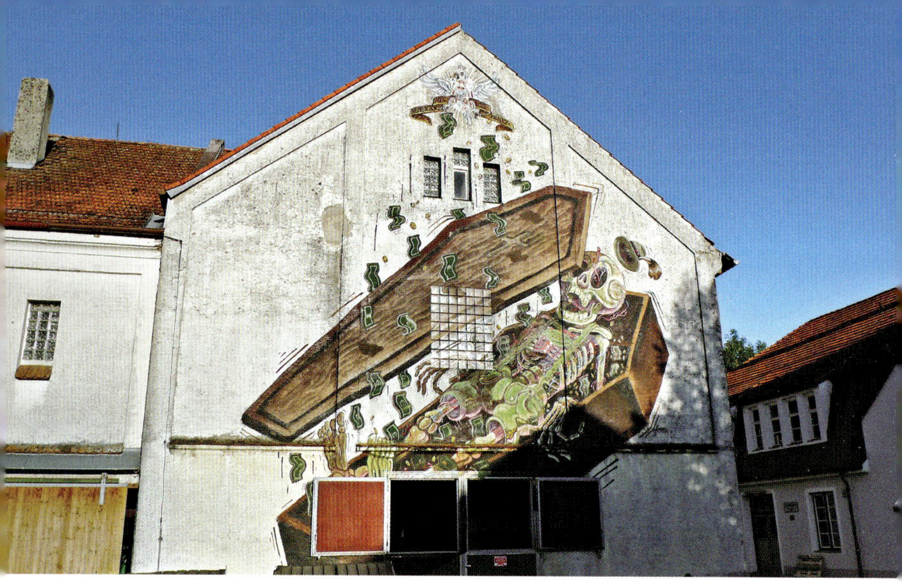

Unerwartetes Wandbild an einem landwirtschaftlichen Betrieb des Klosters.

Weg weiter auf der Pflaumdorfer Straße ortsauswärts. Etwa 250 m nach dem Ortsendeschild von Eresing zweigt links ein breiter Kiesweg in den Wald ab. Dieser bringt uns nach 500 m wieder auf den Hinweg. Wir biegen rechts ein, wandern zur Klostermauer zurück, gehen nun aber nicht links hinauf zur Klosterkirche, sondern geradeaus weiter an der Klostermauer entlang. An der nächsten Einmündung treffen wir auf die Wanderer der Variante, wir gehen geradeaus weiter, halten uns an der nächsten Verzweigung links und schwenken gleich wieder links – gegenüber befindet sich der Bahnhof **St. Ottilien (6)** (keine S-Bahn-Station!), von dem man mit dem Zug zurück nach Geltendorf fahren könnte. Wir spazieren an der Klostergärtnerei (kein Zutritt für Besucher) vorbei, schauen bald auf die Klosterkirche und kommen zu einem kleinen Weiher, an dem man sehr schön auf einer der Bänke am Ufer rasten kann. Mitten in dem Gewässer befindet sich eine kleine Insel ohne Verbindung zum Ufer, auf der sich ebenfalls eine Rastbank befindet. Aber wie trockenen Fußes dort hinüberkommen? Im Wasser schwimmen zwei kleine Holzflöße, die man sich erst einmal mit einem der langen, am Ufer liegenden Naturstöcke heranholen muss. Dann kann man es wagen – wenn es Sommer ist, die Schuhe ausgezogen sind, sich eine komplette Garnitur Wechselkleidung im Rucksack befindet und purer Optimismus die überzeugte Lebenseinstellung ist – auf

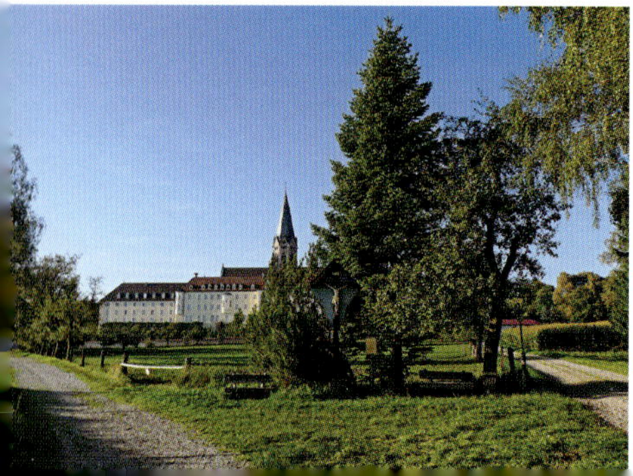

Wegverzweigung bei der Variante.

Kloster St. Ottilien

Die Wallfahrt zur heiligen Ottilia im Weiler Emming geht auf das Jahr 1365 zurück. Der Legende nach war Ottilia eine blinde Tochter des Herzogs Athich, die als junges Mädchen bei der Taufe sehend geworden ist. Im 16. Jahrhundert wurde Emming zu einem Herrensitz ausgebaut. Es entstand die Ottilienkapelle und ein kleines Schloss. Über die Jahrhunderte wechselte das Gut mehrmals den Besitzer. Nach dem zuvor erfolgten Abriss des Schlosses erwarb schließlich Andreas Amrhein, ein Benediktiner der Erzabtei Beuron, im Jahr 1886, den Weiler. Amrhein hatte bereits 1884 in Reichenbach (Oberpfalz) eine Gemeinschaft gegründet, die das benediktinische Leben mit einer Missionstätigkeit zu verbinden suchte. Im Jahr 1887 verlegte Amrhein den Sitz der Gemeinschaft nach Emming. Amrhein war so fasziniert von der Legende der heiligen Ottilia, dass er den Ort Emming kurzerhand in St. Ottilien umbenannte. Bereits 1887 traten die ersten Mönche ihre Reise als Missionare nach Afrika an. Der Bau der imposanten, neugotischen Klosterkirche folgte in den Jahren 1897–99. St. Ottilien ist bis heute das Mutterhaus der Kongregation der Missionsbenediktiner. Das Klosterdorf umfasst ein renommiertes Gymnasium, einen Verlag mit Druckerei sowie verschiedene Werkstätten und Klosterbetriebe, u. a. einen Hofladen (Mo. – Fr. 8–11.30 Uhr und 13.30–17 Uhr, freitags auch mittags geöffnet, samstags 8–11.30 Uhr) und ein Nähmaschinenmuseum (geöffnet täglich 10–17 Uhr, So. 10.30–17 Uhr, November bis Ende April nur bis 16 Uhr). Daneben befindet sich auf dem Gelände die Klostergaststätte Emminger Hof.

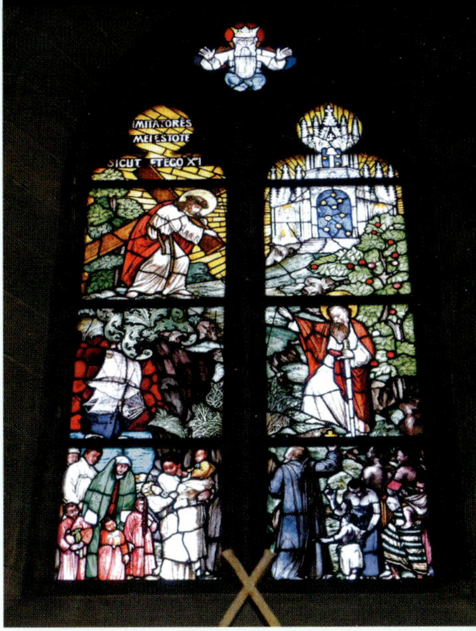

In der Klosterkirche warten kunstvoll gefertigte Fenster.

dem wackeligen Holzfloß das Wasser zu überqueren, um einen wirklich nicht alltäglichen Rastplatz zu erreichen. Wer wagt, gewinnt!
Wir bleiben auf dem asphaltierten Weg und marschieren kurz darauf aus dem Kloster heraus, nicht ohne einen Blick auf das auf einem klösterlichen Kuhstall befindliche Graffiti (siehe Foto) geworfen zu haben. Kurz darauf kommen wir zum **Hofladen (7)** des Klosters, in dem es neben frischen Schlachtprodukten auch leckeres Gebäck zu kaufen gibt. Wir folgen der breiten Baumallee geradeaus, unterqueren die Gleise, wenden uns links und erreichen in fünf Minuten – diesmal auf der anderen Bahnhofsseite – wieder den **S-Bahnhof Geltendorf (1)**.

Stichwortverzeichnis

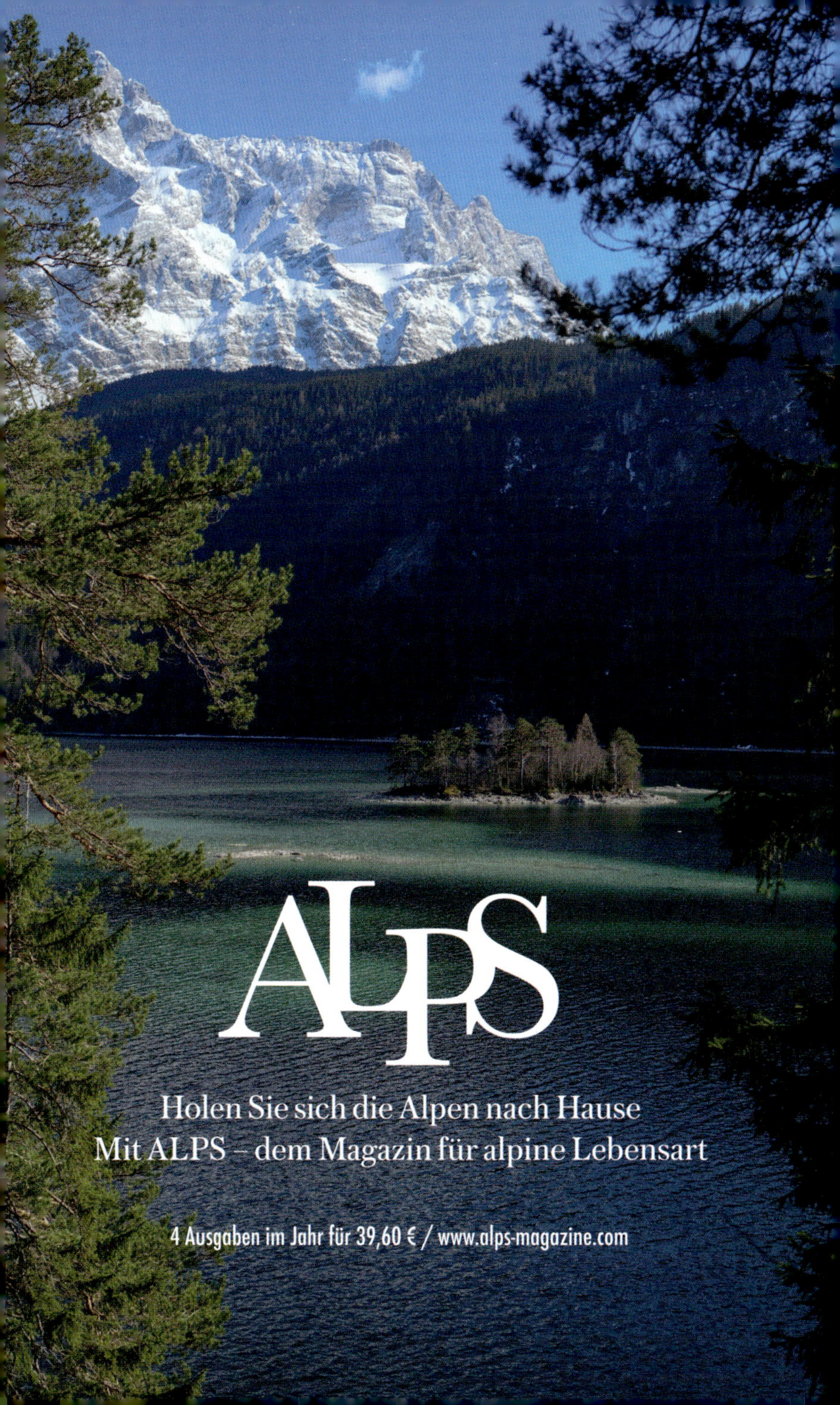
ALPS
Holen Sie sich die Alpen nach Hause
Mit ALPS – dem Magazin für alpine Lebensart
4 Ausgaben im Jahr für 39,60 € / www.alps-magazine.com

Noch mehr Wanderglück ...

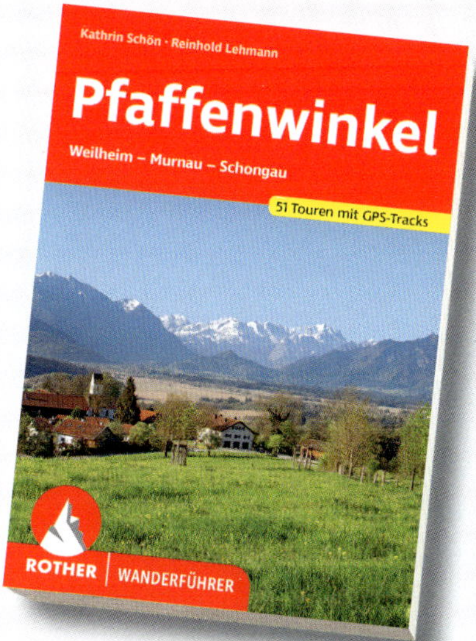

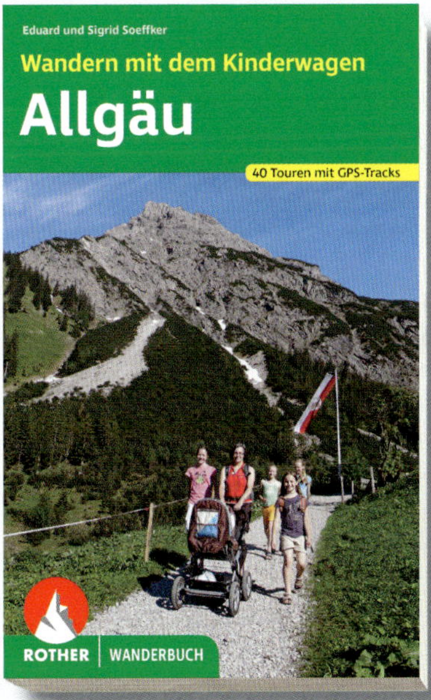

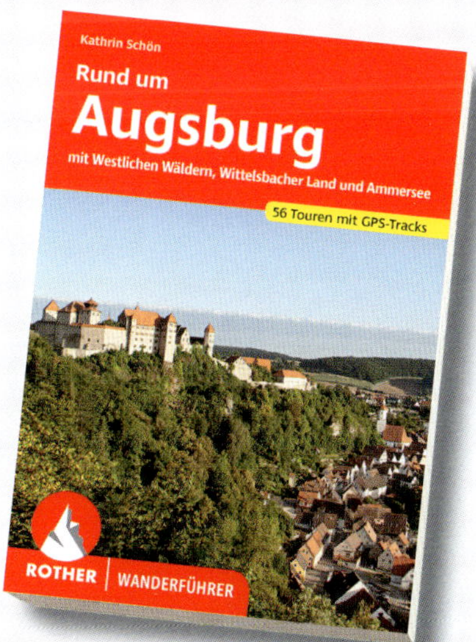

ROTHER | WWW.ROTHER.DE

Ein Netz. Alle Möglichkeiten.

Suburban trains, underground and regional trains, in MVV network

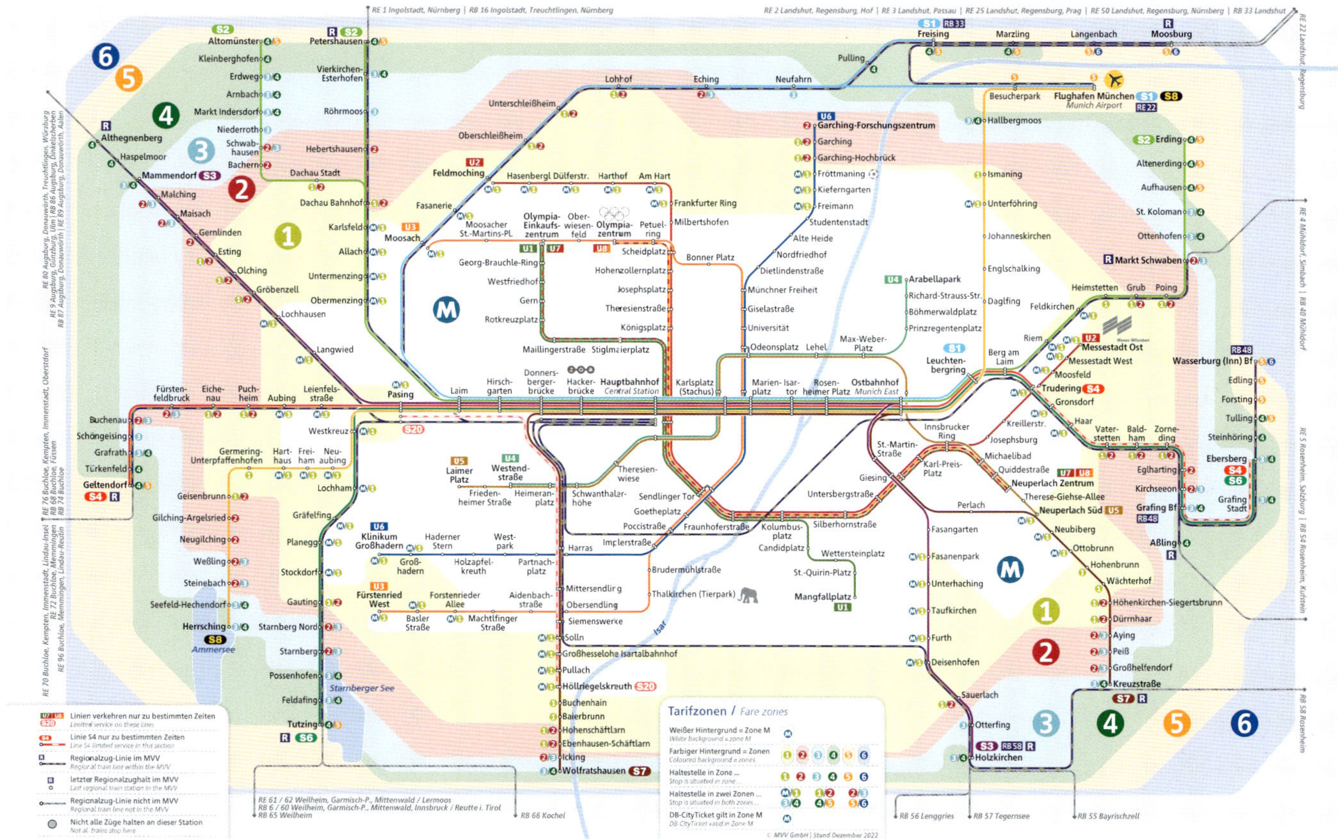

Impressum

Titelbild:
Kurparkschlösschen an der Uferpromenade des Ammersees in Herrsching im Frühling (Tour 3).

Bild Seite 1:
Auf dem Weg zum »Heiligen Berg« in Andechs (Tour 8).

Alle Fotos vom Autor.

Der Autor:
Eduard Soeffker, geboren 1969, ist gebürtiger Münchner und seit über 30 Jahren fast täglich mit der Münchner S-Bahn unterwegs.

Kartografie:
Wanderkarten im Maßstab 1:7.500 bis 1:75.000,
© Bergverlag Rother GmbH, München
(gezeichnet von Barbara Häring und Martina Rieger, Gröbenzell);
Übersichtskarten im Maßstab 1:500.000 und 1:850.000
© Freytag & Berndt, Wien

Werk-Nr.:
3133

4., aktualisierte Auflage 2023

ISBN 978-3-7633-3399-8

MIX
Papier aus verantwortungsvollen Quellen
FSC® C021956

Alle Angaben dieses Buches wurden vom Autor nach bestem Wissen recherchiert und vom Verlag mit größtmöglicher Sorgfalt überprüft. Für die Richtigkeit der Angaben kann jedoch – soweit gesetzlich zulässig – keine Haftung übernommen werden.
Wir bitten dafür um Verständnis und freuen uns über jede Anregung und Berichtigung zu diesem Rother Wanderbuch:

Bergverlag Rother · Keltenring 17 · D-82041 Oberhaching
E-Mail: leserzuschrift@rother.de
Tel. +49 89 608669-0 · Fax 608669-69
Besuchen Sie uns im Internet: rother.de